KB271148

완판 영웅소설의 대중성

The popularity of the heroic romances printed in Jeonju

지은이 **임성래**(任成來, Im Song-Lai)는 연세대학교 국어국문학과와 같은 학교 대학원 국어국문학과에서 고소설을 전공하고, 문학박사 학위를 받았다. 순천대학교 국어교육과 교수를 거쳐 연세대학교 원주캠퍼스 국어국문학과 교수로 있다. 대중문학에 관심을 갖고 대중문학연구회를 창립했으며, 지금은 대중서사학회장으로 있다. 지은 책으로는 『영웅소설의 유형 연구』와 『조선 후기의 대중소설』 등이 있다. 그 밖에 여러 사람과 함께 『대중문학이란 무엇인가?』를 비롯하여 대중문학 관련 책을 여러 권 냈다.

완판 영웅소설의 대중성

1판 1쇄 인쇄 2007년 02월 10일
1판 1쇄 발행 2007년 02월 28일

지은이 / 임성래
펴낸이 / 박성모
펴낸곳 / 소명출판
출판고문 / 김호영
등록 / 제13-522호
주소 / 137-878 서울시 서초구 서초동 1621-18 (란빌딩 1층)
대표전화 / (02) 585-7840
팩시밀리 / (02) 585-7848
somyong@korea.com / www.somyong.co.kr

ⓒ 2007, 임성래

값 14,000원

ISBN 89-5626-238-1 93810

완판 영웅소설의 대중성

The popularity of the heroic romances printed in Jeonju

임성래

소명출판

　조선 후기에 등장한 방각본 소설은 소설의 상품화와 밀접한 관련이 있다. 그동안 필자는 이 문제를 지적한 글을 몇 차례 발표한 바 있다. 이 책도 그와 같은 견해를 밝히는 데 초점을 두었다. 그리고 그 대상 범위를 완판 영웅소설에 한정하여 논의를 폈다.

　완판 영웅소설은 방각본 소설 가운데 상품성이 가장 높았을 것으로 추정된다. 이 글에서 다룬 6편의 작품 가운데 3권으로 간행된 『조웅전』은 조선 후기에 가장 인기가 높았던 작품이었다. 그 밖의 『유충열전』과 『이대봉전』·『장경전』은 2권으로 간행되었는데, 『유충열전』은 수많은 이본이 현전하는 것으로 보아 『조웅전』 못지않게 인기가 있었던 작품이었을 것으로 추정된다. 또한 이 글에서는 다루지 않았지만 『용문전』은 『소대성전』의 인기에 편승하여 등장한 작품일 가능성이 크다. 두 작품의 내용이 특별한 관련이 없음에도 불구하고, 『용문전』은 『소대성전』의 하권으로 편성되어 있는 것이 그 점을 증명한다. 이런 점들을 고려할 때 이 글에서 다룬 여섯 작품은 그 인기 때문에 상품화를 위해 방각본으로 간행되었을 가능성이 크다.

　그렇다면 완판 영웅소설은 어떤 점 때문에 이런 인기를 누린 것일까? 이 글은 이런 소박한 물음에 대한 답을 찾기 위하여 시작되었다. 필자는 완판 영웅소설의 인기를 끈 요인을 완판 영웅소설의 구조적 특징, 특히 주인공이 겪는 가족과의 이산의 고통과 재회의 기쁨을 누리는 구조적 특징에서 찾으려고 하였다. 그 외에 이산과 재회라는 거시 구조 안에 다양한 요소들을 배열하고, 여러 기법들을 활용하여 독자들의 흥미를 끌려고 했기 때문에 완판 영웅소설이 인기를 얻었을 것이다. 이러한 맥락에서 볼 때 방각본 업자는 완판 영웅소설의 상품성을 높이기 위한 방안을 그 나름대로 모색하였던 것으로 보인다. 이 글에서 필자는 방각본 업자들이 모색한 그 방안들을 찾아보고, 그것이 지닌 성과와 문제점도 아울러 살펴보려고 하였다. 여기서 미처 살피지 못한 문제들은 앞으로 시간을 갖고 지속적으로 살펴보려고 한다.

　부족한 책을 연세대학교 근대한국학연구총서로 간행하도록 해주신 연세대학교 근대한국학연구소 관계자께 감사를 드린다.

　이 연구는 1999년 연세대학교 연세학술연구비의 지원을 받아 이루어졌다.

2007년 2월
임성래

완판 영웅소설의 대중성

책머리에 · 3

한국사에서 18세기는 다양한 변화가 일어난 시기였다. 그 변화 가운데 상품 경제의 발달은 다양한 상품을 출현시켰는데, 그 가운데는 소설이라는 상품도 포함되어 있었다. 당시 이 소설 상품은 몇 가지 방식으로 상품화가 이루어졌다. 곧 주기적으로 한 지역을 정해 놓고 소설을 읽어주면서 돈을 받았던 전기수의 출현과 일정한 공간에 책을 마련해두고 책을 빌려주면서 돈을 받았던 세책가의 등장, 소설책을 간행하여 판매했던 방각본업자의 등장은 18세기에 새롭게 나타난 소설의 상품화와 관련된 풍경들이라고 할 수 있다. 이것들은 오늘날의 소설 상품화의 수준에 비해서는 소박한 단계의 문학 상품이었지만 그 가운데는 오늘날처럼 소설책으로 간행된 방각본 소설이라는 상품도 있었다. 이 방각본 소설은 당시 소설 독자가 증가함에 따라 소설 상품화의 토대가 마련되고, 방각본 업자들이 소설을 상품으로 인식하고 판매하기 위해 이를 간행하면서 등장하였다. 이렇게 등장한 방각본 소설은 소설의 상품화

시대를 열었다는 점에서, 곧 문학 작품을 하나의 상품으로 인식하고, 그것을 시장에 상품으로 유통시킴으로써 문학 소비자의 등장을 가능하게 하였다는 점에서 문학사적으로 중요한 의미를 지닌 것으로 평가할 수 있다.

방각본 소설은 기본적으로 조선 후기의 상업주의에 토대를 두고 새롭게 등장한 소설 양식이었다. 그러므로 당시 새롭게 출현한 이 방각본 소설은 상품성을 높이기 위해 재미를 중시한 소설이었을 가능성이 크다. 말하자면 방각본 소설은 독자들의 교양의 욕구보다는 재미의 추구를 지향하는 방향으로 작품화가 이루어졌을 가능성이 크다. 따라서 방각본 소설은 독자들의 감정을 자극하여 흥미를 유발하려는 나름의 방법을 마련하였을 것이다. 또한 그 과정에서 독자들의 취향에 영합하는 요소들을 작품 안에 나름대로 설정하였을 것이다. 특히 방각본 소설이 왕성하게 출판되었던 19세기 중엽에 이르러서는 이러한 현상이 더욱 가속화되면서 소설의 문학성보다는 상품성을 중시하는 경향이 나타났을 가능성이 크다.

지금까지의 연구는 이 점을 도외시하고 조선 후기의 방각본 소설을 논의해온 것이 사실이다.[1] 물론 일부 논자들이 방각본 소설이 가지고 있는 통속성에 주목하기도 했다. 그러나 그 논의는 방각본 소설이 가진 상품성의 측면보다는 그 통속성 속에서 민중적이고 진보적인 기운을 찾는 데 관심을 기울였다. 이러한 논의는 방각본 소설이 가지고 있는 사회성에 주목하였다는 점에서 그 나름의 의의가 있다.

그런데 방각본 소설을 논의하는 과정에서 염두에 두어야 할 것은 이 작품들의 독자들이 서민층이 아니었다는 사실이다. 방각본 소설의 독자층은 대체로 글을 읽을 수 있는 사대부가의 인물들이거나 중인 계층의 사람들이었을 것으로 추정된다.[2] 물론 하층 계급 사람들이 방각본 소설

---

1) 필자는 방각본 소설의 기존 연구 성과를 부정하려는 것이 아니라 다른 시각의 연구가 필요함을 지적하려는 것이다.

의 독자였을 가능성이 전혀 없는 것은 아니나 현실적으로 방각본 소설은 고가의 상품이었기 때문에 이것을 구입할 수 있는 계층은 경제적으로 여유가 있는 계층의 사람들이었을 것이다. 따라서 방각본 소설이 민중의 욕구나 정서를 대변하기보다는 기득권층의 욕구와 정서를 대변했을 가능성이 더 크다. 이런 점을 고려할 때 방각본 소설에서 민중성이나 진보성을 찾으려는 작업을 할 때는 신중을 기할 필요가 있다.

물론 방각본 소설에 대한 연구는 다양한 시각이 존재할 수 있다. 그런데 방각본 소설을 논의하는 과정에서 한 가지 주의해야 할 점은 오늘날 전해지고 있는 방각본 소설의 대다수가 19세기 중엽 이후에 간행되었다는 사실이다. 말하자면 19세기 이후에 출간된 방각본 소설은 창작 당시 작품이 가졌던 의미가 많이 퇴색된 채 당시 독자들의 취향을 중시한 작품으로 변화를 겪었을 가능성이 있다. 이런 점들 때문에 방각본 소설은 당시의 독자들에게 사회성이나 교훈성을 위한 읽을거리보다는 하나의 재미를 위한 소일거리로 활용되었을 가능성이 크다. 따라서 방각본 소설은 독자의 흥미를 끄는 일이 무엇보다 중요했을 것이다.

이런 맥락에서 볼 때 방각본 소설은 독자들의 흥미를 끌기 위하여 그 나름의 방법을 찾아서 이를 활용하려고 했을 것이고, 그 때문에 창작 당시의 모습과는 다른 형태로 변형되었을 가능성이 있다. 곧 창작 당시의 원 모습과는 달리 독자들의 구미에 맞게 굴절되었을 가능성이 크다. 그러므로 이 글은 방각본 소설의 특징을 당대 사회의 현상과 관련지어 해석하기보다는 이들이 독자들의 흥미를 끈 요인을 검토하는 데 초점을 두려고 한다. 바꿔 말하면 방각본 소설들의 대중소설적 요소들을 검토하고, 이들의 특징을 대중소설적 시각에서 살펴보려고 한다.

방각본 소설은 상품성을 중시했기 때문에 독자들의 흥미를 끌 수 있는 사랑과 군담을 소재로 한 작품들이 다수를 차지하고 있다. 그 가운

---

2) 한글을 읽을 수 있는 계층은 하층민보다는 사대부가의 여성들과 중인들이 대부분이었을 것이다.

데서도 군담을 소재로 한 영웅소설이 높은 비중을 차지하고 있는 것은 주지의 사실이다. 이런 점들을 고려할 때 방각본 소설이 가지고 있는 상품성의 측면을 논의하려면 영웅소설을 중심으로 접근할 필요가 있다. 필자는 이미 경판본을 중심으로 하면서 일부 완판본 소설을 포함시켜 부분적으로 방각본 소설이 가진 상품성의 문제를 논의한 바 있다.3) 그러므로 이 글은 그 논의의 연장선상에서 완판 영웅소설을 대상으로 그 작품들의 특징과 대중성의 문제를 중점적으로 살펴보려고 한다. 말하자면 방각본 소설 가운데 완판 영웅소설의 상업주의적 특징을 구체적인 작품 분석을 통해서 살펴보려고 한다.

현재 남아 있는 완판 영웅소설의 판본들은 대체로 19세기 말에서 20세기 초에 간행된 작품들이다. 이들은 『소대성전』·『용문전』·『유충열전』·『이대봉전』·『장경전』·『장풍운전』·『조웅전』 등 7편이다. 이 글에서는 그 가운데 『용문전』을 제외한 『소대성전』·『유충열전』·『이대봉전』·『장경전』·『장풍운전』·『조웅전』 등 6편을 논의의 대상으로 삼는다. 이 글에서 논의할 작품의 대본은 김동욱(편), 『영인 고소설판각본 전집』4) 1~5권에 실린 이본 가운데, 『소대성전』은 『전집』 1권의 완판 43장본(573~594면), 『유충열전』은 『전집』 2권의 완판 86장본(335~377면), 『이대봉전』은 『전집』 2권과 5권의 완판 83장본(2권 379~419면, 5권 665~706면),5) 『장경전』은 『전집』 2권의 완판 65장본(499~530면), 『장풍운전』은 『전집』 2권의 36장본(545~562면), 『조웅전』은 『전집』 3권의 완판 104장본(103~135, 181~199면)이다.6)

---

3) 임성래, 『조선후기의 대중소설』, 태학사, 1995.
4) 김동욱(편), 『영인 고소설판각본 전집』을 이후 『전집』이라 약칭한다.
5) 『전집』 2권에 실린 『이대봉전』의 훼손이 있어서 『전집』 5권에 실린 『이대봉전』을 보조 자료로 삼는다.
6) 『조웅전』의 상, 이권은 88장본의 해당 부분을 하권은 104장본의 삼권을 자료로 삼는다.

제1장 구조적 특징

　　완판 영웅소설의 구조적 특징을 파악하기 위해서는 몇 개의 핵심 화소를 중심으로 줄거리의 내용을 분석할 필요가 있다. 이를 위해 여기서는 완판 영웅소설의 줄거리를 몇 개의 단락으로 나누어 소개하고, 해당 작품이 이 단락들과 어떤 공통점과 차이점을 보이는지 비교하여 살펴보기로 한다. 완판 영웅소설 단락의 공통 내용에 중점을 두면서 줄거리를 몇 개의 단락으로 나누어 소개하면 다음과 같다.

① 서두(주인공의 부모 소개와 주인공의 탄생)
② 부모와의 이산
③ 결연
④ 배우자와의 이산
⑤ 고난
⑥ 수학
⑦ 출신과 입공

⑧ 재회
⑨ 부귀영화

위에 소개한 단락을 토대로 각 작품의 경우 해당 단락이 나타나는 양
상을 비교표로 만들어 제시하면 다음과 같다.[1]

단락번호 \ 작품명	『소대성전』	『장경전』	『장풍운전』	『유충열전』	『조웅전』	『이대봉전』
① 서두	○	○	○	○	○	○
② 부모와의 이산	○	○	○	○	○	○
③ 결연	○	×	○	○	○	○
④ 배우자와의 이산	○	×	○	○	○	○
⑤ 고난	○	○	○	○	○	○
⑥ 수학	○	○	○	○	○	○
⑦ 출신과 입공	○	○	○	○	○	○
⑧ 재회	○	○	○	○	○	○
⑨ 부귀영화	○	○	○	○	○	○

위에 소개한 9개의 단락을 토대로 각 작품의 내용을 효과적으로 분
석하기 위해서는 위의 표에 나타난 단락을 중심으로 각 작품의 구조적
특징을 파악할 필요가 있다. 그런데 구조적 특징을 파악하기 위해서는
위의 단락의 내용을 몇 개의 중심 화소를 중심으로 좀 더 집중화하여
분석할 필요가 있다. 완판 영웅소설의 줄거리는 위의 표에서 보듯이 크
게 9개의 단락으로 정리할 수 있는데, 9개 단락에서 실질적 줄거리를
이끌어가는 단락은 단락 ① 서두를 제외한 8개의 단락이다. 그런데 위
의 8개 단락 가운데 단락 ② 부모와의 이산과 ③ 결연, ④ 배우자와의 이
산은 크게 보면 이산이라는 하나의 화소로 묶을 수 있다. 그렇다면 완

---

1) 줄거리의 단락 순서는 작품에 따라 약간 차이를 보인다. 표 설명 : 단락의 나타남은
○로, 나타나지 않음은 ×로 표시한다.

판 영웅소설의 핵심 내용을 이루는 단락은 ②~④ 이산, ⑤ 고난, ⑥ 수학, ⑦ 출신과 입공, ⑧ 재회, ⑨ 부귀영화 등 6개의 단락으로 정리할 수 있다.

완판 영웅소설의 구조적 특징과 그 의미를 효과적으로 파악하기 위해서는 이들 6개의 단락들을 서로 연관이 있는 것끼리 짝을 지어 살펴보는 것도 하나의 방법일 수 있다. 말하자면 상대가 되는 것끼리 짝을 지음으로써 각 단락의 의미를 좀 더 뚜렷하게 드러내서 그 의미를 파악하는 것이 작품 이해에 도움이 될 수 있다. 이러한 점을 고려하여 이들을 그 틀에 따라 배열하면 다음과 같이 정리된다.

단락 ②~④ 이산과 ⑧ 재회는 서로 반대의 개념이지만 이산은 재회가 있음으로써 완결된다. 단락 ⑤ 고난은 ⑨ 부귀영화와 상대적 개념이지만, 고생 끝에 낙이 온다는 우리 속담도 있듯이 고난의 열매가 바로 부귀영화라는 점에서 고난의 완성이 부귀영화가 된다. 단락 ⑥ 수학은 ⑦ 출신의 수단을 강구하는 과정이면서 동시에 입공을 목표로 한다는 점에서 수학의 결실을 출신과 입공으로 볼 수 있다. 이를 정리해 보면 단락 ②~④ 이산과 ⑤ 고난, ⑥ 수학은 주인공이 세상으로 나가기 위한 준비과정이고, 단락 ⑦ 출신과 입공, ⑧ 재회, ⑨ 부귀영화는 주인공이 목표로 삼았던 곳에 도달한 결과물이다.

이것을 짝으로 연결해서 그 실상을 파악해 보면 단락 ②~④ 이산과 ⑤ 고난, ⑥ 수학은 주인공이 처한 현실의 모습이고 단락 ⑦ 출신과 입공, ⑧ 재회, ⑨ 부귀영화는 현실에서 주인공이 꿈꾸는 이상적 세계이다. 우리가 고단한 현실의 삶을 부정하고 행복한 미래의 삶을 꿈꾸듯이 완판 영웅소설은 바로 이런 단락의 병립 구조를 통해서 주인공의 꿈을 실현시키고 있다. 따라서 현실이 어렵고 힘든 고난의 연속이 계속될수록 미래에서 실현하고픈 이상에 대한 욕구는 더욱 간절해지면서 동시에 더욱 빛을 발하는 꿈의 결정체가 된다. 그렇다면 각 작품에서 보여주는 병립의 양상이 어떠한가를 구체적으로 살펴보기로 한다.

1. 이산과 재회

　조선 후기의 완판 영웅소설들은 이산과 재회의 모티브가 작품의 줄거리 전개과정에서 중요한 역할을 한다. 곧 대부분의 작품에서 이산으로 인한 주인공의 고난은 헤어진 가족들과의 재회를 실현하기 위한 과제가 된다. 과제를 받은 주인공은 헤어진 가족들과 다시 만나기 위해 그 과제를 풀어나가는데, 그 과제를 풀어나가는 과정이 전체 이야기의 핵심 내용이 된다. 그 과정이 끝나면 그동안 흩어졌던 가족들이 다시 만나 화목한 가정을 이루고 부귀영화를 누리는 것으로 줄거리가 마무리된다. 이렇게 본다면 완판 영웅소설의 대부분은 이산과 재회의 모티브에 토대한 작품으로 볼 수 있다.

　그런데 완판 영웅소설들의 주인공들이 겪는 이산은 부모와의 이산과 배우자와의 이산 두 가지이다. 작품에 따라 주인공이 부모와 이산을 겪는 경우가 있고, 부모와의 이산과 배우자와의 이산을 연속적으로 겪는 경우가 있다. 그런데 작품에서 이산의 원인이 어디에 있는가에 따라 주인공의 행동 양상이 매우 다르게 나타난다. 그러므로 이 글에서는 이산과 재회의 구조를 살피기 위하여 먼저 주인공이 겪는 이산의 원인이 무엇인가를 살펴보기로 한다.

　이 글에서는 『소대성전』과 『유충열전』·『이대봉전』·『장경전』·『장풍운전』·『조웅전』을 중심으로 중요한 사건들의 내용을 줄거리의 진행 순서에 따라 소개하면서 이산과 재회의 모티브에 초점을 맞추어 그것이 각 작품에서 어떻게 활용되고 있는지 살펴보기로 한다.

1) 이산

(1) 부모와의 이산

부모와의 이산은 『소대성전』과 『장경전』·『장풍운전』·『유충열전』·『이대봉전』에 모두 나타난다. 다만 『조웅전』의 경우 조웅은 부친 조정인이 간신 이두병의 모함을 받아 자결하여 유복자로 태어나기 때문에 부친의 죽음이 실제적으로는 부모와의 이산의 원인이 된다. 그러나 다른 주인공들이 어린 시절 부모와의 이산을 겪는 데 비해 조웅은 실질적 이산을 겪는 것이 아니라 태어나면서 부친과 헤어진 셈이어서 다른 작품과 차이를 보인다. 따라서 여기서는 『조웅전』을 제외한 다섯 작품을 중심으로 주인공이 겪는 부모와의 이산의 원인이 어디에 있는지 살펴보기로 한다.

『소대성전』에서 소대성이 겪는 첫 번째 이산의 고통은 부모의 죽음 때문에 일어난다.[2] 소대성이 십 세에 이르렀을 때 그의 부친이 갑자기 병을 얻어 죽자 모친도 기운이 막혀 죽는다. 갑작스런 부모의 죽음을 당한 소대성이 장례와 삼년상을 마쳤을 때는 가산이 탕진되어 생계가 막연한 지경에 이른다. 그는 남은 전장을 정리하고 집을 떠난다. 『소대성전』에서는 부모의 갑작스런 죽음, 곧 부모의 죽음에 의한 이산이 주인공을 고난의 길에 들어서게 했다.

『장경전』에서 장경이 겪는 이산의 원인은 전란에 있었다. 여주자사로 있던 유간이란 인물이 반란을 일으켰으나 천자의 군대에 패하자 여남으로 들어가서 백성을 노략한다. 백성들이 노략을 피해 종남산으로 피

---

2) 실푸다 흥진비릭는 스룸의 샹스라 샹셔 이런 영주을 두고 엇지 슈복이 장구흐리요 샹셔 조련득병흐야 빅약이 무효흐니 (…중략…) 인흐야 별셰흐신이 일가 망극흐여 곡셩이 진동흐더라 부인이 기운이 막켜 (…중략…) 명이 진흐시니 딕셩이 흔날의 부모 구몰흐시믈 보고 망극흐야 어려슌 기졀흐니 비복 등이 졔우 구완흐야 인사을 츠려 초종을 예로써 극진이 지닉니(『전집』 1, 574면)

란할 때 장경의 부모도 그 산으로 피란했다가 부친은 유간에게 잡혀가서 적당의 장수가 되고 모친은 도적의 약탈을 피하기 위해서 잠이 든 장경을 잠시 놔두고 자리를 비운다. 그 사이에 잠이 깬 장경은 울면서 부모를 찾아 정처 없이 길에 나갔다가 어머니마저 잃는다.

이러한 장경의 운명은 이미 예정되어 있었던 것으로 보인다. 장경을 잃을 것을 염려한 부모의 행동에서 그러한 사실을 확인할 수 있다. 하루는 장경의 부친 장취가 도사의 말을 생각하고 생년월일시와 성명을 써서 아이의 옷깃에 감추어둔다. 장취는 이미 장경의 운명이 도사의 예언처럼 진행될 것임을 예감했기 때문에 그러한 행동을 했을 것이다.[3] 결국 장경은 그 예언처럼 전란 때문에 어린 시절 부모와 헤어지는 운명에 빠진다.

『장풍운전』에서 장풍운이 겪는 첫 번째 이산은 전란 때문에 발생한다. 그런데 부모와 이산을 겪을 장풍운의 운명은 태어났을 때부터 이미 예정되어 있었다. 그의 부모는 늦게야 풍운을 낳자 혹시 그가 단수(短壽)할까 염려하여 절강부에 사는 장진인을 찾아가서 풍운의 관상을 본다. 풍운의 관상을 살핀 장진인은 그의 운세가 십 세 전에 부모를 잃고 유랑할 운명임을 예언한다.[4] 풍운이 8세에 이르렀을 때 가달이 침략하자 황제가 장효를 불러 격서를 가지고 가달의 진에 가서 그들을 유인하여 위교에 이르게 하면 죄를 사하고 벼슬을 주겠다고 한다. 장효는 천자의 명을 잘 수행하여 공을 세운다. 장효가 출전한 사이에 풍운의 모친은

---

3) 완판『장경전』에는 장경이 어린 시절에 부모와 헤어질 운명이 도사에 의해 제시되지 않은 채 어느 날 갑자기 장취가 도사의 말을 생각하고 장경의 생년월일을 기록하여 옷깃에 넣어둔다. 이에 비해 경판『장경전』에서는 그의 운명에 대한 예언이 확실하게 제시되어 있다. "일 〃 은 한 도시 지ᄂ다가 경을 보고 왈 이 아희 초분이 불길ᄒ여 십셰의 부모를 니별ᄒ고 일신이 표박ᄒ다가 길시를 맛ᄂ 명만ᄉ희ᄒ여 부귀영화 세상의 웃듬이 되리라 ᄒ거늘"(『전집』 2, 491면) 경판본의 내용을 고려해 볼 때 완판『장경전』의 작자가 작품의 제작 과정에서 장경의 운명이 도사에 의해 제시되는 내용을 실수로 누락시킨 것으로 보인다.

4) 십셰전의 부모을 일코 추풍낙엽갓치 정쳐업시 단이다ᄀ(『전집』 2, 545면)

풍운을 데리고 피란했다가 적병에게 풍운을 빼앗긴다. 천자의 대병에게 패한 적병은 풍운을 오흥 계량산에 버리고 도망한다. 결국 장진인의 예언처럼 장풍운은 전란 때문에 8세에 모친과 피란했다가 부모와 헤어지는 고통을 당한다.

『유충열전』에서 유충열이 부친과 헤어지는 까닭은 부친 유심이 정적 정한담과의 논쟁에서 패했기 때문이다. 토번과 가달이 조공을 바치지 않자 정한담은 그들을 토벌해야 한다고 주장하고, 유심은 지금 힘이 약하므로 참아야 한다고 주장한다. 그 대결에서 유심은 적과 내통했다는 누명을 쓰고 결국 패배한다. 그 결과 유심은 연북으로 정배를 떠나는데, 가는 길에 집에 들러서 부인에게는 유충열을, 그에게는 모친을 부탁하고 길을 떠나 적소에 이른다. 정한담과 최일귀는 황제의 자리를 빼앗으려고 옥관도사의 지문을 받아 자신들의 일을 방해할 영웅, 곧 유충열을 없애려고 유심의 집에 불을 지른다. 유충열 모자는 그들의 화를 피해 도망하다가 회수에서 정한담의 지시를 받은 사공들에게 붙잡힌다. 사공들은 유충열을 죽이기 위해 회수 물에 던져 넣는다. 그리고 마철이란 사공이 유충열의 모친 장부인을 아내로 삼기 위해 집으로 데려간다. 훼절의 위기에 빠진 장부인은 마철을 속이고 도망하다가 남해 용왕의 장녀의 도움으로 무사히 강을 건너 이처사(그의 할머니가 유주부의 종숙모)의 집에 가서 세월을 보낸다. 한편 유충열은 물에 빠졌다가 남경 상인의 구함을 받아 죽음의 위기를 벗어난 후 걸식하며 지낸다. 곧 부친 유심의 유배로 부친과 헤어진 유충열은 회수에서 뱃사공에게 붙잡혀 물에 던져져 모친과도 헤어짐으로써 결국 부모 모두와 헤어져 고난의 길에 들어선다.

『이대봉전』에서 주인공들이 부모와 헤어지는 원인은 부친들과 간신들의 갈등 때문이었다. 이대봉이 부모와 헤어지는 까닭은 부친 이익이 간신 왕회와의 대결에서 패하여 유배를 당했기 때문이다. 이대봉의 부친 이익이 황제에게 왕회를 베어 국정을 바로잡으라고 했다가 만 리에 유배를 당하고, 이대봉도 오천 리 유배를 당한다. 이 일로 이대봉 부자는 유배를 가는 도중에 사공에 의해 수장됨으로써 헤어진다. 한편 장애황의 부친 장화는 애황의 혼인을 이루지 못하고 이익 부자가 유배감을 보고 분기를 참지 못하여, 이것이 병이 되어 죽기에 이른다. 부친의 죽음에 이어 모친마저 곧 죽음에 이른다. 장애황은 갑작스런 부모의 죽음으로 고아가 됨으로써 부모와 헤어지는 아픔을 겪는다. 이대봉과 장애황 두 사람 모두 부모와의 헤어짐이 왕회라는 인물과 관련되어 있는 것이 특징이다. 다만 이대봉은 간신 왕회 때문에 부모와의 유배 과정에서 헤어지고, 장애황은 부모의 죽음 때문에 이산의 아픔을 겪는다는 점에서 차이가 있다.

지금까지 살핀 바와 같이 부모와의 이산의 양상은 세 가지로 나타난다. 부모의 갑작스런 죽음으로 인해 이산을 겪는 소대성과 장애황의 경우, 전란 때문에 피란하다가 이산을 겪는 장경과 장풍운의 경우, 간신의 모함으로 정배당하는 사건 때문에 이산을 겪는 유충열과 이대봉의 경우가 그것이다. 다만 조웅의 경우 부친의 죽음이 간신의 모함을 당하는 사건과 관련이 있어서 유충열이나 이대봉과 유사하지만 부친이 정배당하는 것이 아니라 자결함으로써 유복자로 태어난다는 점이 다른 작품과 다르다. 그런데 유충열과 이대봉은 간신의 모함으로 부친의 유배 때문에 부모와 헤어지고, 조웅과 장애황은 간신의 모함으로 부친이 죽어서 이산을 겪는데, 네 명의 주인공들이 모두 간신의 모함 때문에 부친과 헤어진다는 점에서 공통점을 보인다.

(2) 배우자와의 이산

완판 영웅소설에서 주인공과 배우자의 이산이 이루어지기 위해서는 먼저 이들의 결연이 이루어져야 한다. 완판 영웅소설에서 주인공과 배우자의 결연과 이산은 『장경전』을 제외한 『소대성전』과 『장풍운전』·

『유충열전』·『조웅전』·『이대봉전』에 공통적으로 나타나는 화소이다.
그러므로 이 글에서는 『장경전』을 제외한 다섯 작품에서 주인공들의
배우자와의 결연과 이산의 내용을 살펴보기로 하되 이산을 살피기에
앞서 결연을 살피고, 이어서 배우자와의 이산을 살펴보기로 한다.

① 결연

『소대성전』에서 소대성이 연분을 맺은 인물은 이승상의 딸, 채봉이
다. 소대성과 이채봉의 결연은 채봉 부친의 지인지감에 의한 것이었다.
곧 그녀의 부친 이승상은 청룡이 월영산 조대에 누웠다가 그를 보고 반
공에 솟는 꿈을 꾸고, 그곳을 찾아가서 남루함 속에 감추어진 영웅의
기상을 발견하고 소대성을 데려와 부인이 반대에도 불구하고 사위로
삼는다.

사실 이들의 결연은 이미 하늘에서 맺은 것이었다. 그런데 그 결연이
이루어지기 전에 소대성이 천상에서 득죄하여 적강하자 이를 이루기
위해 이채봉이 적강하여 이승상의 딸로 태어난 것이다. 이러한 사실은
왕부인이 이채봉을 낳을 때 꿈에 선녀가 한 말, 곧 "혼 션여 오운을 타
고 눌여 옥병의 향슈을 지울여 아기을 싯기며 왈 이 아기은 동졍용여로
셔 연분이 동히용즈의 미즈더이 그 용즈 상계계 득죄ᄒ고 인간의 날어
와쏩기로 인연이 금셰예 잇고즈ᄒ야 부인계 왓사오이 귀히 길너 쳔졍
을 어기지 말으소셔"라고[5] 말하는 대목에서 확인할 수 있다. 그 동해용
자가 바로 소대성이었다. 그러한 사실은 탄생할 때 그가 그의 모친의
꿈에 나타나서 한 말에서 확인할 수 있다. "수일 후의 부인니 혼 꿈을
어든니 쳔지 아득ᄒ며 벽역이 진동혼 중의 청용니 구름을 허치고 드려
와 부인을 향ᄒ야 기운을 토ᄒ이 그 기운이 변ᄒ야 동즈되여 부인 졋티

---

5) 『전집』 1, 574면.

안지며 왈 쇼즈은 동희용즈옵더이 닌간의 비 그릇쥰다 흥시고 샹졔님
이 인간의 너치미 갈 바을 모로옵더이 영보산 청용스 부쳬님이 지시흥
시미 왓사오이 부인은 어엿비 여기옵쇼셔 부인이 놀너 씨다르니 남가
일몽이라.”6) 곧 소대성은 동해 용자였는데, 비를 잘못주어서 죄를 얻어
지상에 유배당했다는 것이다. 이러한 점을 고려할 때 소대성과 이채봉
의 결연은 하늘에서 정한 것이 지상에서 이루어진 것으로 볼 수 있다.

『장풍운전』의 주인공 장풍운은 네 여성과 결연한다.7) 그 가운데 이
산과 관련된 결연은 그의 첫 결연 상대이자 구원자 이운징의 딸인 이경
패이다. 이운징은 길에서 울고 있는 장풍운을 보고 집으로 데려온다. 그
는 재혼한 부인 호씨에게 천하기남자를 데려왔으며, 장성하면 경패와
혼인시키겠다고 한다. 호씨가 걸인을 사위로 얻어 남의 비웃음을 받을
것이라며 반대하자 그는 장풍운이 천하준걸이라 가문을 빛낼 것이라고
하면서 결국 허락을 받아낸다. 오륙 년이8) 지나 장풍운이 15세, 이경패
가 16세에 이르자 택일하여 혼인한다.

『유충열전』에서 유충열의 결연의 대상자는 자신의 구원자인 강희주
의 딸 강경화이다. 유리걸식하던 유충열은 14세가 되었을 때 멱라수의
회사정에 이르러 부친의 유언을 보고 자살하려고 한다. 이때 퇴재상 강
희주가 청룡이 물에 빠지려고 하면서 하늘을 향해 통곡하는 꿈을 꾸고
그곳에 찾아가서 유충열을 구하여 집으로 데려온다. 그리고 유충열을
자신의 딸과 혼인시킨다. 이처럼 두 사람의 결연은 부모에 의해 이루어
지지만 실제로 이들의 결연은『소대성전』의 주인공들의 경우처럼 하늘

---

6) 위의 책, 573면.

7) 첫 번째는 이경패이고, 두 번째는 왕공열의 딸 부용이다. 부용과의 결연은 꿈이 매
개한다. 세 번째는 원철의 딸 황화이다. 이 결연은 첩의 신분으로 이루어지지만 이 결
연도 꿈이 매개 역할을 하고 있다는 점에서 부용과의 결연과 유사한 면이 있다. 네 번
째는 연왕의 딸 경화와 결연한다.

8) 장풍운이 이시랑을 만났을 때 8세였으므로 실제로는 7년이 지나야 15세가 된다. 그
런데 이운징의 유서에는 다시 7년을 거두었다고 했다. 이운징은 두 사람의 혼인 후 얼
마 지나지 않아서 죽었으므로 5~6년으로 표기한 것은 착오로 보인다.

이 정한 것이었다. 부인이 강경화를 낳을 때 선녀가 나타나 한 말에서 그러한 사실을 확인할 수 있다. "부인 소씨 녀아를 나을 젹의 일원선녀 오운을 타고 나려와 소씨를 디흐야 왈 소녀는 옥황선녀옵더니 연분이 자미원 디장성과 혼가지로 잇다가 소녀를 강문의 보니미 왓스오니 부인은 이휼흐옵소서"[9] 하였다. 그런데 바로 유충열의 천상 신분이 자미원 대장성이었다. 유충열이 태어날 때 선녀가 한 말에서 그러한 사실을 확인할 수 있다. "소녀난 천상 션녀옵더니 금일 상졔 분부흐시되 자미원 장셩이 남경 유심의 집의 환싱흐여스니 네 밧비 나려가 산모를 구완흐고 유아를 잘 거두라 흐시기로"[10] 내려와 구완한다는 것이었다. 곧 유충열은 자미원의 장성이었고, 강경화는 하늘에서부터 자미원 장성과 연분이 있던 선녀였다. 그러므로 그들의 결연은 하늘의 뜻에 의해 이루어진 것으로 볼 수 있다.

『조웅전』에서 조웅은 장진사의 딸과 결연한다. 이들의 결연은 꿈이 큰 역할을 하지만[11] 두 사람의 자유 의지에 따라서 이루어지는 것이 특징이다. 그리고 그들의 결연을 정당화하는, 곧 부모에게 그들의 결연을 인정받는 절차도 다른 작품의 주인공들의 경우와 차이를 보인다. 조웅이 장소저의 배필로 인정받는 과정도 매우 파격적이다. 장소저가 병에 걸려 사경을 헤매고 있을 때 조웅이 찾아와서 자신의 의술로 그녀를 구하겠다고 한 후 그녀를 살려냄으로써 그녀의 모친에게 사위로 인정받는다. 장소저가 조웅의 모친에게 자부로 인정받는 장면도 매우 흥미롭게 진행된다. 장소저의 자질이 뛰어나다는 소문을 들은 강호자사가 그녀를 자신의 후취로 삼으려고 겁박한다. 장소저는 그 위기를 벗어나려고 부친이 남긴 유서를 읽고 강선암으로 도망한다. 그녀는 그곳에서 조웅의 모친을 만나 함께 생활하던 도중에 서로 신분이 밝혀짐으로써 며

---

9) 『전집』 2, 346면.
10) 위의 책, 336면.
11) 『전집』 3, 115면.

느리로 인정을 받는다. 이로 볼 때 두 사람의 결연은 부모의 의지와 상관없이 이루어지고, 후일 양가 모친의 동의를 얻어 완전한 배우자로 인정받는 방식으로 진행되는 것이 특징이다.

『이대봉전』의 주인공들의 결연은 매우 흥미로운 사건들로 이루어져 있다. 이대봉과 장애황의 결연은 부모들의 뜻에 의해 이루어지지만 이미 그것은 하늘에서 정해진 것이었다. 그들의 태몽에서 그러한 사실을 확인할 수 있다. 대봉의 모친 소씨는 하늘에서 봉황이 내려오는 태몽을 얻는다. "쳔상으로셔 봉황 한쌍이 너려오더니 봉은 부인품으로 나러들고 황은 장미동 장할임집으로 가거늘 씨다르니"12) 꿈이었다. 그래서 아들을 낳자 이름을 대봉이라 짓는다. 이와 같은 태몽은 장애황의 모친도 얻는다. "쳔상으로셔 봉황 한쌍이 나려오더니 봉은 모란동 이시랑으 집으로 가고 황은 부인 품안으 나라든니 이르난바 봉이 나미 황이 나고 장군이 나미 용마가 나는쏘다."13) 장시랑 부부 역시 딸을 낳자 그 꿈을 중시하여 이름을 애황으로 짓는다. 바로 이런 점 때문에 두 부모들은 하늘이 정한 이대봉과 장애황의 연분을 맺어주기 위하여 일찍 혼약하기에 이른다. 그러므로 이대봉과 장애황의 결연은 부모들이 맺어준 것이기는 하지만, 두 사람의 결연이 하늘의 뜻임을 알고 있던 부모들이 하늘의 뜻을 실현시켜준 것이라는 점에서 하늘이 정한 것으로 볼 수 있다. 말하자면 그들의 결연은 천상적 존재의 이상적 짝으로 표상되는 봉과 황의 결합이자 그들이 태어날 때 모친들이 꾸었던 꿈대로 이루어진 결연이라는 점에서 천생연분의 의미가 강한 결연이다.14)

---

12) 『전집』 2, 379면.
13) 위의 책, 379~380면.
14) 『이대봉전』에는 이들의 결연만 등장하는 것이 아니다. 장애황은 왕석연의 겁박을 피해 남장을 하고 도망한 후에 남장으로 생활하였다. 그래서 그를 남자로 오인한 여성과의 결연이 등장한다. 장애황이 마고선녀에게 수학한 후 세상에 나올 때 해운으로 개명한다. 그녀는 서주 최어사댁에 이르러 그 집에서 생활한다. 최어사의 부인 호씨는 장애황을 사위로 삼으려고 청혼한다. 장애황은 그 청혼을 받아들여 혼인한다. 이대봉은 후일 공을 세우고 초왕이 되어 장애황(충열왕후)과 혼인한다. 그 후 황제의 두 공주

지금까지 살핀 바와 같이 완판 영웅소설 주인공들의 결연은 몇 가지 양상으로 나타난다. 소대성과 이채봉의 결연, 장풍운과 이경패의 결연, 유충열과 강경화의 결연은 남주인공이 구원자의 딸과 결연을 맺는 경우이다. 이대봉과 장애황은 천상에서 맺은 결연이 지상에서 완성된 경우이다. 그에 비해 조웅과 장소저의 결연은 자신들의 의사로 혼인이 이루어진다. 소대성과 이채봉, 유충열과 강경화, 이대봉과 장애황은 천상에서의 연분이 지상에서 완성된 것이 특징이다. 장풍운과 왕부용, 황화의 결연과 조웅과 장소저의 결연은 꿈을 매개로 해서 결연이 이루어지는 것이 특징이다.

② 이산

여기서는 주인공이 배우자와 이산을 겪는 원인이 어디에 있는지 살펴보기로 한다. 『장경전』에는 배우자와의 이산이 나타나지 않으므로, 『장경전』을 제외한 다섯 작품을 중심으로 그 내용을 살펴보기로 한다.

『소대성전』에서 배우자와의 이산은 이승상의 죽음과 승상의 부인 왕씨의 박해 때문에 일어난다. 유리걸식하던 소대성은 청주의 이승상을 만나 생활의 안정을 찾는다. 그리고 그곳에서 이승상의 딸 채봉과 혼인을 약속한다. 그러나 이승상이 죽자 그동안 소대성을 사위로 삼으려는 남편의 태도를 못마땅하게 생각하고 있던 왕씨는 딸 이채봉과의 언약을 파하기 위해 소대성을 내쫓으려고 한다. 그녀가 소대성을 타일러서 내보내려고 아들을 보냈으나 소대성은 이승상의 부탁을 이유로 순순히 나가지 않는다. 그러자 그녀는 아들들과 공모하여 자객 조영을 시켜 소대성을 죽이려고 한다. 소대성은 자객 조영과 대결하여 그를 죽이고 다

인 화양공주(숙열왕비)와 화평공주(정안왕비)를 왕비로 맞아들인다. 이어서 장애황의 신부였던 최어사의 딸과 혼인하고 시비 난향을 후궁으로 맞이한다. 결국 이대봉은 4처 1첩을 얻기에 이른다.

시 정처 없는 길을 떠난다. 이로써 그는 배우자 이채봉과 헤어진다.

『장풍운전』에서 배우자와의 이산은 이운징의 죽음과 이경패의 계모 호씨의 박해 때문에 일어난다. 통판 이운징에게 구함을 받은 장풍운이 나이 십오 세에 이르렀을 때 이경패와 혼인했으나 이운징이 죽자 호씨는 전실 자식과 장풍운을 해치려는 마음에서 그들을 심하게 구박한다. 장풍운은 이 박해를 피하기 위해 이운징이 준 유서를 보고 이경패에게 이별을 고한다. 두 사람은 서로 신물을 교환하고 후일을 기약하며 이별하는데, 장풍운은 이운징의 유언에 따라 이경운을 데리고 집을 떠난다. 이로써 장풍운과 이경패의 이산이 이루어진다.

『유충열전』에서 배우자와의 이산은 장인의 유배 때문에 일어난다. 유충열이 15세가 되었을 때 강희주가 유심을 방송하라고 상소하였다가 황제의 분노를 사서 유배를 당할 때 유충열에게 도망하라고 편지한다. 유충열은 그 편지를 보고, 자신의 옷에 글 두 구를 써서 강경화에게 신물로 주고, 강경화는 홍상 한 폭에 글을 써서 그에게 준다. 그 후 유충열은 집을 떠나고 강경화는 금부도사에게 잡혀가면서 두 사람의 이산이 이루어진다.

이처럼 『소대성전』과 『장풍운전』·『유충열전』에서는 주인공과 배우자의 이산의 원인이 모두 구원자이자 장인인 인물들에게 발생한 문제 때문이었다는 공통점이 있다. 『소대성전』과 『장풍운전』에서는 구원자의 죽음 때문에 그의 아내의 박해로 주인공들이 배우자와 이산을 겪고, 『유충열전』의 경우에는 구원자의 유배 때문에 주인공이 화를 피해 도망해야 해서 배우자와 이산을 겪는다. 말하자면 세 작품 모두 구원자가 주인공을 돌볼 수 없는 상황이 발생함으로써 주인공이 구원자의 딸인 배우자와 이산의 고통을 겪는 일이 동일하게 나타난다.

이에 비해 『조웅전』은 주인공의 결연과 이산이 좀 특이하게 이루어지는 작품이다. 조웅이 철관도사에게 육도삼약 등 도업을 배우다가 천리마를 얻자 모친을 만나러 간다. 그는 도중에 위국 장진사의 집에서

하룻밤을 묵는데, 그날 밤 장진사의 딸과 몰래 정을 통한 후에 신물을
교환하고 헤어진다. 그런데 그 과정에서 장소저가 조웅에게 그의 거처
와 신분을 묻지만 조웅이 이를 알려주지 않는다. 따라서 장소저는 조웅
의 집을 모르지만 조웅은 장진사의 집을 알고 있었기 때문에 배우자들
의 완전한 이산이라고 할 수는 없다. 그것은 후일 장소저가 병이 깊어
죽을 위기에 빠졌을 때 조웅이 도사가 준 약을 가지고 찾아가서 그녀를
구하는 장면에서 확인할 수 있다. 오히려 그들의 이산은 장소저를 후취
로 맞이하려는 강호자사의 욕망 때문에 이루어진다. 강호자사가 장소저
의 뛰어난 자색을 소문으로 듣고 그녀를 자신의 후처로 맞이하려고 했
으나 거절당한다. 이에 강호자사는 강제로 혼인날을 정하고 그녀와의
혼인을 강행하려고 한다. 장소저는 이 위기를 벗어나기 위해 부친의 유
서를 읽고 강선임으로 도피한다. 결국 장소저와의 결혼을 성취하려는
강호자사의 강압 때문에 두 사람의 이산이 이루어진다. 따라서 조웅과
장소저의 이산은 앞에서 살핀 작품들의 경우와 달리 처음에는 조웅의
의지에 의해, 그리고 그 후에는 강호자사라는 경쟁자의 강압에 의해 이
루어진다. 그리고 두 번째의 이산은 장소저가 조웅의 모친에게 며느리
로 인정받는 계기로 작용하는 것이 특징이다.

　『이대봉전』에서 이대봉과 장애황의 이산은 이대봉의 부친과 간신 왕
회의 갈등 때문에 일어난다. 이대봉과 장애황의 혼약은 어린 시절에 그
들의 부모들 사이에서 이루어진다. 그런데 이대봉의 부친 이익이 왕회
를 베어 국정을 바로잡으라고 진언했다가 유배를 당할 때 이대봉도 함
께 유배를 당하면서 그 혼약은 위기를 맞는다. 두 사람의 언약이 부모
들 사이에서 이루어진 것이기는 하지만 그들은 서로를 배우자로 굳게
의식하고 있었는데, 특히 장애황은 그런 의지가 매우 강했다. 장애황은
부모의 죽음으로 고아가 된 후에 왕석연의 청혼을 받자 이대봉과의 혼
인을 이유로 거절했다가[15] 강제로 혼인을 당할 위험에 처하자 이를 피
해 도망한다. 이것은 이대봉과의 결연에 대한 장애황의 성취 욕구가 그

만큼 강했기 때문에 일어난 사건일 것이다. 이런 점에서 두 사람의 이산은 배우자의 유배와 부모의 죽음 때문에 일어난 것으로 볼 수 있다.

2) 재회

소대성은 부모가 구몰했기 때문에 재회할 사람은 이승상의 딸 채봉이다. 노왕이 된 소대성은 태감을 청주 이승상 댁에 보내어 청혼한다. 노왕이 소대성인 사실을 모르고 있던 이채봉은 태감의 무례를 꾸짖고 노왕의 청혼을 거절한다. 그 후에 노왕이 편지와 신물을 보내면서 자신이 소대성임을 밝혀 두 사람의 재회가 이루어진다. 이 대목에는 채봉의 절행이 강조되고 있는 것이 특징이다. 또한 노왕이 된 소대성은 전날 자신을 박대했던 왕부인을 비롯한 이승상의 가족들을 후대하는 것으로 작품이 마무리된다. 소대성은 자신을 박대하고 죽이려한 왕부인과 이승상의 아들들을 후대함으로써 넓은 도량을 보여주었고, 채봉과의 재회를 화평으로 마무리한다.

『장경전』에서는 배우자와의 이산이 등장하지 않기 때문에 재회의 대상자는 장경의 부모가 된다. 장경이 부친을 만나는 사건은 전쟁에서 승리한 직후에 등장한다. 장경이 남만왕의 항복을 받은 후 성중에 들어가 백성을 위무하고 쉴 때 꿈에 한 노승이 나타나 부친을 찾지 않음을 꾸짖고 성중에서 부자 상봉하리라는 말을 한다.16) 마침 장경의 부친은 그

---

15) 부모임 싱존시의 모란동 이시량 아달과 졍혼ᄒ야싸오니 차사를 힝치 못ᄒ것난니다 (『전집』 2, 384면)

16) 비몽간의 한 승이 육한장을 집고 장뒤에 올나 원슈을 보고 왈 원슈난 몸이 귀이 되여도 부모을 싱각지 안이ᄒ난야 원슈 놀너 디하의 복지 왈 노승게옵셔 소장의 부모 잇난 고질 아르시거든 가라쳐쥬옵시면 은혜을 갑고자 ᄒ난이다 하며 무슈이 사례한디 그 노승이 웃고 이로되 지성이면 감쳔이라 그디 졍셩이 지극ᄒ면 이 셩즁의셔 부친을 만나보련이와 그러치 아니ᄒ면 상봉하기 어려올지라 하고 간디업거날 놀너 씨다르니 남가일몽이라(『전집』 2, 513면)

고을의 관노로 있다가 대원수가 장경이란 말을 듣고 자신의 아들일지도 모른다는 생각이 들어서 절도사에게 자신의 사정을 알리고 아들인지의 여부를 확인해달라고 부탁한다. 부탁을 받은 절도사 신답은 부친을 찾으려던 장경에게 그의 신상과 관련된 여러 사실을 물어서 확인하고 두 사람의 만남을 주선한다. 결국 장경 부자는 그곳에서 극적인 상봉을 하고 그동안에 겪었던 일들을 이야기하며 상봉의 기쁨을 맛본다. 그러나 부친을 만난 장경은 모친의 소식을 모르는 것을 애통해 한다.

장경과 모친의 상봉은 부친과 귀로에 오른 후 고향 여남을 지나면서 이루어진다. 회군 중에 여인의 울음소리를 들은 장경은 하인을 시켜서 우는 여자의 신분과 사연을 알아오도록 한다. 하인이 돌아와 그 집은 진어사 집인데, 울던 여자는 장처사 부인이라고 전한다. 장경이 진어사 댁에 가서 하녀에게 장처사 부인의 우는 사연을 듣고 모친을 만난다. 장경이 부친을 만난 사연을 이야기하고, 부친에게 연락하여 부부 상봉이 이루어진다.[17] 이로써 전란으로 흩어졌던 가족 세 사람, 곧 부부와 자식간의 온전한 재회가 이루어진다.

『장풍운전』에서 장풍운과 가족들의 상봉은 그의 출전 후 귀로에서 이루어진다. 서번왕의 항복을 받은 장풍운은 회군길에 '여남 소로로 가면 부모와 낭자를 만나리라'는 금산사 화주승의 말을 꿈에 듣는다. 그는 그 꿈이 범상치 않다고 생각하여 단원사를 찾아가서 헤어졌던 모친과 아내 이경패를 만나 그동안 겪은 일들을 서로 이야기하고 다음날 길을 떠나 이통판의 산소에 가서 소분한다. 돌아오는 길에 연경사에 들러 이경운을 데리고 다시 길을 떠나 운주에 이르니, 전에 꿈에 보이던 노승이 다시 나타나 부친이 목전에 있는데 만나지 않고 잠만 자느냐고 한다. 꿈을 깬 장풍운은 각도 각읍 수령들을 청하여 잔치하다가 부남태수로 있던 부친과 상봉하고, 그동안 겪은 일들을 서로 이야기한다. 이어서

---

17) 『전집』 2, 514~515면.

부친이 모친과 이경패를 만나 서로 인사를 나눈다. 상경하는 길에 왕공열의 집에 도착하여 서로 인사를 나누고, 온 가족이 그곳에 머물렀다가 후일 황성으로 상경하여 황제가 내린 궁에서 모든 가족이 함께 지낸다.

이처럼 『장풍운전』에서는 장풍운과 헤어진 부모, 아내들과의 재회가 복잡하게 전개된다. 그리고 초월적 존재가 장풍운의 꿈에 자주 등장하여 장풍운과 이들이 재회하도록 도와주는 것이 특징이다. 또한 장풍운이 헤어진 이들을 한 사람씩 모두 찾아서 모든 가족의 재회가 이루어진다는 점에서 장풍운의 효심과 의리를 강조하고 있는 것으로 볼 수 있다.

유충열의 부모와 처자와의 재회는 여러 차례에 걸쳐 이루어진다. 호국을 평정하고 태후·황후·태자를 구한 유충열은 귀로에 포판에 가서 유배생활의 어려움으로 거의 죽게 된 부친을 만나 구해서 황성으로 돌아온다. 그리고 다시 서번에 출전하여 36도 군장들의 항복을 받고, 호국(가달)에 가서 마철 삼 형제를 죽이고 가달왕의 항복을 받은 후 옥관도사를 사로잡아 손발을 베고 옥에 갇힌 강승상을 구한다. 그 후 토번왕의 항복을 받고, 가달왕에게 잡혀간 미색들을 모두 데리고 상경길에 올랐다가 회수에 이르러 모친을 위해 제를 지낸 후에 이처사의 집에 있던 모친을 만나고 다시 영능의 창기 집에서 수절하던 강경화를 만나 강승상과 상봉시키고 모친과 인사를 나누게 한 후에 돌아온다. 온 가족이 황성에서 만나 그동안 겪었던 사연을 이야기하고 즐긴다. 이 대목에서는 유충열 가족의 해후뿐만 아니라 남적에게 잡혀갔던 모든 사람들의 가족과의 해후가 이루어진다.

『조웅전』에서 헤어졌던 인물들간의 해후는 작품의 끝부분이 아니라 중간에서 이루어진다. 물론 조웅의 부친은 죽었고, 조웅과 모친은 헤어지지 않았기 때문에 『조웅전』에서 재회는 조웅과 장소저, 장소저와 그녀의 모친 위부인 사이에서 이루어진다. 여기서 중요한 것은 조웅과 장소저의 재회인데, 장소저가 부친의 유서를 보고 강선암으로 도망하였다가 그곳에서 조웅의 모친을 만나 고부로 지낸다. 이때 조웅은 위기에 빠진 위왕을 구하고 송나라를 회복하기 위해 태자를 만나러 가는 도중에 강호에서 자사의 횡포로 옥에 갇힌 장소저의 모친을 구하고, 장소저가 도망하여 어디에 있는지 알지 못한다는 사실을 안다. 장소저의 거처를 몰라 걱정하던 조웅은 태자의 적소로 떠나기에 앞서 인사차 모친을 만나러 강선암에 갔다가 그곳으로 도망와 있던 장소저를 만난다. 물론 그 과정에서 장소저와 그녀의 모친과의 재회도 함께 이루어진다. 또한 두 사돈들간의 만남도 이루어진다. 따라서 『조웅전』의 경우 다른 작품과 달리 작품의 말미에 온 가족의 재회가 이루어지는 것이 아니라 중간에 강선암이란 절에서 이루어지는 것이 특징이다.

『이대봉전』에서 재회는 장애황이 남선우의 항복을 받고 회군하던 중에 수륙제를 지내는 일에서 시작된다. 그녀가 시부와 이대봉의 혼백을 위로하려고 수륙제를 지냈는데, 그것을 구경하던 난향과 이대봉의 모친이 자신들의 신분을 밝힘으로써 1차 상봉이 이루어진다. 이대봉은 흉노를 추적해서 그를 죽이고 돌아오던 길에 풍랑을 만나 한 섬에 이르렀는데, 그곳에서 부친을 만나 함께 귀로에 오른다. 도중에 그는 서해 용왕의 부탁으로 남해왕을 물리치고 서해 용왕에게 야광주 두 쌍을 비롯한 여러 가지 기이한 물건들을 선물로 받고 황성으로 돌아온다. 그 후에 장애황은 황제에게 자신의 신분을 밝히고, 황제의 주선으로 이대봉과 혼인한다. 혼인한 다음날 장애황이 수륙제를 지내고 시모를 모셔와 장미촌에 머물게 한 사연을 이야기하자, 이대봉은 그녀와 함께 가서 모친을 모시고 온다. 이로써 그동안 흩어졌던 온 가족이 함께 모여 생활한다. 그 후에 이대봉이 초국에 갈 때 최어사의 딸과 혼인하고, 그 가족들도 초국으로 데려가서 함께 생활한다. 결국 흩어져 살던 모든 가족이 한 곳에 모여 생활하는 것으로 온가족의 해후가 완성된다.

3) 의미

완판 영웅소설에서 주인공은 흩어진 가족과의 재회를 완성하는 것이 과제로 주어진다. 그 과제 성립의 전제 조건은 주인공이 가족과 헤어져야 한다는 것이다. 실제로 완판 영웅소설의 주인공들은 이산을 겪는다. 그 이산의 내용은 부모와 헤어지거나 아내 또는 혼인을 언약한 여성[18]과 헤어지는 것이 일반적이고, 두 사건이 연속적으로 일어나는 경우가 있다. 말하자면 작품에 따라 이산이 한번만 나타나는 경우가 있고, 두 번에 걸쳐 나타나는 경우, 곧 부모와의 이산 후에 다시 배우자와의 이산이 연속해서 일어나는 경우가 있다. 가족과의 이산의 순서는 주인공이 먼저 부모와 헤어지고 그 후에 배우자와 헤어지는 것이 일반적이다.

부모와 헤어지는 원인은 크게 세 가지로 나눌 수 있다. 『소대성전』처럼 부모의 죽음으로 인한 경우와 『장경전』과 『장풍운전』처럼 전란으로 인해 부모와 헤어지는 경우, 『유충열전』처럼 간신의 참소를 입어 유배를 가다가 헤어지는 경우가 있다. 『조웅전』의 경우에는 조웅의 부친이 참소를 당하자 약을 먹고 자결함으로써 조웅이 유복자로 태어나기 때문에, 조웅이 부친과 헤어지는 것은 아니지만 실질적으로는 부친의 죽음에 의한 이산에 해당하는 것으로 볼 수 있다. 그러나 조웅이 이두병의 박해를 피해 도망하는 과정에서 모친과 헤어지지는 않기 때문에 부모와의 이산이 등장하는 작품과는 차이를 보인다. 『이대봉전』의 주인공은 이대봉과 장애황 두 사람인데, 이들의 이산의 원인이 각각 다르게 나타난다. 이대봉은 부친이 간신의 참소를 입어 유배를 가는 도중에 부친과 헤어지므로 『유충열전』의 내용과 유사하지만, 장애황은 그녀의 부친 장시랑이 친구인 이시랑의 유배당함을 통분히 여기다가 그 화병 때문에 부모가 함께 죽어 부모와 헤어진다는 점에서 『소대성전』의 내용

---

18) 이 글에서는 주인공이 혼인을 한 경우나 언약 또는 약혼 상태에 있는 경우 모두 주인공의 배우자란 의미에서 '배우자'란 용어로 통칭하기로 한다.

과 유사하다. 그리고 이 사건들 때문에 혼인을 언약한 이대봉과 장애황이 헤어진다는 점에서 복합적 성격을 지닌 작품이다.

지금까지 살핀 바를 종합할 때 완판 영웅소설에서 주인공들의 결연의 양상은 『소대성전』과 『장풍운전』·『유충열전』은 거의 같고, 『이대봉전』은 이 세 작품들과 유사하고 『조웅전』은 차이를 보인다. 또한 이산의 양상은 『소대성전』과 『장풍운전』의 내용이 유사하고, 『유충열전』과 『조웅전』·『이대봉전』은 서로 내용상 차이를 보인다. 다만 『장경전』에서는 주인공과 배우자의 결연이 여러 차례 이루어지지만 이 결연들이 배우자와의 이산이라는 작품의 주지와는 관련이 없이 이루어지는 것이 대부분이다. 재회의 양상도 『소대성전』을 제외하면 모든 작품의 주인공이 출전하여 승전한 후에 귀로에서 가족을 만나는 것이 대부분이다. 다만 『유충열전』의 경우 유충열이 여러 차례 출전하고, 각 출전의 귀로에서 가족들을 차례로 만나는 점이 다른 작품과 차이를 보이고, 주인공 가족의 재회뿐만 아니라 전란으로 헤어진 모든 가족들의 재회가 이루어진다는 점에서 차이를 보인다.

그런데 완판 영웅소설에서는 이산의 원인에 따라 재회 과정이나 재회에 앞서 주인공이 이산의 원인 제공자에게 복수하는 내용이 등장한다. 이것은 이산과 재회라는 사건에서 복수가 중요한 요소로 자리하고 있음을 보여준다.[19]

그렇다면 이러한 이산과 재회의 화소가 완판 영웅소설에 등장한 까닭은 무엇일까?

주지하듯이 우리 민족은 16세기 말부터 17세기 중엽에 이르기까지 왜와 청과의 전쟁이라는 큰 아픔을 겪었다. 그 과정에서 상당수의 가족들이 이산의 고통을 겪었고 일부 가족들은 재회의 기쁨을 맛보기도 했다.[20] 그에 따라 그와 같은 이산과 재회의 이야기들이 우리 사회에 회

---

19) 복수의식은 제3장에서 다루므로 여기서는 논의를 생략한다.
20) 참고로 임진왜란 때 포로로 잡혀갔던 인물들을 선조 33년(1600)에 160명, 37년(1604)

자되기도 했다. 예를 들어 유몽인의 「어우야담」에 실려 있는 '홍도 이야기'가 그 좋은 예이다. 홍도 이야기는 바로 이산과 재회에 토대한 당시의 가족적 비극을 소재로 한 작품이었다. 또한 조위한이 창작한 『최척전』의 내용도 홍도 이야기와 유사한 가족의 이산과 재회를 다룬 작품이다.21) 이 『최척전』은 실화를 토대로 한 작품으로, 최척과 옥영의 이별과 재회 과정이 매우 극적으로 진행됨으로써 많은 사람들의 심금을 울렸다. 그런 점에서 완판 영웅소설에서 가족의 이산과 재회를 중요한 화소로 다루고 있다는 것은 완판 영웅소설이 그만큼 18세기에 사회적으로 화제가 되었던 소재를 작품화한 것으로 볼 수 있다. 이것은 완판 영웅소설이 사회적 분위기에 민감하게 반응하고 있었을 가능성을 보여주는 것이다. 이에 대해서는 좀 더 세심한 논의가 필요하기에 여기서는 다루지 않는다. 다만 완판 영웅소설의 가족의 이산과 재회의 이야기는 이런 홍도 이야기나 최척과 옥영의 이산과 재회 이야기와 무관하게 이루어진 것은 아닐 것이라는 점을 지적하려고 한다. 그것은 당시 가족의 이산과 재회 화소가 널리 퍼져 있었을 가능성이 있고, 『최척전』이 쓰인 남원은 전주와 지리적으로 매우 가깝기 때문에 최척과 옥영의 이야기가 전주 사람들에게 잘 알려져 있었을 가능성도 있다.

따라서 이산과 재회 이야기는 그만큼 당시 모든 독자들이 쉽게 공감할 수 있는 화소였음에 틀림없다. 이런 점을 고려할 때 여기서 살핀 남녀 주인공들의 이산과 재회의 이야기는 당대의 독자들에게 공감을 불러일으킬 만한 이야기의 소재였음이 확실하다. 그리고 이런 화소의 채택은 방각본 업자들이 이 이야기를 통해 소설의 상품성을 추구하려는 의도와 무관하지 않은 것으로 보인다.

에 승 유정이 일본에 건너가 외교교섭으로 포로 3,000명을 데려왔다(국사편찬위원회, 『한국사』 12, 탐구당, 1981, 324면). 1627년 후금이 쳐들어온 정묘호란, 이어서 1636년 12월부터 이듬해 인조가 항복한 병자호란에서도 많은 포로가 발생했다. 그들은 청이 명을 멸망시키고 1645년에 소현세자를 비롯한 많은 포로를 돌려보냈을 때 돌아왔다.
21) 자세한 내용은 민영대, 『조위한과 최척전』, 아세아문화사, 1993을 참조할 것.

2. 고난과 부귀영화

완판 영웅소설에서 주인공의 고난은 후일 부귀영화로 귀결된다. 곧 어린 시절의 고난은 후일 부귀영화라는 결실로 보답을 받는다. 그리고 그 부귀영화는 남주인공들이 대체로 왕이 되는 것으로 마무리된다. 그런 점에서 고난과 부귀영화는 대조적 위치에 있지만 현실과 실현될 미래라는 점에서 주인공에게는 희망의 메시지가 된다.

1) 고난

주인공이 이산으로 인해 겪는 고난은 작품에 따라 차이가 있다. 주인공이 겪는 고난의 내용은 부모와의 이산 때문에 고난을 겪는 경우와 배우자와의 이산 때문에 고난을 당하는 경우, 이 두 가지 사건을 겪을 때마다 고난을 겪는 경우 등이 있다. 이제 주인공이 겪는 고난의 내용을 각 작품을 중심으로 살펴보기로 한다.

『소대성전』에서 주인공의 고난은 부모의 죽음으로 유리걸식하는 것이었다. 그러나 그 과정에서 배우자와의 결연과 이산이 다시 일어난다. 그러므로 소대성의 고난은 배우자와의 만남과 또 다른 이산을 예비하기 위한 것으로 볼 수 있다.

부모의 죽음으로 어린 소대성이 겪는 고난의 내용을 작품에서는 "기갈이 ㅈ심ᄒ여 남의 외양도 쳐주며 담도 싸 계우 연명ᄒ야 지니니 장터 훈 기남ᄌ 졈〃 수척ᄒ여 쥬린 걸어지 되여시이"라고[22] 했다. 그는 남의 외양간도 쳐주고 담도 쌓으면서 연명했으나 먹고 살 만큼 식량을 구

---

22) 『전집』 1, 574면.

하지 못해서 자주 굶어 몸이 수척하였고, 차림새도 걸인과 같았다. 소대성이 극심한 고난을 당했다는 사실을 확인할 수 있는 대목이 있다. 그곳은 이승상이 찾아가서 그를 보았을 때 그의 모습을 설명한 장면이다.

> 나무 비난 아히 나무 비여 셰니가의 노코 버들 그늘을 의지ㅎ야 잠을 집피 들어거늘 보이 의상이 남누ㅎ고 머리털이 홋터져 귀밋츨 덥펴시며 거문 썩줄 〃리 흘너 양협의 가득ㅎ이 그 취비ㅎ믈 칙양치 못ㅎ나(『전집』 1, 575면)

위의 인용문에서 보듯이 소대성은 나무꾼으로 지내면서 잠이 부족하여 나무하다 말고 낮잠을 자야 할 정도로 생활이 곤고했다. 또한 그는 생활고 때문에 남루한 의상을 입고 제대로 머리를 관리할 여유가 없었던 것 같다. 뿐만 아니라 세수도 제대로 못할 처지였기에 땟물이 흐를 정도로 비참한 생활을 했을 것으로 추정된다. 이는 소대성이 부모의 죽음으로 인해 자신의 몸을 돌볼 여유를 갖지 못하고 온갖 고생을 하면서 비루한 처지에 빠져 생활하고 있었음을 보여준다. 곧 이 대목은 주인공이 부모의 죽음으로 인한 이산 때문에 겪는 고난의 과정을 잘 보여주고 있다.

소대성은 구원자였던 이승상의 죽음으로 인해 두 번째 고난을 겪는다. 부모의 죽음으로 가산이 탕패하여 고생하던 소대성은 이승상의 구원으로 잠시 안정된 생활을 누렸으나 그의 죽음으로 또다시 고난의 길에 들어선다. 그런데 소대성의 부모의 죽음으로 인한 첫 번째 고난은 이채봉과의 결연을 예비하기 위한 고난이었다는 점에서 두 번째 고난과 차이가 있다. 게다가 소대성의 능력을 알아본 이승상과 그것을 알아보지 못한 이승상 부인 사이에서 비롯된 갈등이었다는 점에서 중요한 의미를 지닌다. 또한 두 번째의 고난은 이채봉과의 재회를 위해 소대성이 겪어야만 하는 과정이라고 할 수 있다.

소대성의 두 번째의 고난은 왕부인과 이승상의 아들들이 자객을 시켜 그를 죽이려 하여 집을 떠나면서 시작된다. 그는 정처 없이 떠돌아 다니는 신세가 된다. 그러다가 선동의 도움으로 약수를 건너고, 영보산 청용사를 찾아가서 노승을 만나 그곳에서 생활하면서 그의 고난은 끝이 난다.

그런데 소대성의 두 번에 걸친 고난은 그가 하늘에서 득죄한 데 그 원인이 있었다. 그러한 사실은 그가 선동의 도움으로 약수를 건넜을 때 선동이 한 말에서 확인할 수 있다.[23] 이렇게 보면 소대성의 두 번에 걸친 고난은 하늘에서 지은 죄값을 치르는 과정으로 해석된다. 곧 그가 탄생시에 모친의 꿈에 나타나 하던 말, "닌간에 비 그릇쥰" 죄 때문에 그는 천상에서 인간에 내려와 고난을 겪음으로써 죄값을 치른다. 그리고 이채봉과 헤어져 영보산 청용사를 찾아가는 것은 그의 고난이 끝났음을 의미할 뿐만 아니라 출신을 위한 수학의 과정으로 이해할 수 있다.

『장경전』에서 장경의 고난은 부모를 잃은 후 13세가 될 때까지 지속된다. 그러나 그가 부모와 몇 세에 헤어졌으며, 그 사이에 어떤 고난을 겪었는지는 확실하지 않다. 다만 작품에서는 "장경이 종늠산을 쩌나 어미을 부르며 두로 도라 정체업시 빌어먹더니 세월 여류하야 연광이 십삼 세라 운쥬 영중의 드러가 밥을 빌어먹던니"라고[24] 했다. 그는 십 세 전에 부모와 헤어졌을 것이므로, 매우 오랫동안 유리걸식하는 신세를 면치 못했을 것이다. 그렇다고 13세 이후에 그의 고난이 끝난 것도 아니다. 그가 운주성에서 관비 차영의 사환이 되었지만 차영은 그를 제대로 돌보아주지 않았다. 그의 비참한 행색은 다음 대목에서 확인할 수 있다.

> 츠영이 무상하야 쟝경의 마리도 안이빗기고 옷도 안이흐여쥬니 의상이 남누훈 즁의 마리예 이난 무슈흐고 몸의는 더러온 내가 난이 동무방즈드리며 관속

<hr>

23) 동즈 디왈 상공의 익운이 다 지니여씨니(『전집』 1, 581면)
24) 『전집』 2, 502면.

비 겻티 오지 못하게ᄒ니 독부되여 그 정샹이 참마 보지 못홀네라 그러ᄒ기로
혹 마로밋티도 쟈고 부억의셔도 쟈며 어미을 부르다가(『전집』 2, 502면)

장경은 관비 차영의 사환이 되어 밥은 해결된 듯하다. 그러나 위의
인용문에서 보듯이 의복을 비롯하여 잠자리 등이 전혀 해결되지 못한
채 고단한 생활을 계속한 것으로 보인다. 남루한 의상과 씻지 못한 것
때문에 냄새가 심해서 다른 사람들이 곁에 오지 못하게 할 정도로 참혹
한 생활을 했고, 마루 밑이나 부엌과 같은 곳에서 잠을 자면서 헤어진
모친을 그리워 할 만큼 외로운 생활을 계속하였다. 이러한 비참한 생활
을 계속하던 장경은 다행히 목사로 부임한 소성운의 도움으로 고난을
벗어날 수 있었다.

『장풍운전』에서 장풍운이 겪는 고난은 『소대성전』에서 소대성이 겪
는 고난과 비슷한 과정으로 진행된다. 곧 장풍운의 고난은 배우자와의
만남과 이별이라는 또 다른 이산을 예비하고 있다는 점에서 소대성의
고난과 공통점을 갖는다.

장풍운은 어린 시절 피란길에서 부모를 잃고 첫 번째 고난을 겪는다.
그런데 그 고난이 어떤 것이었는지 작품에서는 자세한 설명이 없다. 다
만 작품에서는 장풍운이 "부모를 일코 정쳐업시 단이더니"라고 하여 떠
돌이 생활을 했음을 보여주고 있다. 인용문처럼 정처 없이 다니던 장풍
운은 이운징의 구함을 받아 고난의 길을 벗어난다. 그런데 장풍운의 첫
번째 고난의 기간은 그리 길지 않았던 것으로 보인다.25) 물론 장풍운이
이운징의 집에서 생활할 때에도 고난을 당한 것은 사실이다. 이운징의
후처 호씨는 교악한 인물로, 이운징이 보는 앞에서는 사랑하는 척하다

---

25) 8세에 부모와 헤어진 장풍운이 이운징의 물음에 자신의 나이를 8세라고 한 것으로
보아 부모와 헤어진 지 얼마 되지 않아서 이운징의 구함을 받은 것으로 보인다. 또한
이운징이 울고 있는 장풍운을 보고 종에게 "져 우는 아희 분명 난중의 부모를 일은 시
프니 다려오라"(『전집』 2, 546면)는 말에서 난이 끝난 지 얼마 되지 않았음을 확인할
수 있다.

가 그가 보지 않을 때에는 심하게 구박했을 뿐만 아니라 자주 해하려고 했다. 장풍운이 이운징의 집에서 글을 배우고 이경패의 남편이 되었다는 점에서 현실적 생계의 고통은 벗어난 것으로 볼 수 있지만 계모 호씨의 구박을 지속적으로 당하며 살았다는 점에서 이운징의 집에서의 생활은 고난의 연속선상에 있었던 삶으로 볼 수 있다.

　장풍운은 배우자와의 이산 이후에 더욱 심한 고난을 겪는다. 이운징이 죽고 호씨의 박대가 심해지자 장풍운은 이경운을 데리고 집을 나온다. 그는 도중에 탁발하던 금산사 중창 화주승을 만나자 가지고 있던 돈을 모두 시주하고, 이경운을 소흥 연경사에 맡기고 홀로 유랑의 길을 떠난다. 그는 유랑하면서 먹을 것을 제대로 구하지 못하여 목숨을 이어가기조차 어려울 정도의 고난을 겪는다. 그의 고단한 삶의 모습은 그가 광대의 무리가 걸곡하는 것을 보고 고통스러운 현실을 벗어날 수 있는 타계책을 생각해 내는 대목에서 잘 드러난다.

> 풍운이 싱각ㅎ되 니 긔사의 당ㅎ여시니 져 광뒤 ㅎ긎지로 다니면 조셕의 구
> 츠ㅎ미 업시리라 ㅎ고(『전집』 2, 549면)

　그는 조석을 제대로 끓일 수 없는 구차한 삶을 살았고, 그런 삶이 지속되면서 거의 굶어죽을 지경에 이른 것이다. 그래서 그는 자신에게 닥친 문제, 곧 조석의 끼니를 해결하기 위한 방법으로 광대의 무리에게 간청하여 광대생활을 하기에 이른다. 물론 그가 절의 중창을 위해 화주승이 시주를 청하자 가진 돈을 모두 쾌척하고 걸식하다가 광대가 된 것은 그의 도량이 큰 것을 강조한 대목으로도 보이지만 걸식과 광대가 되어 생계를 꾸려야 한다는 점에서 고난의 연속으로 볼 수 있다. 이러한 그의 고난의 역정은 그가 서주 구계촌에서 만난 재상에게 하는 말에서 잘 드러난다.

풍운 왈 소인은 원도 스름이라 부모을 일직 여히고 동셔기걸ᄒ옵더니 긔훈 골몰ᄒ여 광더의 몸을 부쳐 다니오며(『전집』 2, 549면)

그는 사방으로 떠돌아다니면서 구걸하였고, 늘 굶주렸다. 그런 배고 픔을 벗어나기 위해 광대의 무리에 들어가서라도 그 문제를 해결해야 했기 때문에 거기에 들어가서 광대노릇을 한 것이다. 그의 고단한 삶은 이운징의 집을 떠난 후 3년 동안 지속되었던 것으로 보인다.[26] 그 기간 동안 그의 고난은 매우 혹독했을 것으로 짐작된다. 이러한 그의 고난은 서주 구계촌에서 재상 왕공열의 구원을 받아 끝난 것처럼 보인다. 그러 나 그곳에서도 노복들이 왕공열이 풍운을 사랑하는 것을 시기하여 그 가 없을 때면 온갖 일을 시키면서 괴롭혔기 때문에 고난을 완전히 벗어 났다고 하기는 어렵다.

장풍운의 고난의 과정과 내용을 살펴보면 흥미로운 점을 발견할 수 있다. 그것은 장풍운이 구원을 받은 이운징의 집에서 결연을 이루었을 뿐만 아니라 왕공열의 집에서 노복들에게 고난을 당하면서 결연을 이 루었다는 점이다. 장풍운은 왕공열의 집에서 노복의 괴롭힘을 피하기 위해 정원으로 갔다가 왕공열의 딸 부용과 또 다른 인연을 맺는다.[27] 이것은 작자가 장풍운이 고난 가운데서도 여러 여인과 연분이 있음을 강조하려는 의도 때문에 설정된 사건으로 보인다. 말하자면 이산의 고 통을 겪는 장풍운이 끊임없이 고난의 삶을 살아가고 있지만 그 고난이

---

26) 재상 왕공열에게 자신의 나이가 18세라고 한 사실에서 이를 확인할 수 있다. 장풍 운이 이운징의 집을 나와 연경사에 이르렀을 때는 나이 15세였다. 그것은 이경패가 풍운의 모친을 만났을 때 풍운의 나이를 15세로 소개하고 있는 사실에서 확인할 수 있다(『전집』 2, 549면).

27) 어느 날 풍운은 곤함을 피하려고 후원에 잠자러 갔다. 이때 특이한 꿈을 꾼 부용이 그곳에 와서 그를 보고 자신의 속옷을 덮어주고 돌아간다. 이것이 후일 두 사람의 결 연의 매개가 된다. 참고로 이 삽화는 『설인귀전』에 나온다. 그 때문에 서대석은 우리 의 영웅소설이 『설인귀전』의 영향을 받은 것으로 보았다. 서대석, 「군담소설과 설인귀 전」, 『군담소설의 구조와 배경』, 이화여대 출판부, 1985, 280~312면 참조.

결연 사건으로 이어지고 있다는 점에서 흥미롭다.

『유충열전』에서 유충열이 고난을 겪는 것은 정한담과의 대결에서 부친 유심이 패했기 때문이다. 유심을 정배 보낸 정한담은 천자가 되려고 했으나 옥관도사에게 유심의 아들이 영웅이라 그를 먼저 제거해야 한다는 말을 듣고 유충열을 죽이기 위해 유심의 집에 불을 지른다. 그 화를 피하기 위해 집에서 도망한 유충열은 도중에 모친과 헤어지고 강희주를 만나기 전까지 걸식하며 고난의 길을 걷는다.

> 정쳐업시 단이다가 촌〃이 걸식ᄒ며 곳〃시 차숙홀제 조동모셔ᄒ니 추풍낙엽이요 거리무종젹ᄒ니 쳥쳔의 부운이라 얼골이 치픠ᄒ고 힝식이 가련ᄒ다 흉중의 디장셩은 쩌속의 뭇쳐잇고 비상의 삼틱셩은 헌옷 속의 뭇쳐 쓰니 활달ᄒ 긔남자가 도로여 걸인이라 담만 쓰던 부열이두 무졍을 만나잇고 맛반 살던 이윤이도 은왕셩탕 맛나잇고 위수의 여상이도 주문왕 만나것만 유수갓치 가난 광음 울〃리 흘너가니 츙열의 고은년광 십사셰의 당ᄒ지라 쳔지로 집을 삼고 사ᄒ의 밥을 붓쳐 도로의 기걸타가 ᄒ고디 다〃 르니(『전집』 2, 345면)

위의 인용 대목은 강희주를 만나기 전 걸식하며 떠돌던 유충열의 모습을 잘 보여주고 있다. 그의 얼굴은 치패하였고, 초라한 행색에 때가 낀 헌옷 차림으로 마을마다 걸식하면서 잠자리를 빌어 자고 동가식서가숙하는 고난스런 삶을 살아가야만 했다. 그런데 인용문에서 보듯이 천지로 집을 삼고 사해에 밥을 빌어먹는 고난스런 생활을 그는 14세가 될 때까지 6년 동안이나 해야 했다. 그는 부모와의 이산 때문에 혹독한 고난을 겪은 것이다.

이러한 그의 고난은 강희주를 만나면서 끝이 난다. 그러나 강희주가 유주부의 억울함과 정한담의 잘못됨을 지적하는 상소를 했다가 황제와 정한담의 노여움을 사서 정배를 당하자 유충열은 다시 그 집을 떠나 두 번째 고난의 길에 들어선다. 강희주의 집을 떠난 유충열은 정처 없이 가다가 자신의 신세를 생각하고 어찌할 방법이 없어서 삭발위승하려고 절을 찾아간다. 그리고 그가 찾아간 서해 광덕산 백용사에서 노승의 환대를 받으면서 결국 두 번째 고난을 벗어난다. 그런데 그의 두 번째 고난은 소대성의 경우처럼 서해 광덕산 백용사의 도사를 만나 수학하는 계기로 작용한다는 점에서 부모와의 이산 때문에 겪는 첫 번째 고난과는 그 성격이 다르다.

『조웅전』에서 조웅이 겪는 고난은 황제의 죽음 때문에 시작된다. 조웅의 부친을 참소하던 이두병은 황제가 죽자 황제의 자리를 찬탈하고 태자를 태산 계량도에 유리 안치한다. 이 소식을 들은 조웅은 8세의 어린아이였으나 경화문에 비난의 글을 써 붙이고 부친의 현몽으로 위기를 피하기 위해 모친과 도망한다. 선동의 도움으로 강을 건너고, 계량섬 백자촌에 이르러 생활하다가 팔 년이[28] 지나자 길을 떠나 삭발위승하고 3년을 작객하며 떠돌아다닌다. 조웅 모자는 3년 간 떠돌아다니는 도중에 굶기도 하고 걸식도 하면서 고난을 겪는다. 그 가운데 가장 어려운 문제는 관원의 눈길을 피해 다니면서 혹시 붙잡히지 않을까 염려하는 데서 오는 두려움이었을 것이다. 그들은 행로에서 행인들에게 신분이 발각되어 사로잡힐 위험이 있었다. 그 까닭은 황제가 된 이두병이 조웅 모자의 체포에 돈과 벼슬을 상으로 내걸었기 때문이다.

　　됴웅 모즈을 줍아 밧치면 쳔금상의 만호후을 봉할이라 ᄒ니 우리도 쳔힝으로 잡으면 벼살ᄒ리로다 ᄒ며 힝인을 살펴난지라 웅의 모즈 이 말을 드르니 간쟝이 셔늘ᄒ고 잔혼이 칠빅이 훗터지는지라 급피 몸을 숨겨 역촌을 쩌나 도망ᄒ니(『전집』 3, 108면)

---

28) 반년의 착오로 보인다. 조웅이 집에서 도망할 때 8세였고, 강선암에서 월경대사를 만났을 때 11세였다. 조웅이 떠돌이 생활을 한 전체 기간이 약 3년 정도이다. 화자도 조웅이 삭발위승하고 3년을 작객 생활을 했다고 언급했다. 그런데 백자촌을 떠날 때 조웅이 팔 년이 되었다고 했으나 이것은 잘못으로 보이고, 앞에 과세하는 내용과 조웅의 나이 9세라는 말이 나오는 것으로 보아 백자촌에서 약 반년 머물렀던 것으로 보인다.

　조웅 모자에게는 자신들을 잡아 팔자를 고치려는 모든 사람들이 항상 위협적 존재들이었다. 유랑하면서 걸식을 해야 할 사람들이 그들을 피해 몸을 숨겨야만 했기에 그들의 유랑생활은 더욱 힘들었을 것이다. 그래서 작품에서는 그들이 맞닥뜨린 어려운 상황을 "집푼 산즁의 드러ㄷ 바회 아리 슘어 붓들고 셔로 울며 왈 이졔난 아모 디로 ㄱ도 죽을 거시니 엇지ᄒ리요 ᄒ며 무슈이 통곡ᄒ니 그 졍상을 칭양치 못ᄒ너라"라고[29] 묘사하고 있다. 그들은 남의 눈을 피하기 위해 삭발위승하여 걸식하면서 떠돌이 생활을 계속한다. 그들은 도중에 도적을 만나 헤어질 위기를 겪기도 하지만 결국 월경대사를 만나 강선암에 머물면서 안정을 되찾고 고난에서 벗어난다.

　『이대봉전』에서 이대봉이 겪는 고난은 부친과 함께 정배를 당하면서 시작된다. 이대봉은 오천 리 유배를 당하여 유배지로 가던 도중 부친과 함께 수장을 당한다. 그는 서해 용왕의 명을 받은 용자의 도움으로 죽음의 위기를 벗어나 천축국 금화산 백운암에 이르러 생계한다. 여주인공 장애황의 고난도 이대봉의 경우와 비슷한 정도로 진행된다. 왕석연이 강제로 혼인을 하려 하자 시비 난향과 옷을 바꿔 입고 도망한 장애황은 마고선녀가 있는 곳에 가서 수학한다. 이로 보면 『이대봉전』의 주인공들이 겪는 고난은 다른 작품들의 주인공들에 비해 그 정도가 약하다고 할 수 있다.

　지금까지 살핀 바와 같이 『소대성전』과 『장경전』·『장풍운전』·『유충열전』에서는 부모와 헤어진 주인공들이 유리걸식하는 처지로 전락하여 고난을 겪는다. 조웅은 모친과 헤어지지는 않으나 역시 유리걸식하면서 수많은 고난을 당한다. 그에 비해 『이대봉전』에서는 주인공들이 큰 고난을 겪기보다는 초월적 존재를 만나 고난에서 벗어나는 것이 특징이다. 초월적 존재들은 주인공들의 부모가 시주하여 자식 얻기를 발

---

29) 『전집』3, 108면.

원했던 절과 관련이 있는데, 소대성은 영보산 청용사, 유충열은 서해 광
덕산 백용사, 조웅은 강선암, 이대봉은 천축국 금화산 백운암이 이에 해
당한다. 또한 그들이 그곳에 가서 수학한다는 점에서 공통점을 보인다.

2) 부귀영화

『소대성전』에서 천자는 소대성을 노왕에 봉하고 해동 10만호를 준다.
이에 노왕이 노국에 가서 이채봉과 혼인하니 그 위엄과 영화가 일국에
진동하고, 나라를 잘 다스리니 백성이 함포고복하며 격양가를 일삼는
다. 작품에서는 그가 당대의 부귀영화를 누릴 뿐만 아니라 후록이 장구
하여 자자손손이 계계승승하는 것으로 기록하였다.
『장경전』에서 장경은 첫 번째 출전에서 승리하고 부친을 만난 사연
을 천자에게 알린다. 그러자 천자가 장취의 죄를 사하고 그를 초공에
봉한다. 황성으로 돌아온 장경의 가족(장경과 그의 부모)은 천자가 하사한
별궁에서 부귀영화를 누린다. 그러나 이 부귀영화에는 두 가지 문제가
내재되어 있었다. 하나는 황제의 죽음 후에 어린 나이에 황제가 된 조
카를 몰아내고 황제가 되려는 황숙 건성의 욕망이고, 다른 하나는 소난
영과 초운의 갈등이었다. 그러므로 이때의 부귀영화는 일시적인 것일
수밖에 없었다.
장경이 진정한 부귀영화를 누리는 것은 황제를 복위시킨 후에 이루
어진다. 장경은 황숙 건성의 간계로 정배를 당했다가 황제의 폐위 소식
을 듣고 세력을 규합하여 황제를 복위시킨 공로로 연왕이 된다. 곧 장
경은 황숙 건성의 욕망을 무력화시키고, 초운을 박대한 소난영의 욕망
도 무력화시킨 후에야 비로소 온전한 부귀영화를 누릴 수 있었다. 이러
한 장경의 부귀영화는 그가 지상에서의 삶을 마감하고 천상으로 승천
하자 왕위에 오른 태자뿐만 아니라 그의 자식들이 모두 좋은 가문과 혼

인하고, 높은 벼슬에 오르며, 자손이 대대 후직으로 만세무강하는 것으로 마무리된다.

『장풍운전』에서 천자는 장효를 태사 위왕, 장풍운을 좌승상, 전통판 이운징을 추존하여 간의태후 상서령, 왕상서를 태중대부 낭양후에 봉한다. 그 후에 장풍운의 아들 옥윤이 황제의 부마가 되고, 서량왕이 무후하여 죽자 옥윤을 서량왕에 봉한다. 이에 황제가 장풍운을 위왕에 봉하고 이경패를 정렬왕비로 봉한다. 이경운은 익주자사가 된다. 서량에 가서 정사를 잘하니 일국이 태평하여 만민이 격양가를 일삼는다.

『유충열전』에서 유심은 금자광녹태부 대승상 연국공 연왕에 봉해지고, 유충열은 대사마대장군 겸 승상 위국공에 봉해진다. 그 후에 황성 동문 밖의 인가를 다 헐어 별궁을 지은 후에 직첩을 돋워 유충열을 남평 여윈 양국 옥새를 주어 남만 오국을 차지하게 하면서 동시에 대사마대장군 겸 승상을 겸하게 한다. 강승상에게도 달왕 직첩을 주고, 이처사는 간의태부 도훈관의 이부상서를 겸하게 한다. 모두 하사받은 궁궐에서 부귀를 누린다.

『조웅전』에서 조웅은 송실을 재건하고 변왕이 된다. 부인 장씨는 정숙왕비, 왕태수는 우승상이 된다. 조웅은 가솔을 거느리고 변국으로 떠나고, 황제가 즉위한 후 해마다 풍년이 들어 도불습유하고 산무도적하니 백성이 격양가를 부르는 것으로 작품이 마무리된다. 이처럼 『조웅전』은 다른 작품과 달리 그 이후의 사적에 대한 얘기가 별로 없는 것이 특징이다.

『이대봉전』에서 황제는 이익을 우승상, 이대봉을 병부상서 겸 대사마대장군 초왕으로 봉하고 장애황을 예부상서 겸 연국공 연왕을 봉한다. 황제가 화양공주와 화평공주로 두 사람을 부마로 삼으려 하자 장애황이 자신의 신분을 밝히고 이대봉과 혼인한다. 황제가 이승상으로 초국의 태상왕을 봉하고, 그의 부인으로 정렬왕비를 봉한다. 이익과 이대봉에게 각각 보화와 만종녹을 내리니 초왕 부자의 부귀가 천하 으뜸이었다.

3) 의미

지금까지 살핀 바와 같이 『이대봉전』의 주인공을 제외한 모든 작품의 주인공들이 유랑하면서 기갈의 고통을 겪는다. 그 후에 주인공들은 그 고난을 벗어나는데, 그 방법은 둘로 정리된다. 곧 소대성과 유충열, 조웅, 이대봉은 모두 절을 찾아가서 대사를 만남으로써 고난을 벗어나고, 장경과 장풍운은 후일 장인이 될 인물의 눈에 띄어 고난을 벗어난다. 특히 주인공이 절을 찾아가 대사를 만나 고난을 벗어나는 사건은 수학으로 연결되는 것이 특징이다.

그렇다면 작가는 왜 이처럼 주인공의 고난을 독자에게 보여주려고 했을까? 물론 그것은 당대인들이 겪었을 현실의 궁핍함을 상징적으로 표현한 것일 수도 있다. 그런데 완판 영웅소설이 상품성을 중시하는 방각본 소설이라는 점을 고려할 때 이들이 후일 누리는 부귀영화에서 그 해답의 단서를 찾아야 할 것으로 보인다. 앞에서 살핀 바와 같이 완판 영웅소설의 주인공들은 모두 왕이 되어 부귀영화를 누린다. 곧 소대성은 노왕, 장경은 연왕, 장풍운은 위왕, 유충열은 남평 여원 양국의 왕, 조웅은 변왕, 이대봉은 초왕, 장애황은 연왕이 된다. 그 외에 그들의 부친들과 자손들도 높은 지위에 올라 부귀영화를 누린다. 말하자면 모든 작품의 주인공들은 모두 고난을 겪은 후에 부귀영화를 누린다.

완판 영웅소설에서 이런 구조를 설정한 것은 주인공들의 고난을 강조하여 독자들의 동정과 연민을 불러일으킨 후에 그들이 결국 왕위에 올라 부귀영화를 누리는 장면을 보여줌으로써 독자들에게 통쾌감이나 안도감을 주려고 한 것으로 볼 수 있다. 말하자면 완판 영웅소설의 작자가 대부분의 작품에서 주인공들의 고난을 강조한 것은 주인공에 대한 독자들의 동정심을 유도하면서 동시에 주인공의 승리의 환희를 고조시키려는 전략으로 풀이된다. 이런 작자들의 의도 때문에 완판 영웅소설의 결말도 "고생 끝에 낙이 온다"는 속담처럼 고소설의 통상적 결말인 행복한 결말 구조를 그대로 따른 것으로 보인다.

물론 완판 영웅소설이 보여주고 있는 이러한 감상주의적 결말 구조는 당대 현실이 안고 있는 문제를 낭만적으로, 또는 현실 도피적으로 해결한 측면이 강하다. 그런데 앞에서 언급한 바와 같이 방각본 소설의 독자들이 중인 계층 이상의 사람들이었을 것이라는 점을 고려할 때, 이런 결말 구조는 그들 계층의 이데올로기, 곧 당대 유교 윤리의 수호로 나타날 수밖에 없었을 것이다. 또한 방각본 소설이 이 계층 사람들의 소일거리로 읽혔기 때문에 방각본업자는 소설의 상품성 확보를 위해 당대 현실의 문제보다는 위안의 제공에 더 많은 관심을 가졌을 것이다. 그런 점들 때문에 완판 영웅소설은 독자의 감정에 호소하는 방식으로 소설의 상품성을 높이려 했고, 결국 독자들에게 미래에 대한 희망을 낙관적으로 보여준 것으로 볼 수 있다.

3. 수학과 출신 입공

여기서는 주인공들이 수학하는 내용과 출신의 방법, 입공의 내용을 살펴보기로 한다. 대부분의 영웅소설이 그러하듯이 완판 영웅소설의 주인공들도 작품에 따라 수학 내용이나 출신의 방법, 입공의 내용 등에서 약간씩 차이를 보인다. 곧 영웅소설의 주인공은 출신을 위해 그 나름의 방법을 강구하기 마련인데, 그 방법 등이 작품에 따라 차이를 보인다.

대부분의 완판 영웅소설의 주인공들은 무예 실력을 연마한 후에 나라가 전쟁의 위기에 빠졌을 때 무예를 수단으로 하여 출신하지만 일부 작품에서는 과거시험을 통해 출신하기도 한다. 그렇다면 각 작품의 주인공들은 출신을 위해 어떤 수학 과정을 거치는지, 그리고 수학 후에

어떤 출신의 방식과 입공 과정을 거치는지 각 작품의 내용을 중심으로
살펴보기로 한다.

1) 수학

『소대성전』에서 소대성은 선동이 가르쳐준 대로 영보산 청룡사를 찾
아가 노승의 환대를 받는다. 그 노승은, 소대성의 부친 소양이 자식이
없어서 탄식하며 지내던 어느 날 찾아와서 자신을 서역 영보산 청용사
중이라고 소개하면서, 절을 중수하기 위해 시주를 청하러 찾아왔다고
하였고, 소양이 수천 량의 돈을 주면서 부처에게 자식 발원을 부탁했던
바로 그 노승이었다. 『소대성전』에는 주인공의 수학 과정과 내용이 매
우 소략하게 소개되고 있다. 곧 소대성은 그 절의 노승과 5년의 인연이
있어서 노승과 더불어 불경도 의논하고 병서도 공부한다는[30] 정도로
수학 과정과 내용을 소개하고 있다. 이를 통해 소대성이 불경과 병서를
공부했다는 사실을 확인할 수 있다. 또한 그가 병서를 공부한 것으로
미루어볼 때 무예를 익혔을 것으로 추정된다. 그리고 뒷부분에 그가 천
문을 보는 내용이 나오는 것으로 보아[31] 천문을 익혔을 것으로 추정된
다. 이를 종합하면 소대성은 불경과 병서, 무예와 천문을 수학한 것으로
보인다.
　『장경전』에서는 장경이 특별히 다른 선생에게 수학하는 내용이 등장
하지 않는다. 떠돌이 생활을 하던 장경이 차영의 사환이 되었을 때 관
청 일을 잘 처리하였고, 소성운 목사 아들들의 시에 화답시를 지은 것

---

30) 『전집』 1, 582면.
31) 위의 책, 583면. "달은 별은 다 신지을 직켜시되 북방 쥬셩과 셔방 쥬셩이 즁원의 빗
　　최여 살기 츙천ᄒ거눌 싱이 니럼의 혀오더 북방호젹이 즁원을 엿보난쏘다" 이로 보면
　　소대성의 천문을 보는 능력은 매우 뛰어났을 것으로 추정되고, 공부도 매우 높은 수준
　　에 이른 것으로 보인다.

으로 보아 유랑 과정에서 스스로 문장 실력을 쌓았을 것으로 추정된다. 그리고 소목사의 배려로 학업에 힘쓰는 내용이 나오는데, 이때는 문장 공부에 힘쓴 것으로 보인다. 한편 장경이 과거에 급제한 후 남이왕 등이 침략했을 때 대원수로 출전하여 큰 공을 세우는 내용이 나오는데, 작품에 그가 무예를 닦는 내용이 나오지 않은 것으로 보아 장경은 남이 모르는 가운데 스스로 무예를 닦았거나 그 능력을 타고난 것으로 볼 수 있다. 이로 보면 장경은 스스로 공부하여 문무를 겸전할 정도로 탁월한 능력을 갖춘 인물로 보인다. 그가 이런 능력을 갖춘 요인은 바로 그의 전생 신분이 선관이었던 것과 무관하지 않을 것으로 보인다.[32]

『장풍운전』에는 장풍운의 수학 내용이 아주 간략하게 소개되어 있다. 이운징의 집에 머물던 장풍운은 이운징이 글을 권하자 본디 영민하여 시서백가어를 무불통지했다고 언급한 내용이 그의 공부하는 장면의 전부이다. 그가 이운징의 집을 떠나 왕공열에게 구함을 받아서 그 집에 머물렀지만 그 집에 머물 때는 공부하는 장면이 등장하지 않는다. 그렇게 보면 장풍운은 이운징의 집에 머물면서 스스로 공부한 것으로 볼 수 있다. 한 가지 흥미로운 사실은 대부분의 영웅소설에서 주인공이 병서를 공부하는 내용이 있는데, 『장풍운전』에는 그런 내용이 전혀 나오지 않는 점도 다른 영웅소설과 다른 점이다.

『유충열전』에서 유충열은 강희주의 집을 떠나 광덕산 백용사에 이른다. 그는 그곳에서 도사에게 병서와 불경을 비롯한 기이한 술법을 공부한다. 이에 대하여 화자는 다음과 같이 설명했다.

> 천상 스롬으로 싱불을 만나 쓰니 기이훈 술법을 가르치고 천지 일월성신이며 천흐 명산신령더리 모도다 흡역ᄒ니 그 지됴와 영민ᄒ물 뉘라셔 당ᄒ리요 주야로 공부ᄒ더라(『전집』 2, 349면)

---

32) 『전집』 2, 530면. 이 대목에서는 장경과 초운, 소난영 등의 전생, 곧 천상에서 살 때의 관계를 선관이 설명하고 있다.

위의 인용문에서 보듯이 유충열은 백용사의 노승뿐만 아니라 천지일월성신과 명산의 산신령들이 모두 합력하여 공부를 시킨 것으로 보인다.

『조웅전』의 조웅은 노인에게 보검을 얻은 후 그 노인의 말에 따라 관산의 천관도사를 찾아간다. 그는 그곳에서 1년 간 도사에게 성경현전을 비롯하여 육도삼약과 천문도를 공부하고, 기묘한 술법을 능통하도록 배워서 모르는 것이 없는 경지에 이른다. 또한 월경대사에게 신통한 술법을 3년 간 배운다. 그 후 다시 천관도사에게 가서 육도삼략과 지모장략, 천도의 천심과 장성의 관계를 배워 달통한다. 도사는 각 별의 관계를 통해 시절이 요란하고 서번이 강성하여 중원을 도모하려고 하니 위국을 도와 송나라를 회복하라고 한다. 이처럼 『조웅전』에는 다른 작품과 달리 천관도사가 조웅을 가르치는 내용이 매우 자세하게 설명되어 있는 것이 특징이다.

『이대봉전』에서 이대봉은 금화산 백운암에서 노승에게 각색 술법과 육도삼략, 천문도를 익혀 달통하고, 신묘한 병서를 잠심하여 익혔다. 그래서 그는 지모와 장략이 당세에 무쌍일 정도에 이르렀다. 한편 장애황은 마고선녀에게 여러 가지를 배운다. 그녀가 배운 것들은 도학과 상전벽해 수놓기와 온갖 법술 · 천문지리 · 둔갑장신지술 · 병서 등이었다. 3년을 공부하니 상통천문하고 하찰지리하며 중찰인사하기에 이른다. 또한 병법에도 능하여 관중 악의를 능가할 만하였고 지혜도 총명하게 뛰어났다. 이렇게 그녀는 19세에 이르기까지 마고선녀에게 모든 것을 배워서 모든 일에 달통하기에 이른다. 이 작품에서 화자는 이대봉보다 장애황의 수학 내용을 좀 더 자세히 설명하고 있다. 이것은 이대봉보다 장애황의 뛰어난 능력을 보여주는 이 작품의 내용과 밀접한 관련이 있는 것으로 보인다.

지금까지 살핀 바와 같이 『소대성전』과 『장경전』 · 『장풍운전』에서는 주인공들의 수학 내용이 소략하거나 거의 없는 것이 특징이다. 이에 비해 『유충열전』과 『조웅전』·『이대봉전』의 주인공들의 수학 내용은 매우 구체적으로 기술되어 있다. 또한 『장경전』과 『장풍운전』의 주인공들을 제외하면 대부분의 주인공들의 수학 과정은 대체로 그들의 부모가 자식을 얻기 위해 시주한 절의 노승과 연관되어 있다. 곧 주인공이 만득자인 경우 절을 중창하기 위해 찾아온 대사에게 부모가 시주하여 주인공을 낳는데, 주인공은 그 절에 가서 그 대사에게 수학하는 것이 특징이다.

2) 출신과 입공

완판 영웅소설의 주인공들의 출신 방법은 크게 둘로 나눌 수 있다. 하나는 주인공이 과거시험에 합격하여 출신하는 것이다. 다른 하나는 외적의 침략으로 나라가 위기에 빠졌을 때 주인공이 등장하여 뛰어난 무예 실력으로 그 위기를 타개함으로써 출신하는 것이다. 그 가운데 장경과 장풍운·장애황은 과거를 통해 출신한다. 소대성과 조웅·유충열·이대봉은 반적의 침략으로 국가가 위기에 처하자 그 전쟁터에 등장하여 반적을 물리치고 나라를 구함으로써 출신한다. 그렇지만 장경과 장풍운·장애황을 포함한 영웅소설의 모든 주인공들의 입공 내용은 모두 반적을 물리치고 나라(천자)를 구하는 것이다. 곧 그들의 출신 방법에 상관없이 모든 주인공들은 반적과의 전쟁에서 승리하는 공을 세운다는 점에서 공통점을 보인다.

먼저 『소대성전』을 살펴보기로 한다. 성화 13년 8월에 문득 창밖에서 소대성을 부르는 소리가 나서 소대성은 밖에 나가 천문을 보고 북방 호적이 중원을 침략한 줄 안다. 그러나 그는 출전을 포기하고 병서만 읽는다.

은〃이 불너 왈 용부야 쳔문이 열여신이 나와 보라 ᄒ거늘 소싱이 놀너여 나와 쳔문을 보니 달은 별은 다 신지을 직켜시되 북방 쥬셩과 셔방 쥬셩이 즁원의 빗최여 살기 츙쳔ᄒ거늘 싱이 니럼의 혀오디 북방 호젹이 즁원를 엿보난쏘다 놀아의 츙양지신이 업시나 놀갓턴 유는 거지두량이나 비록 심만명이 잇시나 무어스 씨리요 (…중략…) 몸이 말이 외의 잇고 젹슈단신이라 엇지 나라 근심을 ᄒ 가지로 ᄒ리요 ᄒ고 방즁의 드러가 병셔을 잠심ᄒ던이(『전집』 1, 583면)

소대성의 그런 행동을 본 노승이 소대성에게 지금 출전하여 공을 세우지 않으면 언제 기회가 다시 오겠느냐고 하면서 출전을 권한다. 그리고 태향산에서 용이 품고 있던 것을 구했다면서 칠성검을 준다. 소대성은 노승의 충고를 받아들여 출전하려고 칠성검을 가지고 그곳을 떠난다. 그는 도중에 청주 이승상을 만나 보신갑주를 얻는다. 이승상은 소대성에게 적장은 천상 낭택의 제자 익성인데, 북방 호국왕이 되어 중원을 침노하니 지혜와 용맹이 범인과 다르므로 조심하여 대적하라고 한다. 그리고 다음날 오시에 청총마를 얻을 것이며, 지금 중국에는 익성을 이길 자가 없고 천자가 접전한 지 오래여서 위태하니 급히 가라고 한다. 소대성은 길을 떠나 한 곳에 이르러 옥포선관에게 청총마를 얻는다. 그리고 급히 중원으로 달려가서 천자가 유진하고 있는 곳에 이르러 군사 장군 모세증을 찾아간다.

이때 천자는 호왕과 접전한 지 수개월이 되었으나 승세를 잡지 못하고 호국의 장수에게 8명의 장수가 죽임을 당하고 질욕을 당한다. 이것을 본 소대성이 분기를 참지 못해 출전해서 8장의 원수를 갚겠다고 하나 모세증이 허락하지 않는다. 정동장군 우적이 죽는 것을 보고 소대성은 모세증의 허락을 받지 않고 달려 나가서 선우를 베고 돌아와 모세증에게 장령을 어긴 죄를 받겠다고 한다. 모세증과 천자가 그의 행동을 크게 칭찬한다. 이어서 소대성이 호왕과 대결하나 승부를 결정짓지 못한다. 다음날 호왕의 계책에 빠지지만 잘 헤쳐 나온다. 그 후에 천자에게 자신이 백면서생이라 제장이 영을 듣지 않을까 염려스럽다고 하여 대원수가 된다. 그리고 호왕의 계교에 빠져 항복의 위기에 처한 천자를 구하고 호왕을 죽여 승리한다. 그는 그 공로로 해동 십만 호를 사급 받고 노왕이 된다.[33]

『장경전』의 장경은 과거에 급제하여 출신한다. 천하가 태평하자 황제가 인재를 얻으려고 과거를 보이자 장경이 과장에 가서 일필휘지하여 선장한다. 천자가 그의 글을 보고 크게 놀라 친히 불러 본다. 천자가 그를 평하여 만고영웅으로 흉중에 천지조화를 품었고 양미간에 강산정기를 띠었으니 수십 년 전에 남방에 떨어진 익성이라 하며, 한림학사를 제수하고 천리 준총마를 상사한다. 그런데 장경의 출신이 과거를 통해 이루어지지만 황제가 그에게 준마를 하사한 것이나 그를 익성의 현신으로 설명한 대목은 그의 이후의 공훈이 출진을 통해 이루어질 것을 암시한 것으로 볼 수 있다. 실제로 장경은 두 차례의 전쟁, 특히 두 번째 전쟁에서는 황제의 숙부가 일으킨 반역을 제압하고 폐위된 황제를 다시 보위에 오르게 하는 공을 세운다. 그 공으로 장경은 황제의 두터운 신임을 받고 연왕에 봉작되어 부귀영화를 누린다. 이제 장경이 무공을 세우는 내용을 살펴보기로 한다.

남이왕과 남만왕·말갈·홀육 등이 합세하여 쳐들어온다. 장경은 이들을 막으려고 대원수가 되어 출전한다. 장경이 운남 지도를 얻어 작전을 세우고 군사들을 매복시킨 후 적진을 공격하여 남이왕을 베고 승전한다. 이어서 남만을 치려고 갔더니 남만왕이 장경의 군사가 강성함을 보고 당하지 못할 줄 알고 항서를 올린다. 장경이 그를 결곤하여 이십 도를 친 후에 꾸짖어 돌려보낸다. 그리고 승전 첩서를 황제에게 보낸다.

장경의 두 번째 활약은 황제가 폐위된 후에 일어난다. 황제가 죽은 후에 세자가 황제가 되었으나 황숙 건성의 반역으로 폐위된다. 장경은

---

33) 해동은 일반적으로 조선을 뜻한다. 그리고 소대성이 해동 소대성으로 자처한 것으로 보아서 해동은 조선일 가능성이 큰데, 『소대성전』에서는 노국이라고 했다.

건성이 자신을 죽이려 한다는 사실을 알고 여주자사·양주자사 등 여러 인물들과 합세하여 건성을 물리치고 황제를 복위시키기 위하여 기병한다. 그는 황토섬에 가서 황제에게 기병하겠다는 뜻을 전하고 여러 세력과 연합하여 황성을 친다. 건성이 유성군으로 대적하지만 장경은 그 군대를 물리치고 건성을 사로잡은 후에[34] 황제를 보위에 오르게 한다. 그 공로로 장경은 연왕이 된다.

장경의 두 번째 출전에는 두 가지 중요한 사건이 관계되어 있다. 하나는 폐위된 황제를 다시 보위에 오르게 하는 것이다. 다른 하나는 초운과 소난영의 갈등 문제를 해결하는 것이다. 장경이 정배를 당해서 집을 비운 사이에 소난영은 초운을 모함하여 죽이려 한다. 옥에 갇힌 초운은 진부인의 도움으로 탈출하여 청운산의 절로 피신한다. 후일 장경이 그 사실을 알고 연왕이 된 후에 초운을 왕비로 삼고, 소난영는 연국으로 데려가지 않고 혼자 남아서 가족들을 돌보며 살게 함으로써 그녀를 징계한다. 그러므로 장경의 두 번째의 출전은 이 두 사건을 해결하기 위한 방안으로 설정된 것으로 볼 수 있다.

『장풍운전』의 장풍운은 과거에 급제하여 벼슬길에 나아간다. 장풍운이 왕공열의 심부름으로 황성 원철의 집에 빚을 받으러 갔다가 그곳에 머무는 사이에 과거가 시행되자 원철에게 지필을 얻어 과장에 가서 응시한다. 그 과제를 보니 평생 짓던 바여서 일각에 지어 선장하니, 황제가 그 글을 보고 크게 칭찬하면서 이 사람의 재주는 고금에 없다 하고 장원으로 뽑는다. 장풍운은 장원급제하여 한림학사가 된다. 『장풍운전』에서 주인공의 출신은 『소대성전』이나 『유충열전』처럼 극적으로 이루어지는 것이 아니라 과거를 통해서 이루어진다. 그렇다고 장풍운의 영웅적 활약에 의한 입공 과정이 생략되어 있는 것은 아니다. 곧 『장풍운전』에도 이미 과거로 출신한 장풍운이 가달의 침략으로 나라가 위기에

---

34) 장경은 건성을 황제의 혈족이라 하여 죽이지 않으나 그는 천수산에 들어가 주려죽는다.

처했을 때 출전하여 큰 공을 세우는 내용이 있다.

　서번 서달 서천 36도 군장이 반하여 대국을 침범하자 천자가 장풍운을 대사마대장군에 봉하고 정병 팔십만을 주어 출전하여 막게 한다. 장풍운이 작전을 세워 복병을 두고 서번과 싸워 번달을 죽이고 승전하니, 번왕이 항서와 예단을 올린다. 장풍운이 번국에 들어가 백성을 진무하고 36도 군장을 항복받고 돌아온다. 그 공으로 장풍운은 좌승상, 부친 장효는 태사 위왕의 봉작을 받는다.

　『장풍운전』에는 장풍운이 다시 출전하여 공을 세우는 내용이 있다. 그것은 장풍운의 능력을 보여주기보다는 아내들 사이의 갈등 해결책과 관계가 있다. 말하자면 장풍운이 출전한 틈을 타서 한 아내, 곧 연왕의 딸 유경화가 이경패를 모함할 계교를 꾸밀 수 있는 시간을 마련하기 위해 외적의 침략이리는 사건이 설성된다. 그리고 장풍운이 공을 세우고 돌아와 아내들의 갈등 과정에서 생긴 계교, 곧 유경화가 이경패를 모함하기 위해 꾸민 흉계를 밝힘으로써 그 문제를 해결한다. 결국 주인공이 계교를 꾸민 유경화를 징계하여 가정의 평화를 다시 찾는 데 주력하였다는 점에서 이 대목은 쟁총형 소설의 줄거리와 비슷하게 전개된다. 따라서 장풍운의 출신 단락에서 장풍운이 출전하여 공을 세우는 내용은 다른 영웅소설과 의미상의 차이를 보인다.

　『유충열전』에서는 정한담과 최일귀가 유심과 강희주를 원찬하고 천자를 도모하려고 한다. 마침 남흉노와 선우가 북적과 동심하여 천자를 도모하려고 서천 삼십육도 군장과 남만 가달, 토번 오국과 합세하여 쳐들어온다. 정한담과 최일귀가 이들을 막겠다고 출전했다가 이들과 동모하여 황성으로 쳐들어오니 천자가 대패하여 금산성으로 도망한다. 정한담이 황성에 들어가 천자의 자리에 올라 백관을 호령하고 옥새를 빼앗기 위해 금산성을 친다. 적장 정문걸이 금산성을 파하자 천자는 조정만과 함께 도망하고, 황후와 태자는 사로잡힌다. 조정만이 천자를 업고 명성원으로 도망하여 산동 육국에 구원병을 청하였으나 구원병마자 패한다. 절망에 빠진 천자는 용동수에 빠져 죽으려 했으나 길이 막히자 하늘을 우러러 탄식한다.

　이때 유충렬이 광덕산 백용사에서 천문을 보고 천자의 위급함을 안다. 노승이 옥함을 주니, 그 안에 갑주 한 벌(일광주 용인갑), 검(장성검) 하나, 책 한 권이 있었다. 또 노승이 송임촌 동장자에게 용마를 맡겼으니 찾아서 천자를 구하라고 한다. 유충렬은 천사마를 얻어 천자를 구하려고 남경을 향해 떠난다. 이때 천자는 어쩔 수 없이 옥새를 목에 걸고 항서를 손에 들고 항복하러 나온다. 바로 이 위기의 순간에 유충렬이 등장하여 정문걸을 베고 천자를 구한다. 유충렬은 대사마도원수가 되어 최일귀와 대적한다. 유충렬은 최일귀가 본진으로 후퇴하자 북적 선봉 마룡과 맞서 싸워 그를 죽인다. 유충렬은 다음으로 최일귀와 대적하여 그를 죽이고, 정한담과 대결한다. 유충렬은 정한담의 계교에 빠져서 여러 차례 위기를 만나지만 모두 극복하고, 정한담의 구원병마저 물리친다. 정한담은 계교를 써서 유충렬이 금산성을 구원하도록 하고, 그 틈을 타서 도성에 들어가 황제를 잡으려고 한다. 황제가 도망하였으나 변수가에서 정한담에게 붙잡혀 죽을 위기에 빠진다. 정한담은 황제에게 옥새와 혈서로 항서를 써서 바치라고 독촉한다. 이 위급한 상황에서 유충렬이 달려와 정한담의 양팔을 베고 천자를 구한다. 그 극적인 장면을 소개하면 다음과 같다.

> 잇써 천자는 빅사장의 업더지고 흔담은 칼을 들고 천자를 치랴 흐거늘 원슈 이써를 당흐미 평상의 잇난 긔력과 일싱의 질은 호통을 진력흐여 다 지르니 천사마도 평싱 용밍 이써예 다 부리니 변화 조흔 장성검도 삼십삼천 어린 조화 이써예 다 부리고 (…중략…) 벽역갓치 소리흐며 왈 이놈 정흔담아 우리 천자 힉치 말고 늬의 칼을 네 바드라(『전집』 2, 362면)

　결국 유충렬은 위기에 빠진 천자를 구하고 정한담을 사로잡아 승리한다. 그 후 유충열은 호국에 들어가서 사로잡혀간 황후와 태후·태자를 구한다. 그는 그 외의 여러 나라들을 평정하는데, 그 과정은 그동안 헤어진 가족들과의 재회를 위해 마련된 출전으로 보인다.

『조웅전』에서 조웅의 출전은 이두병의 찬역 이후에 서번이 위국을 칠 때 이루어진다. 서번이 강성하자 중원을 통일하기 위하여 대국을[35] 침노한다. 관산도사가 천문을 보아 그 사실을 알고는 조웅에게 서번이 대국을 취하려 하니 형세를 보아 위국을 돕고 대송을 회복하여 평생 원수를 갚으라고 한다. 조웅은 길을 떠나 위국으로 가던 중에 관서장군 황달의 갑주와 장검을 얻는다. 조웅이 위국에 이르렀을 때 서번의 힘이 강성하여 위국이 패하자 위왕이 항서를 써서 후군장에게 보낸다. 번장은 항복을 받아들이지 않고 후군장을 베면서 왕의 목을 들이라고 한다. 위왕은 어쩔 수 없이서 자결하려고 한다. 그 광경을 본 조웅이 분심을 이기지 못하여 달려 나가 번장을 베고 위왕을 찾아간다. 위왕은 조웅의 공을 크게 칭찬하고 승전할 모책을 의논하면서 대원수에 봉한다. 조웅이 번장들을 베고 크게 승리하자 번왕이 도망한다. 조웅은 사로잡힌 적장들을 꾸짖어 돌려보내고 잔치를 베풀어 즐기고 회군한다. 회군길에 번왕을 잡아 항복받고 돌려보낸다. 장안에 돌아와 3일 잔치로 즐기고 상벌을 공평하게 한다.

이 출신의 장면은 조웅의 전쟁을 통한 출신을 보여주는 대목이지만 실제로 조웅의 활약은 위국을 기반으로 하여 이후에 이루어지는 것이 더 중요하다. 그것은 조웅이 이두병에게 망한 송나라를 다시 회복시키

---

35) 서번의 침략을, 이두병이 세운 나라를 무너뜨리고 중원을 통일하기 위하여 위국을 침략한 것으로 볼 수 있다. 이때 '대국'이라는 용어를 어떻게 해석할 것인가가 문제가 된다. 이두병이 다스리고 있는 나라가 대국이고, 서번이 대국을 차지하기 위하여 위국을 치고 있는 것으로 보면 이때의 대국은 이두병이 세운 나라가 된다. 그러나 조웅이 이두병을 물리치고 회복하려는 송나라도 대국으로 부를 수 있다. 그런데 이 대목에서 쓰인 대국이라는 용어는 이두병이 세운 나라를 물리치고 중원을 통일하여 서번왕이 황제가 되었을 때의 나라를 대국이란 의미로 볼 수 있다. 이 글에서 작자는 대국이란 용어를 이러한 세밀한 구별 없이 관습적으로 사용한 것으로 보인다.

는 공을 세우기 때문이다. 이제 조웅이 송나라의 회복을 위해 어떻게 활약하는지 살펴보기로 한다.

조웅은 위왕을 하직하고 약간의 군사를 거느리고 태자의 적소를 향해 떠난다. 도중에 번왕의 회유를 물리치고 계양도에서 봉명사신과 군사들을 죽이고 사약을 받아 죽을 위기에 빠진 태자와 여러 충신들을 구한다. 그 후 태자를 모시고 위국으로 돌아가는 길에 번왕의 집요한 방해공작을 물리치고 무사히 위국에 도착한다. 그 사이에 위왕이 모친과 장모, 부인을 궁궐에 데려왔기에 감사의 인사를 한다. 위왕의 큰딸이 태자와, 둘째딸이 조웅과 혼인한다. 이어서 조웅이 필마단창으로 강선암을 찾아갔다가 여동의 채약하는 노래를 듣고 학산을 찾아간다. 도중에 천명도사의 글을 보고 학산을 찾아가서 이두병의 허수아비를 한 칼에 베고 전조 충신들을 만나는데, 그곳에서 왕태수(모친의 사촌)를 만난다. 조웅은 그곳에 모인 여러 사람들에게 태자를 구한 일 등을 자세히 설명한다. 그리고 대원수가 되어 여러 충신들과 함께 황성을 향하여 출병한다. 번양에 이르러 태수를 베고, 제도로 가는 군대를 물리친다. 수많은 사람들이 그에게 합세하는데, 강굴의 아들 강백도 수백 기를 데리고 합세하여 황성으로 향한다. 그 소식을 들은 이두병은 조웅을 막기 위하여 장덕을 출전시킨다. 조웅은 서주를 파하고 관산에서 이두병의 군대와 대전하여 장덕을 벤다.[36] 이어서 승상 겸 대원수 최식 등을 베고 승전하여 황성으로 향한다. 이때 태산부 자사의 조카들인 일대·이대·삼대 삼 형제가 자원 출전하여 조웅과 대적하려 한다. 그 사실을 안 삼 형제의 스승인 도사가 그들을 찾아와 조웅과 대결하지 말고 자신과 함께 산에 들어가서 때를 기다리라고 한다. 그러나 그들은 그의 권유를 받아들이지 않는다. 도사는 조웅에게 가서 그들을 물리칠 수 있는 비법을 글

---

36) 『조웅전』에서 조웅은 항복하고 살려달라고 애걸하는 서주 태수와 장덕·최식 등을 모두 벤다. 이것은 일반적으로 영웅소설에서 항복하는 장군을 죽이지 않고 용서하는 것과는 차이를 보인다. 이는 복수의식이 강하게 반영된 것으로 보인다.

로 전해주고 사라진다. 조웅은 도사의 지시대로 그들 삼 형제와 싸워 그들을 죽이고 승전한 후에 황성으로 진군한다. 조웅이 이두병에게 격서를 전하니 이두병이 친정하려고 한다. 그때 승상 황덕 등이 이두병과 그의 아들들을 생포하여 조웅에게 바치고 항복한다. 그러자 조웅이 그들을 치죄한 후 태자가 온 후에 죽이겠다고 하고, 황성에 들어가 백성을 안돈시키고 위국에 가서 태자에게 그동안의 일들을 알린다. 태자와 조웅, 그의 가족이 황성으로 돌아오고, 태자가 즉위한다. 그리고 이두병 부자를 처참하고 전조 제신들도 능지처참한다.

『이대봉전』에서 장애황의 출신은 과거를 통해서, 그리고 이대봉의 출신은 황제가 항복의 위기에 빠졌을 때 등장하여 호국의 장수 묵특을 베고 천자를 구하는 사건으로 이루어진다. 마고선녀에게 배운 장애황은 장해운으로 개명하고 서주 최어사집에 있다가 과거소식을 듣자 최어사 부인의 청혼을 받아들이고 장미동 고향집에 들러 난향을 만난 후에 과거를 보아 장원급제하여 한림학사가 된다. 3년 후에 남선우가 군대를 일으켜 중원을 침략하자 장애황은 대원수가 되어 출전한다. 그녀는 남선우의 군대를 물리쳤으나 선우가 본국으로 도망하자 후환을 없애고 남만 오국을 평정하기 위해 선척을 준비한다. 결국 장애황은 남선우와 남만 오국의 항복을 받는 공을 세운다. 그 후에 장애황은 이대봉과 혼인하여 잉태한 지 칠삭이 되었을 때 남선우가 남만 오국과 합세하여 기병하고, 북흉노의 자식들도 다시 기병하여 국가가 위기에 처하자 중론에 따라 대원수로 출전하여 남선우의 목을 베어 남만오국에 보낸다. 이를 본 오국은 항서를 올린다. 그녀는 진중에서 출산한다.

한편 이대봉은 출전하여 공을 세우는 것으로 출신한다. 북흉노가 중원을 침략하려고 틈을 엿보다가 남선우가 기병했다는 소식을 듣고 장애황이 남선우를 치러간 사이에 군대를 일으켜 대국을 쳐들어온다.[37]

---

37) 남선우가 기병할 때가 성화 22년 10월 19일이라 했고, 북흉노가 침략했을 때는 기축년 10월 망간이라고 했다. 장애황이 출전하여 남선우를 물리친 기간을 고려하면 이대

황제가 여러 장수를 내보냈지만 모두 패하자 능주로 도망했으나 호군
이 포위하여 위기에 빠진다. 이대봉은 화산도사의 지시에 따라 황제를
구하기 위해 길을 떠난다. 도중에서 오추마를 얻고, 이릉과 관운장 등에
게 무기를 얻어 항복하려는 황제 앞에 나타나 호국의 장수 묵특을 베고
위기에 빠진 황제를 구한다. 이로써 그는 대원수가 되어 북흉노를 물리
치는 공을 세운다. 그 후에 초국왕으로 있을 때 북흉노가 죽고 그 아들
삼 형제가 토번 가달과 흉노 묵특으로 동심 동모하여 다시 침략한다.
이대봉은 대원수가 되어 초국군을 거느리고 출전하여 흉노의 머리를
베어 토번 가달에 보내자 그들이 항서를 올린다.

『이대봉전』에서 주인공들의 출신 방법은 서로 달랐다. 그러나 그들이
공을 세우는 내용은 대체로 같은 방식으로 전개된다. 곧 변방의 제후국
이 중원을 침략하여 국가가 위기에 빠지자 주인공들이 출전하여 그들
을 패배시키고 항서를 받는다는 내용이다. 장애황이 남선우를 물리치
고, 남만 오국까지 쳐들어가서 그들의 항복을 받은 것이나 이대봉이 북
흉노를 물리치고 흉노국에 들어가서 항복을 받은 내용은 서로 비슷하
다. 특히 그들이 두 번째 출전했을 때 그들의 행동방식은 거의 동일하
게 진행된다. 장애황이 남선우의 목을 베어서 남만 오국에 보내 항복을
받은 것이나 이대봉이 흉노의 목을 베어서 토번 가달에 보내 항복을 받
은 것이나 그 방법이 동일하다. 그러므로 그들의 출신과 입공은 두 사
람의 동일한 능력을 보여주는 데 초점이 놓여 있는 것으로 보인다.

봉이 출전한 해는 장애황의 급제 후 4년, 곧 남선우가 기병한 성화 22년 이듬해인 성
화 23년으로 추정된다. 그런데 여기에 등장하는 연호의 간지는 역사적 사실과 일치하
지 않는다. 예를 들어 성화연간(1465~1487)은 23년 간 지속되는데, 그 기간의 기축년
에 해당하는 해는 성화 5년의 기축년뿐이다.

3) 의미

지금까지 살핀 바와 같이 완판 영웅소설의 수학과 출신 입공 모티브에서는 흥미로운 점을 발견할 수 있다. 여러 작품에서 ① 주인공들이 천문을 보고 전쟁이 일어난 줄 알고 도사의 지시로 출전하며, ② 도중에 무기를 얻고, ③ 위기에 빠진 천자를 구하는 공을 세우는 것으로 출신한다는 점이다. 예를 들어 소대성은 수학하던 영보산 청용사에서 천문을 보고 전쟁이 일어난 줄 알았으나 자신과 관계없는 일로 포기하고 있을 때 노승이 칠성검을 주면서 출전을 권유한다.[38] 그는 도중에 죽은 청주 이승상을 만나 보신갑주를 얻고, 옥포산신에게 청총마를 얻는다. 그리고 천자가 북흉노와 서융의 침략으로 위기에 빠져 있을 때 등장하여 선우를 베고 천자를 구한다. 또한 호왕의 계교로 황제가 항목의 위기에 처해 있을 때 등장하여 호왕을 베고 황제를 구한다.[39] 유충열은 서해 광덕산 백용사에서 노승과 천문을 보고 노승이 준 옥함에서 갑주 한 벌, 장성검, 책 한 권을 얻는다. 그는 도중에 송임촌에서 천사마를 얻고, 천자가 항서를 손에 들고 항복하러 나올 때 등장하여 적장 정문걸을 베고 천자를 구한다. 조웅은 두 사람에게 배우는데, 무기를 얻는 대목에서 다른 작품과 약간의 차이를 보인다. 조웅은 월경대사의 곁을 떠나 도중에 강호에서 조웅검을 얻고, 철관도사를 찾아가 무예를 공부하던 중에 용마를 얻는다. 그 후에 도사가 천문을 보고 출전하기를 권하자 출전하던 도중에 죽은 황달에게 갑주와 삼척검을 얻는다. 그리고 출전하여 서번의 침략으로 항복의 위기에 처한 위왕을 구하고 후일 이두병 일당을 물리치고 태자를 보위에 오르게 한다. 이대봉은 금화산 백운암에서 무예

---

38) 『전집』 1, 583~584면.

39) 작품의 앞부분에는 북흉노와 서융이 침략한 것으로 되어 있는데, 접전하는 대목에서는 선우와 호왕으로 나온다. 이는 방각본업자의 관습적 창작에서 비롯된 오류로 보인다.

를 익히던 중 화산도사가 천기를 보고 출전을 권유한다. 도중 능서에서 이릉의 혼령을 만나 월각투구와 용인갑을 얻고 강변에서 오추마를 얻으며, 화룡도에 이르러 관운장에게 청룡도를 얻는다. 그는 능주에 이르러 천자가 흉노의 침략을 막지 못해서 옥새를 목에 걸고 항서를 손에 들고 항복하러 나올 때 등장하여 적장을 베고 천자를 구한다. 결국『장경전』과『장풍운전』을 제외한 나머지 작품들의 주인공들은 수학하던 곳에서 천문을 보고 전쟁이 일어난 줄 알고 출전하며, 도중에 무기를 얻는 내용과 위기에 빠진 황제를 구하는 공을 세우는 과정이 동일하다. 이로써 주인공들의 출신과 입공 과정이 대체로 같은 내용으로 이루어져 있음을 확인할 수 있다. 이것은 그만큼 당시 완판 영웅소설들이 비슷한 내용을 활용하여 작품을 도식적으로 제작하였음을 보여주는 증거가 된다.

그렇다면 왜 대부분의 완판 영웅소설에서 주인공의 출신과 입공이 위기에 빠진 천자를 구하는 것일까? 이들은 왜 평상시의 과거로 출신하기보다는 전란시에 무예를 통해 출신하고 공을 세우는 것일까? 그것은 당시 사회의 상황과 밀접한 관련이 있는 것으로 보인다.

첫째, 조선 후기 사회에서는 과거를 통한 출신이 현실적으로 매우 어려운 상황이었던 것과 무관하지 않다. 격심한 당쟁과 벌열층의 성립, 세도정치의 지속 과정에서 관직은 소수에게 독점되었다. 이에 따라 양반들 가운데 과거에 급제하더라도 문벌이 미약한 경우 사환(仕宦)의 길이 막힌 경우가 많았다. 이처럼 양반층의 중앙 정계 진출이 좌절됨에 따라 낙향하는 현상이 생겨나고, 이들 가운데 경제적 기반이 확고하지 못한 양반들은 평민과 다름없는 처지로 몰락하지 않을 수 없었다.[40]

둘째, 북벌론의 대두로 인한 영웅대망론의 등장과 밀접한 관련이 있는 것으로 추정된다. 조선 사회에서 영웅대망론이 등장한 것은 병자호

---

40) 국사편찬위원회,『한국사』13, 탐구당, 1981, 446~468면.

란 이후, 좀 더 구체적으로는 효종의 북벌론이 나오면서부터라고 할 수 있다. 효종이 즉위하여 김자점 등 친청파를 숙청하고 송시열 등을 중심으로 군비 확충을 꾀하자 많은 백성들이 이에 호응하였다. 이 북벌론은 효종이 죽은 후 주춤하였다가 숙종 초에 윤휴 허적 등 남인이 중심이 되어 재등장하였다.[41] 이러한 사회 분위기에서 청에 대한 적개심은 자연스럽게 영웅대망론으로 이어졌다. 이러한 영웅 대망론은 영웅소설의 유행과 연결되었는데, 그 가운데 『임경업전』의 출현과 유행은 이와 밀접한 관련이 있다. 따라서 방각본 업자들은 이런 사회 분위기에서 영웅소설을 통해 오랑캐를 물리치고 황제를 구하는 주인공을 등장시킴으로써 소설의 상품성을 높이려고 하였다. 그런 점에서 영웅소설에서 주인공이 무예로 출신하는 것은 바로 이런 두 가지 사회 현상들과 밀접한 관련이 있는 것으로 추정된다.

---

41) 북벌론에 대한 자세한 논의는 이이화, 「북벌론의 사상사적 검토」, 『창작과비평』 38호, 창작과비평사, 1975, 249~272면을 참조할 것.

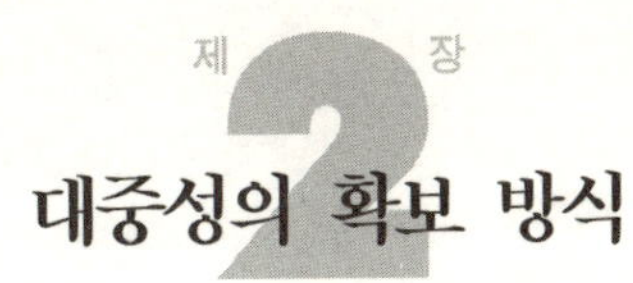

대중성의 확보 방식

　여기서는 완판 영웅소설이 독자들의 흥미를 끌기 위해 구성 과정에서 활용한 방법이나 소재는 어떤 것들이 있는가 살펴보기로 한다. 여기서 다루는 내용은 방각본 소설에서 흔히 발견되는 특징들인데, 영웅소설의 대중성 확보의 전략으로 많이 활용되는 것들이다. 그 가운데 대표적인 방법으로 선악의 대결 구도와 복수, 보은, 동정심 유발, 결연의 파격성 등을 꼽을 수 있다. 여기서는 각 작품에 그 내용들이 어떻게 나타나는지 살펴보기로 한다.

1. 선악의 대결 구도

영웅소설에서 독자의 흥미를 고조시키는 핵심 문제는 바로 주인공과 대적자의 대결, 곧 선악의 대결 구도이다. 작품에서는 주인공과 대적자의 대결을 끊임없이 진행시킨다. 그 까닭은 그 대결의 진행 과정과 결과에 관심을 가진 독자들이 작품에 흥미를 가지고 작품을 지속적으로 읽도록 하려는 전략으로 선악의 대결구도를 채택했기 때문이다. 이러한 전략은 대중소설의 한 특성으로, 복잡한 사회 현상을 단순화하여 독자들의 관심을 집중화하려는 의도에서 이런 선악의 대결구도를 주로 채택하고 있다. 곧 복잡한 사회의 현상을 효과적으로 이해시키기 위하여 선과 악으로 이분화하고, 독자들이 선의 편에 서도록 하려는 의도에서 주인공은 선의 인물로, 대적자는 악의 인물로 단순화하여 이들의 대결을 진행하는 것이다.

완판 영웅소설 대부분의 작품에서 선악의 대결은 주인공의 이산 문제와 관련이 있다. 곧 주인공에게 이산의 원인을 제공한 자는 주인공과 적대관계를 형성한다. 그리고 줄거리 전개 과정에서 주인공과 이 대적자와의 대결이 중요한 흥밋거리가 된다. 대적자는 독자의 흥미를 끌기 위해 설정된 선악의 대결구도에서 악의 축을 담당하는 인물이 되는 것이 일반적이다. 그러므로 선의 화신인 주인공은 그를 제압함으로써 권선징악의 주제를 실현할 책임을 지고 있다.

여기서 흥미로운 사실은 주인공이 겪는 고난이나 이산의 원인 제공자가 누구냐에 따라 주인공과 대적자의 대결의 강도와 내용이 달라진다는 점이다. 말하자면 주인공이 겪는 고난이나 이산의 원인이 대적자에게 있지 않은 경우에는 주인공과 대적자의 선악의 대결 강도가 약하게 나타나고, 그 원인이 대적자에게 있는 경우에는 주인공의 대적자에 대한 대결의식이 강하게 나타난다. 그 까닭은 독자의 흥미를 끌기 위해 설정된 선악의 대결구도에서 악의 축을 담당하는 인물이 대적자가 되고, 선의 화신인 주인공은 그를 제압함으로써 독자들의 권선징악의 욕구를 충족시켜주는 존재로 설정되어 있기 때문이다. 이러한 맥락에서 볼 때 영웅소설이 대중성을 높이기 위해서는 대적자를 주인공의 고난이나 이산의 원인 제공자로 설정할 필요가 있다. 완판 영웅소설의 선악의 대결 구도에서 대적자가 주인공의 이산의 원인 제공자인 것은 이런 맥락에서 이해할 수 있다.

그렇다면 각 작품에서 선악의 대결이 어떻게 이루어지는지 각 작품을 중심으로 살펴보기로 한다. 먼저 이해의 편의를 위해 앞에서 설명한 상황을 표로 제시하면 다음과 같다.

작품명(주인공명)	부모와 이산	원인 또는 원인제공자	배우자와 이산	원인 또는 원인제공자
『소대성전』(소대성)	○	죽음	○	이승상의 죽음과 왕씨와 아들들
『장경전』(장경)	○	전란(유간의 반란)	×	×
『장풍운전』(장풍운)	○	전란(가달의 침략)	○	이운징의 죽음과 계모 호씨
『유충열전』(유충열)	○	정한담	○	정한담
『조웅전』(조웅)	○	이두병	○	강호자사
『이대봉전』(이대봉)	○	왕회	○	왕회
『이대봉전』(장애황)	○	왕회	○	왕회

(표 설명 : ○은 나타남을, ×는 나타나지 않음을 의미한다)

위의 표에서 볼 수 있듯이 주인공들의 부모와의 이산의 원인이 『소대성전』의 경우 부모의 죽음에 있었고, 『장경전』과 『장풍운전』의 경우 전란에 있었다. 이에 비해 『유충열전』과 『조웅전』·『이대봉전』은 주인공들의 부모와의 이산의 원인 제공자가 정한담·이두병·왕회였다. 주인공과 배우자의 이산의 원인 제공자들은 『소대성전』에서는 이승상의 죽음과 왕씨와 그 아들들이었고, 『장풍운전』에서는 이운징의 죽음과 계모 호씨, 『유충열전』에서는 정한담, 『조웅전』에서는 강호자사, 『이대봉

전』에서는 왕회였다. 특히 『유충열전』과 『이대봉전』에서는 대적자, 곧
정한담과 왕회가 주인공과 부모의 이산의 원인 제공자일 뿐만 아니라
배우자와의 이산의 원인 제공자라는 점에서 흥미롭다.

  그런데 완판 영웅소설에서는 주인공의 대적자가 부모와의 이산의 원
인 제공자인 경우에만 주인공의 원수가 된다. 곧 『소대성전』과 『장경
전』·『장풍운전』에서는 주인공의 대적자가 주인공의 개인적 원수가 아
니다. 이에 비해 『유충열전』과 『조웅전』·『이대봉전』에서는 주인공의
대적자가 주인공의 개인적 원수일 뿐만 아니라 국가적 반역자로 설정
되어 있다. 그러므로 『소대성전』과 『장풍운전』의 경우 주인공의 구원
자이자 장인인 인물들의 죽음에 따른 부인들의 박해가 있었지만 그 부
인들은 주인공들의 대적자로서의 역할을 하지 않는다. 따라서 『소대성
전』과 『장경전』·『장풍운전』에는 선악의 대결 과정에서 대적자에 대한
복수가 등장하지 않는다. 이에 비해 『유충열전』·『조웅전』·『이대봉전』
에서는 선악의 대결 과정에서 주인공이 승리한 후에 대적자에 대한 복
수가 등장하고, 이것이 줄거리 전개 과정에서 중요한 역할을 한다. 그
러므로 여기서는 『유충열전』과 『조웅전』·『이대봉전』을 중심으로 이
들 작품에서 주인공과 대적자의 대결구도가 어떻게 전개되는지 살펴보
기로 한다.

  『유충열전』에서 유충열의 핵심 대적자는 정한담이고 부수적 대적자
는 최일귀와 옥관도사이다. 그런데 유충열과 정한담의 대결은 유심과
정한담의 대결에서 비롯되었다. 말하자면 부친과 대적자의 대결을 아들
인 유충열이 이어받아서 진행한다. 그러므로 그 대결의 쟁점이 서로 차
이를 보인다.

  유심과 정한담의 대결의 쟁점은 토번과 가달이 조공을 바치지 않는
것을 어떻게 처벌할 것인가의 문제였다. 정한담과 최일귀는 천명을 거
스르는 이들을 항복받기 위해 기병해야 한다고 주장한다. 유심은 현재
조정의 힘이 약하므로 강성한 그들을 치려고 기병하면 위험이 크기 때

문에 이를 피해야 한다고 주장한다. 이 토벌정책의 대결에서 유심이 정한담에게 패배하여 연북으로 정배를 당한다.[1]

그런데 유충열이 부친 유심의 대결을 이어 받아 정한담과 대결할 때의 핵심 쟁점은 정책의 대결에 있었던 것이 아니다. 이들의 대결은 사실 두 가지 사안과 관련이 있었다. 하나는 두 인물이 천상에서 대전한 죄로 지상에 적강한 사안과 관련된 문제였다. 다른 하나는·당대의 유교윤리와 관련된 문제였다.

두 사람이 천상적 존재로 있을 때 천상에서 일어난 사건과 관련된 사항은 유충열의 태몽에 등장하는 내용과 정한담의 인물됨을 설명하는 대목에서 그 사실을 확인할 수 있다.

> 일일은 ᄒᆞᆫ ᄭᅮᆷ을 어드니 쳔상으로셔 오운이 영농ᄒᆞ고 일원선관이 청용을 나고 ᄂᆡ려와 말ᄒᆞ되 나는 청용을 차지ᄒᆞᆫ 션관이더니 익셩이 무도ᄒᆞᆫ고로 상졔게 알외되 익셩을 취직ᄒᆞ야 다른 방으로 귀양을 보ᄂᆡ쩌니 익셩이 글노 흠심ᄒᆞ야 ᄇᆡᆨ옥누 잔치시의 익셩과 ᄃᆡ젼ᄒᆞᆫ 후로 상제의 두죄ᄒᆞ야 인간의 ᄂᆡ치시ᄆᆡ 갈바를 모로더니(『전집』 2, 336면)

> 조정의 두 신ᄒᆞ 잇스되 ᄒᆞᆫ나는 도총ᄃᆡ장 정ᄒᆞᆫ담이요 ᄯᅩ ᄒᆞᆫ나는 병부상셔 최일귀라 본ᄃᆡ 쳔상 익성으로 자미원 ᄃᆡ장셩과 ᄇᆡᆨ옥누 잔치의 ᄃᆡ젼ᄒᆞᆫ 죄로 상졔게 득죄ᄒᆞ야 인간의 젹강ᄒᆞ여 ᄃᆡ명국 황제의 신ᄒᆞ되야난지라(『전집』 2, 337면)

위의 인용문에서 확인할 수 있듯이 정한담은 성격이 무도한 천상의 익성이었다. 그는 성격의 무도함 때문에 자미원 대장성과 대전하다가

---

1) 주부 엿자오되 폐ᄒᆞ 엇지 망영되게 허락ᄒᆞ여스닛가 외적은 미약ᄒᆞ고 외젹은 강셩ᄒᆞ니 이난 자는 범을 지름갓고 드난 퇴ᄭᅵ를 노치이마 ᄒᆞᆫ낫 ᄉᆡ알리 천근지중을 전ᄃᆡ릿가 가련ᄒᆞᆫ ᄇᆡᆨ셩 목심 ᄇᆡᆨ니사장 고촌이 되면 근들 안이 적악이요 (…중략…) 유심의 말을 듯사오니 살지무석이요 오국 간신 동유로소이다 ᄃᆡ국을 저바리고 도적놈만 층찬ᄒᆞ야 (…중략…) 가달을 못치게 ᄒᆞ니 가달과 동심ᄒᆞ여 ᄂᆡ응이 된 듯ᄒᆞ니 유심을 선참ᄒᆞ고 가달을 치사이다 쳔자 허락ᄒᆞ다(『전집』 2, 337~338면)

상제에게 벌을 받아 지상에 적강한 인물이었다. 그의 능력과 성격을 이해하기 위해서는 바로 이 점, 곧 천상에서의 성격을 주목할 필요가 있다. 정한담은 천상적 존재가 지상에 내려온 인물이었기 때문에 천상적 존재의 비범성을 갖추었을 뿐만 아니라 신기한 병법과 둔갑장신지술·승천입지지책·변화위신지법·악화두시지술에 통달한 인물이었다.[2] 그의 천상에서의 무도한 성격은 지상에 내려왔을 때에도 전혀 변하지 않은 것으로 보인다. 작품에서 그의 성격을 포악한 것으로 소개하고 있는 대목에서[3] 그 점을 확인할 수 있다. 정한담은 이런 성격 때문에 역신의 전형으로 표상되었을 것이다.

그에 비해 유충열은 천상에서 익성의 무도함을 상제에게 알릴 정도로 강직한 인물로 묘사된다. 또한 정한담의 무도함에 맞설 만큼 당당한 면을 갖춘 인물로 형상화되었다. 곧 그는 천상에서 자미원 대장성으로[4] 있을 때 익성의 무도함을 상제에게 알려서 그를 귀양 보냈고, 백옥루에서 잔치할 때 그 일로 익성과 대전하기도 했다. 그 일이 빌미가 되어 익성은 대장성에게 원한을 품었다. 따라서 두 사람의 대결은 그 원한을 풀기 위한 지상에서의 구체화된 사건으로 볼 수 있다. 그러므로 유충열과 정한담의 대결은 천상에서 있었던 사건의 연장선상에서 이루어진다. 곧 정한담은 천상에서 품었던 원한을 지상에서 유충열을 물리침으로써 해소할 수 있다. 바로 그 원한 해소의 출발점이 유충열의 부친 유심을 정배시키는 일이었다. 그런 맥락에서 본다면 이들의 대결은 천상에서 품었던 원한의 해소 과정으로 이해할 수 있다.

---

2) 천자를 도모코자 ᄒ야 신기ᄒ 병법과 둔ᄀᆸ장신지술과 승천입지 // 칙과 변화위신지법이며 악화두시지술을 통달ᄒ게 비와쓰니 이 놈도 본신이 천상 익성으로 인간 스람은 당ᄒ리 업더라 일국 만민지상이라 소장시변이 잇셔쓰니 나라이 엇지 무사ᄒ랴(『전집』 2, 349면)

3) 벼사리 일품이요 포악이 무쌍이라 만민의 싱사난 장중의 미여 잇고 일국의 권세난 손끗틱 달여스니 초회왕의 항적이요 당명황의 알녹산이라(『전집』 2, 337면)

4) 소녀난 천상 션녀옵더니 금일 상계 분부ᄒ시되 자미원 장성이 남경 유심의 집의 환싱ᄒ여스니 네 밧비 나려가 산모를 구완ᄒ고 유아를 잘 거두라 ᄒ시기로(『전집』 2, 388면)

다음으로 두 인물의 대결은 또 다른 맥락에서 그 의미를 파악할 필요가 있다. 곧 이 작품에서 이루어지고 있는 유충열과 정한담의 대결은 부친의 정책을 이이받은 정책 문제를 앞에 두고 정한담과 대결하는 것이 아니라 당대의 유교 윤리였던 충과 관련된 문제로 대결을 벌인다. 따라서 작자는 이들의 대결을 유교 윤리의 관점에서 성립시키기 위해 정한담이 황제를 내쫓고 황제의 자리에 오르는 것으로 사건을 설정하여 그의 반역성을 드러내고자 했다. 그러므로 유충열과 정한담의 대결은 부친의 대결을 이어받은 효의 측면뿐만 아니라 충이라는 유교 윤리의 수호에 초점이 놓여 있었다. 말하자면 정한담과 유심의 대결은 정책의 방향에 대한 갈등에 초점이 놓여 있었으나 유충열과 정한담의 대결은 부친의 패배를 설욕하는 효의 측면과 부친의 충성심을 증명하기 위한 정한담의 반역의 측면이 집중적으로 무각되어 있다. 따라서 유충열과 정한담의 대결의 초점은 정책의 문제가 아니라 유심의 충성심을 증명하기 위한 정한담의 반역성에 모아지고 있다. 작품에서는 정한담을 성격이 포악하고 교만하기 때문에 남의 신하로 있기 어려운 인물이라고 설명한다. 그는 높은 벼슬에 오르자 기회를 엿보아 천자를 내쫓고 자신이 그 자리에 오르고 싶어 한다. 그러나 반대파인 유심과 강희주 때문에 그의 뜻을 펴지 못하고 있었다.[5] 그러다가 정한담은 유심과의 정책대결에서 승리하자 자신의 뜻을 펴려고 한다. 곧 그는 유심을 정배시킨 후에 천하를 도모하려고 옥관도사와 상의한다.

> 잇쩌의 졍흔담 최일귀가 유주부를 참소호야 적소로 보닌 후의 마음이 교만
> 흐야 별당으로 드러가 옥관도스를 뵈고 천자를 도모할 묘칙을 무른디(『전집』
> 2, 339면)

---

5) 일상 마음이 쳔자를 도모코자 흐되 다만 졍언주부의 직간을 쩌려흐고 쏘흔 퇴지상 강희주의 상소를 쩌려 중지흐연 지 오러더니(『전집』 2, 337면)

이 과정에서 장애물로 등장한 인물이 유충열이었다. 정한담이 자신의 뜻을 펴기 위해서는 유충열을 제거해야 했다. 이런 이유 때문에 유충열과 정한담의 대결이 시작되었다.

이들의 첫 번째 대결은 대결이라고 하기 어려운 것이었다. 유충열이 정한담과 부친의 대결을 물려받았을 때는 칠 세의 어린아이에 불과했다. 그는 현실적으로 정한담의 적수가 될 수 없었다. 따라서 유충열은 정한담과 대결하기보다는 그의 공격의 화를 피하고 후일을 기약해야만 했다. 곧 그는 정한담의 화를 피하기 위해 집을 떠나 도사에게 수학하여 힘을 기른 후에 다시 대결에 나서야만 했다.

반면에 정한담으로서는 유충열이 힘을 기르기 전에 제거하는 것이 꼭 필요했다. 그래서 정한담은 유심의 집에 신기한 영웅이 있다는 옥관도사의 말을 듣고 바로 자신을 적강하게 만든 인물, 곧 자미원 대장성의 화신인 유충열을 죽이기 위해 나졸 십여 명을 보내 집에 불을 지른다. 그러나 유충열은 모친이 꿈에 도사에게 받은 부채로 그 불을 피하게 하여 도망한다.6) 정한담은 천기를 본 도사가 삼태성이 황성을 떠나 변양 회수의 비쳤다고 하자 "일정 영웅이면 버셔나미 괴이치 아니하다"7) 하면서 날랜 군사 다섯을 보내 어떤 여자가 아이를 데리고 강을 건너려 하거든 잡아 물에 넣으라고 지시한다. 결국 유충열은 물에 던져지고 부인은 잡혀간다. 이 대결에서는 유충열이 패배한다.

정한담은 반대파를 몰아내자 천자를 폐위시키고 그 자리에 오를 기회를 엿본다. 마침 오국이 침략하자 그 기회를 이용하여 천자의 자리를 차지하려고 한다.

---

6) 부인이 창황중의 충열의 손을 잡고 홍션을 흔들면서 담장밋틔 은신히니 화광이 충천히고 회신만지 히니 구산갓치 쓰인 기물 화광의 소멸히니 엇지 안이 망극하라(『전집』 2, 340면)

7) 『전집』 2, 340면.

이씨(주: 오국의 침략할 때) 경훈담과 최일귀 이 말을 듯고 디히하야 급피 별당의 드려가 도스를 보고 박기 도적이 이러낫단 말을 흐고 틱스를 무르니 도스 문의 나셔 천긔를 살핀 후의 시지시지로다 신긔흔 영웅이 황셩닉의 잇난가 흐엿더니 이졔 죽어쓰며 찌 맛추워 도젹이 이러나쓰니 이는 그디 천자 홀 수라 급격물실흐라(『전집』 2, 350면)

도사의 이러한 말을 듣고 정한담은 군사에게 항서를 써주어서 적진으로 보내고[8] 그 기회를 이용하여 천자를 쫓아내고 그 자리를 차지하려고 한다.[9] 정한담의 이러한 행동은 그의 반역성을 보여줌으로써 주인공 편의 충성심과 대비시키려는 의도가 크게 작용한 것으로 볼 수 있다. 곧 정한담과 유심의 대결에서 유심이 패한 것은 충과 역의 대결에서 충의 패배를 뜻하고, 정한담의 이런 행동은 그의 행동의 정당성을 부정하고 빈역싱을 돋보이게 하려는 의도가 작용한 것으로 볼 수 있다. 이러한 그의 반역성은 황제에게 옥새를 빼앗으려는 행동을 통해 구체화된다.

이날 흔담이 삼군을 지쵹흐야 금산셩을 쳐 파흐고 옥시를 앗고자 흐야 셩흐의 다〃르니(『전집』 2, 351면)

경훈담이 황후를 결박흐야 진압푸 쑬이고 천자 간 곳슬 가라치라 흔더 황후 망극흐야 디답지 안이흐거늘 (…중략…) 흔담이 분로흐야 황후 틱자를 진중의 두어 쥬려 죽게 흐고 용상의 놉피 안쟈 천자의 일을 힝흐며 군스를 호령흐되 명제를 사로잡난 지 잇스면 천금 상의 만호후를 봉흐리라(『전집』 2, 352면)

(정문걸이) 명제야 옥시를 가져완난야 너를 자부려 하엿더니 이제 와쓰미 진소위 춘치자명이라 밧비 흥복흐야 잔명을 보존흐라(『전집』 2, 352면)

---

8) (정한담이) 그날 밤의 군스 흔 명만 잠을 찌여 가마니 항셔를 써주며 쏘한 편지를 써셔 진중의 보닉고 회답을 기달이난지라(『전집』 2, 350면)

9) 이 내용이 안고 있는 문제에 대해서는 이미 서대석이 문제점을 지적한 바 있으므로 (서대석,『군담소설의 구조와 배경』, 이화여대 출판부, 1985, 93~107면 참조) 여기서는 논의하지 않는다.

위의 인용문에서 확인할 수 있듯이 정한담은 신하의 위치에 있다가 옥새를 빼앗으려는 반역의 행동을 보여준다. 그는 또한 황후를 결박하여 끓리고, 태자를 주려죽게 하고, 용상에 앉아서 황제를 잡는 자에게 천금 상과 만호후를 봉하겠다고 말하며, 황제에게 항복하여 잔명을 보존하라고 한다. 이런 행동 등에서 그의 반역성이 뚜렷이 드러난다.

이러한 정한담의 행동과 대비되는 것이 바로 유충열이 등장하여 위기에 빠진 황제를 구하려는 행동이다. 유충열은 정한담과 대결을 하는데, 이 대결은 물론 반역자에 대한 응징의 성격을 갖지만 동시에 부친의 패배를 아들이 설욕한다는 점에서 효의 실현이라는 의미도 갖는다. 곧 유충열의 행동은 당시 중요한 유교 윤리였던 충과 효를 동시에 실현하는, 그래서 당시의 윤리를 수호하는 역할을 하고 있다는 시각에서 접근할 필요가 있다.

이쩌 츙열이 옥홈을 안고 왈 이거시 일정 츙열의 기물인진더 옥홈이 열릴지라 ㅎ고 우짝을 여러 노으니 (…중략…) 갑주를 입은 후의 신화경 일편을 보고 천상 디장성을 세 번 보거드면 살린 칼이 절노 페여 변화 무궁할지라 ㅎ엿거늘 직시 시염ㅎ니 십쳑 장검이 번듯ㅎ며 스룸을 놀니거늘 ㅎ가온디 디장셩이 시별갓치 박켜잇고 금자로 삭이기를 장성검이라 ㅎ엿거늘(『전집』 2, 353면)

위의 인용문에서 주목할 점은 바로 장성검이라는 단어이다. 이것은 곧 유충열이 천상적 존재임을 증명함과 동시에 천자를 지키는 별로서의 장성을 의미한다. 곧 충이라는 윤리 규범이 유충열의 행동 규범으로 작용하고 있다. 그러한 사실을 확인시켜주는 내용이 바로 다음의 인용문이다.

(유충열에게) 즁노의 지체말고 급피 황성의 득달ㅎ와 지금 천자의 목숨이 경각의 잇사오니 급피 가셔 구완ㅎ라(『전집』 2, 353면)

유충열에게 주어진 과제는 황제의 목숨을 구하는 것이었다. 그래서 그는 황제를 구하기 위해 길을 떠난다. 그는 신하였던 정한담을 비롯한 역적들에게 온갖 수모를 당하며 항복하려고 나오는 천자를 위기에서 구하고, 반역을 일으킨 정한담의 무리를 응징하기 위해 그들과 대결하러 나선다.

> 이쩌의 정훈담이 쳔자 되야 빅관을 거나리고 최일귀는 디장이 되야 삼군을 경계홀졔 (…중략…) (정문걸이) 명졔야 항복ᄒ라 니 혼 칼의 육국 쳥병 다 죽이엇고 쏘 북적이 흅세ᄒ야스니 네 어이 당홀손야 밧비 나와 항복ᄒ여 네의 모자를 차져가라 ᄒ고 짓쳐 드러오니 이졔 쳔자 하릴업셔 옥시를 목의 걸고 항셔를 손의 들고 항복ᄒ랴 ᄒ고 나올적의 즁군 조졍만과 명진의 나문 군ᄉ 엇지 안이 혼심ᄒ고 실푸리요 쳔자의 우름소리 명성원이 쩌나가게 방성통곡ᄒ며 흥복ᄒ러 나오더라(『젼집』 2, 354면) (상권 죵)

> 츙열이 불승분긔ᄒ야 진문 밧긔 나셔 먼져 벽역갓치 소리ᄒ야 적장을 불너 왈 이바 역적 정훈담아 남경 동문너의 사난 유츙열을 아난다 모로난다 밧비 나와 목을 드리라(『젼집』 2, 354면) (하권 시작)

위의 인용문에서 보듯이 상권의 끝부분에서 정한담의 반역성이 뚜렷이 드러난다. 그리고 천자가 위기에 빠져 있을 때 상권이 끝난다. 하권의 시작 부분에서는 천자를 위기에서 구출하여 자신의 충성심을 증명하려고 정한담을 역적이라고 부르면서 유충열이 등장하여 자신의 신분을 알림으로써 이들의 대결이 시작된다. 유충열은 자신에게 주어진 역할을 충실히 수행하기 위하여 먼저 천자를 구한다. 그런데 특이한 점은 유충열이 자신의 의도적 행동을 우연한 것으로 가장하면서 천자를 비판하고 있다는 점이다.

> 소장은 동성문너 거ᄒ던 정언주부 유심의 아달 츙열이옵더니 주류기걸ᄒ야 말리 밧긔 잇삽다가 아부 원수 갑푸랴고 여긔 잠간 왓삽거니와 폐하 정한둠

의게 곤핍ᄒ심은 몽중이로소이다 전일의 정훈담을 츙신이라 ᄒ시더니 츙신도
역적이 되난잇가 그 놈의 말을 듯고 츙신을 원찬ᄒ야 죽이고 이런 환을 만나
시니 천지 아득ᄒ고 일월이 무광ᄒ옵니다(『전집』 2, 354~355면)

그는 다만 아버지의 원수를 갚으려고 왔으며, 황제가 정한담에게 곤
핍을 당함은 몽중이라고 하고, 정한담을 충신이라고 하더니 충신도 역
적이 되느냐면서 황제를 비판한다. 그러나 여기서 중요한 문제는 유충
열의 황제 비판이 아니라 정한담과의 대결과 그 대결의 승리이다. 유충
열의 승리는 유심의 승리이자 충의 승리, 곧 당대 윤리의 승리를 의미
한다. 그래서 유충열은 태자의 말에 자신의 잘못을 사죄하고 황제를 돕
겠다고 한다.

　　(태자가) 경이 이게 웬 말인가 옛날 주 성왕도 관치의 말을 듯고 주공을 의
심터니 회과자칙ᄒ야 성군이 되야쓰니 츙신이 다 죽기난 막비천운이라 그런
말을 ᄒ지말고 진츙갈역ᄒ야 황상을 도으시면 틱산갓튼 그 공뇌는 천ᄒ를 반
분ᄒ고 하히 갓튼 그 은혀는 푸를 민자 갑푸리다 츙열이 우름을 근치고 틱자
상을 보니 천자긔상 적실ᄒ고 일딕 성군 될 듯ᄒ야 투고 버셔 짜의 노코 천자
젼의 사죄 왈 소장이 아비 죽으물 훈톤ᄒ야 분심이 잇난 고로 격절ᄒ 말삼을
폐하젼의 알외여쓰니 죄사무석이라 소장이 죽사온들 폐ᄒ를 돕지 안이ᄒ오릿
가(『전집』 2, 355면)

결국 유충열은 정한담과 최종 대결을 벌인다. 이 대결은 물론 유충열
이 부친의 원수를 갚는다는 측면에서는 효의 실현이지만 앞에서 언급
했듯이 실제로는 충성과 반역의 대결에서 충성의 승리를 의미한다. 따
라서 유충열의 승리는 충신의 승리이자 당대 유교 윤리의 승리라고 할
수 있다. 그래서 이 작품의 화자는 끊임없이 정한담을 역적이라는 시각
에서 묘사하고 있다. 곧 그는 역적 될 만한 인물이라고 설명한다.

　　원슈(유충열) 크게 웃고 진젼의 나셔 훈담을 망견ᄒ니 신장이 십여 척이요

면목이 웅장호며 황금투고의 녹포운갑의 조화를 부쳐난디 천상 익셩의 정신을 흉중의 갈마쓰니 일디 명장이요 역적 될 만 호지라(『전집』 2, 356면)

호통을 크게 호며 혼담을 불너 왈 네 놈은 명나라 정종옥의 자식 정혼담이 안이야 세디로 명나라 녹을 먹고 그 인군을 섬기다가 무어시 부족호야 츙신을 다 죽이고 부모국을 치랴 호니 비단 천하 사롬뿐 안이라 지호의 귀신덜도 너를 잡아 황제전의 드리고자 홀거시니 너 갓튼 만고역적이 살기를 바릴손야 네 놈을 싱금호야 전후의 죄목 무른 후의 네의 살을 포육쎠셔 종묘의 제사호고 그 나문 고기는 바다다가 우리 부친 츙혼당의 셕전제를 지니리라(『전집』 2, 356면)

유주부 (…중략…) 네 이놈 정혼담아 천지도 무심잔코 일월도 두렵지 안이하난야 (…중략…) 우리 천자를 모시고 너 갓튼 역적놈을 죽이랴 호낟디 ㄱ 아비 무삼 일노 셩군을 서바리고 역젹을 도으랴 호며 (…중략…) 만고역적 너갓튼 놈을 섬길쯧호야(『전집』 2, 359면)

위의 세 인용문에서 정한담을 설명하고 있는 단어들은 고딕으로 강조한 것처럼 '역적될 만'하다거나, '만고역적'·'역적놈' 같은 단어들이다. 곧 주인공편의 인물들은 모두 정한담을 역적으로 호칭하고 있다. 그리고 이러한 주인공편의 인물들이 그렇게 호칭하는 것의 타당성을 입증해주는 것이 정한담의 다음과 같은 행동들이다.

(정한담이) 셜리 갓탄 칼노 통쳔관을 씨 던지며 호통호난 말리 이바 들라 호날이 날 갓탄 영웅을 니실제는 남경의 천자 시긔미라 네 엇지 쳔자를 바릴손야 (…중략…) 네의 죄를 논지컨디 이제 밧비 죽일 거시로디 옥시를 드리고 항셔를 쎠셔 올이면 죽이지 안이호련이와 그럿치 안이하면 네놈의 노모 쳐자를 한 칼의 죽이리라(『전집』 2, 361~362면)

잇써 천자는 빅사장의 업더지고 혼담은 칼을 들고 천자를 치랴 호거늘 원슈 이쎠를 당호미 평상의 잇난 긔력과 일싱의 질은 호통을 진력호여 다 지르니

(…중략…) 이 놈 정훈담아 우리 천자 히치 말고 니의 칼을 네 바드라 (…중략…) 청천 구름 속의 번기칼리 언듯ᄒ며 한담의 장창디겸 부셔지니 원슈 달여드러 훈담의 목을 산 치로 자바들고 말게 너려 천자 압푸 복지ᄒ니(『전집』 2, 362면)

위의 두 인용문에서 보듯이 정한담은 황제를 겁박하여 그 자리를 빼앗으려는 역적으로 행동하고 있다. 이러한 맥락에서 볼 때 이들의 대결은 충신과 역적의 대결, 선과 악의 대결로 이루어진 것을 확인할 수 있다. 그리고 결국 유충열은 정한담을 물리치고 선악의 대결에서 선의 승리를 확인시키고 있다.

지금까지 살핀 바와 같이 유충열이 정한담과 대결한 것은 부친의 대결을 물려받은 형태를 띤다. 그러나 앞에서 살핀 바와 같이 유충열과 정한담의 대결은 천상에서 시작된 대결의 연장선상에서 이루어진 것이다. 그러므로 지상에서 유충열과 정한담의 대결은 천상에서 시작된 대결의 완성이라고 할 수 있다. 그것을 간략히 정리하면 다음과 같다.

유충열과 정한담의 대결은 천상의 것을 제외하면 지상에서 모두 세 차례 이루어진다. 첫 번째 대결은 유충열이 부친의 정배로 정한담의 박해를 피해 도망하는 것이었기 때문에 정한담의 승리로 볼 수 있다. 두 번째 대결은 앞에서 살펴보았듯이 상하권 분책이 이루어진 부분에서 이루어진다. 곧 황제가 정한담에게 항복의 위기에 빠져 있을 때 유충열이 등장하여 천자를 구한다. 이 장면에서 유충열은 정문걸을 한 칼에 베고 천자를 구한다. 그러므로 정한담과 유충열의 본격적인 대결이라기보다는 대리전의 성격이 강하다. 그 이후에 몇 차례 유충열과 정한담의 부하들과의 대결이 이루어진다.

유충열과 정한담의 실질적 대결은 세 번째 대결에서 이루어진다. 이 대결은 여러 차례, 매우 다양한 방식으로 이루어지는데, 정한담은 속임수로 유충열을 유인하고, 유충열은 그 책략에 속아 위기에 처했으나 그 위기를 극복하기를 반복하면서 진행된다. 처음 이들의 대결은 최일귀가 죽자 정한담이 좌우신장을 옹위하고 둔갑술로 몸을 숨기고 유충열을 부르면서 시작된다. 그리고 최종 대결은 정한담이 책략을 세워 천자를 항복받으려고 하는 순간에 유충열이 등장하여 그를 사로잡고 황제를 구하는 것으로 마무리된다.

이 대결 과정에서 중요한 것은 충성과 반역의 문제였다. 이것은 바로 당대 유교 윤리였던 충을 바라보는 시각의 차이에서 비롯된 대결이었다. 말하자면 유충열의 충성심은 당대의 윤리와 연관되어 있다. 곧 주인공은 부친의 패배를 설욕한다는 측면에서 효를 실현하기 위하여 부친이 충성스런 인물임을 독자들에게 확인시켜줄 필요가 있었다. 이러한 필요성 때문에 대적자 정한담을 역적으로 설정하고, 그 필요성을 충족시키기 위하여 작품의 전개 과정에서 무리하게 정힌담이 반역하여 황제의 자리에 오르도록 했다. 말하자면 주인공은 충성스러운 인물로, 대적자는 반역자로 설정하여 주인공이 바로 대적자의 반역을 응징하도록 했다. 이에 따라 두 인물의 선악의 대결구도도 바로 충성과 반역의 문제에 초점이 놓여 있고, 사건도 그것을 따라서 전개된 것이다.

『조웅전』에서 조웅의 대적자는 이두병과 그의 주변 인물들이다. 물론 이두병의 아들들과 주변 인물들은 부수적 대적자이고, 핵심 대적자는 이두병이다. 이두병이 조웅에게 가하는 행위와 조웅이 이두병에게 가하는 행위를 중심으로 두 사람의 대결을 살펴보기로 한다.

조웅의 대결 명분은 물론 부친의 원수를 갚는 것이었다. 그 까닭은 조웅의 부친 조정인이 이두병의 참소로 자결했기 때문이다.

> 이젹의 간신이 시긔ᄒ야 우승상 이두병의 참쇼ᄒ믈 보고 승상이 미리 음약ᄒ야 죽으니 문졔 익통ᄒ야 졔문지어 죠상ᄒ시고 츙녈묘을 지어 화상을 글여 넛코 시시로 거동ᄒ시더니(『전집』 3, 103면)

그런데 이 문제와 관련된 천자의 말은 이 작품의 주지와 밀접한 관련이 있다. 천자가 "충신지ᄌ난 츙신이요 쇼인지ᄌ난 쇼인이로다"라는[10] 말을 통해 이 작품에서 대결을 벌일 조웅과 이두병의 인물됨을 암시적으로 지적하고 있다. 곧 조웅은 충신이고 이두병은 소인이라는 것이다. 그렇다면 이 작품에서 조웅과 이두병의 대결은 조웅이 부친의 원수를 갚기 위한 차원에서의 대결을 넘어서 바로 충을 위한 대결로 진행될 것임을 드러낸 것이다. 이러한 사실은 황제가 태자에게 조웅을 충효를 겸전한 인물로 소개한 장면에서도 확인할 수 있다.

> 져 아희난 츙신 아모의 아들이라 너와 동갑이요 또흔 츙효을 겸ᄒ여시니 타일의 국ᄉ을 동모ᄒ라 짐이 망발쇠년의 협졍지인을 어더시니 엇지 즐겁지 안이ᄒ리요(『전집』 3, 103면)

한편 조웅의 대적자인 이두병을 비롯한 그의 아들들은 조웅이 출신하면 부친의 원수를 갚으려고 할 줄 알고 그의 등용을 꺼린다. 황제가 어린 조웅을 불러서 사랑하는 것을 보고 후일 황제가 조웅을 등용했을 때 일어날 일을 염려하는 그들의 말에서 그러한 사실을 확인할 수 있다.

> 완리 이두병은 아둘이 오형졔라 벼살이 다 일품의 거흔 고로 만죠 졔신이 다 형셰을 두려 이관 등 말더로 ᄒ는지라 이날 황졔 조웅 ᄉ랑ᄒ심을 보고 이관이 크게 근심ᄒ여 의논왈 죠웅이 벼살ᄒ면 그 부의 원슈을 싱각ᄒ린이 엇지 근심되지 안이ᄒ리요 미리 업셔미 맛당ᄒ되 아직 벼살 없는 아희을 엇지 죄을 어드리요 ᄒ고 모다 계교을 의논ᄒ더라(『전집』 3, 104면)

이들이 근심한 것처럼 조웅은 어린 시절부터 부친의 원수 갚음을 생각하고 있었음을 작품에서 확인할 수 있다. 그가 십 세가 되었을 때 황제를 만나고 돌아온 후 모친과 나누는 대화 내용에서 그것을 확인할 수 있다.

---

10) 『전집』 3, 103면.

또 남의 ㅈ식이 되여 엇지 불공티쳔지슈을 목젼의 두고 그져 잇스올잇가 부
슈을 갑즈ㅎ오면 무는 모칙을 어더야 갑스올 거시니 복망 모친은 죠곰도 넘
녜치 말으쇼셔 ㅎ고 셜파의 모즈 셔로 통곡ㅎ니 그 졍상이 ㅊ목ㅎ더라(『전집』
3, 104면)

이런 점을 염려한 이두병 역시 조웅과의 대결을 꺼린다. 그는 황제가
조웅을 사랑하는 것을 보고 어떻게 하든지 조웅이 등용되는 길을 막으
려고 한다. 그래서 그는 백관들에게 조웅을 천거하지 못하도록 협박하
기에 이른다.

승상(이두병)이 시더예 나와 됴신과 의논 왈 이후의 만일 됴웅의 말노써 쳔
거ㅎ는 저 잇스면 죄을 쓰리라 ㅎ니 모든 빅관이 뉘 안이 겁ㅎ리요(『전집』 3,
105면)

그런데 조웅과 이두병의 대결을, 부친의 원수를 갚는 개인적 차원의
복수 욕구에서 비롯된 것으로 그 의미를 부여하기보다는 국가적 윤리
차원에서, 곧 조웅의 부친의 죽음을 간신의 모함에 의한 충신의 죽음으
로 만들기 위해서는 이두병을 역신으로 설정할 필요가 있었다. 곧 이두
병이 간신의 단계를 넘어 역신이 되었을 때 조웅의 행동은 부친의 원수
를 갚는 사적(私的) 영역을 떠나 반역을 물리치고 황제를 보위하는 충신
의 행동, 곧 공적(公的) 영역으로 확대되는 것이다. 그러한 맥락에서 설
정된 사건이 바로 이두병의 반역이다.

황제가 세상을 떠났을 때 태자의 나이가 8세에 불과했으므로, 결국
국가의 모든 권세는 이두병에게 돌아간다. 이두병은 그런 기회를 이용
하여 역모에 뜻을 두고 옥새를 빼앗으려고 한다. 그러자 조정의 백관들
은 모두 그의 뜻에 따르기에 이른다.11) 결국 이두병은 여러 신하들의

---

11) 이두병이 역모의 쓰슬 두고 옥시을 도모코즈 ㅎ니 됴뎡 빅관이 그 말을 좃지 안이
ㅎ리 업난지라(『전집』 3, 105면)

추대를 받는 형식으로 천자의 자리에 오른다. 이런 이두병의 행위는 그가 역신임을 만천하에 공개하는 일이었다.

> 이젹의 이두병이 즈칭 황졔ᄒ고 국법을 시로이 ᄒ야 각국 열읍의 힝관ᄒ고 벼슬도 승강ᄒ난지라 졔신이 모두 동궁을 폐ᄒ야 외긱관의 너치니 시즁민환이며 너외궁노비 등이 호쳔고지ᄒ며 망극이통ᄒ니 창쳔이 욕호ᄒ고 빅일이 무광ᄒ더라(『전집』 3, 105면)

조웅과 이두병의 첫 번째 대결은 바로 이 문제를 지적하는 데서 시작된다. 조웅은 이두병이 황제로 자칭하면서 국법을 새롭게 하고 태자를 폐하여 외객관에 내치는 행동과 그의 인물됨을 비판한다. 조웅은 어린 아이에 불과해서 이두병과 대적할 힘이 부족하였지만 경화문 밖에 방문을 붙여서 이두병의 소인됨과 역적됨을 비판하고 나선다. 그리고 스스로는 전조(前朝) 충신 조웅이라고 밝히고 있다.

> 숑실이 쇠미ᄒ니 간신이 만됴로다 만민이 불힝ᄒ야 국상이 나시됴다 동궁이 미즁ᄒ니 쇼인의 득셰취라 만고 쇼인 이두병은 벼살이 일품이라 무슴 혈부족으로 녁젹이 되단말가 쳔명이 완젼거늘 네 어이 쟝슈ᄒ리 (…중략…) 어일스 져 반벽아 부귀도 족헌이와 신명을 도라보와 숑업을 끈치 말나 광딕ᄒ 쳔지근의 용납 업난 네 죄목을 조조히 싱각ᄒ니 일필노 난긔로다 우셔난 젼조 츙신 됴웅은 근셔ᄒ로라(『전집』 3, 106~107면)

이에 분노한 이두병은 조웅을 잡으려고 한다. 이두병은 조웅을 잡지 못하자 충렬묘의 화상을 찾아 화풀이를 하려고 했으나 그것마저 없자 충렬묘와 조웅의 집을 불태우는 것으로 분을 푼다.[12] 그리고 조웅 모자를 잡아 바치면 천금 상에 만호후를 봉한다는 행관을 내린다.

---

12) 순식간의 경화문 관원을 나입ᄒ니 황졔 분두의 불문곡직ᄒ고 너여 소시ᄒ라 ᄒ니 즉시 너여 소시ᄒ고 알오니 황졔 하령 왈 츙녈묘와 됴웅의 집을 다 소화ᄒ라 ᄒ고 침식이 불안ᄒ니(『전집』 3, 107면)

> 각도 열읍의 힝관ᄒ야 무론 조관ᄉ셔인ᄒ고 됴웅 모즈을 잡아 밧치면 천금
> 상의 만호후을 봉ᄒ리라 ᄒ엿더라 각도 열읍이 힝관을 보고 방곡의 지위ᄒ야
> 됴웅 모즈 잡긔을 힘쓰더라(『전집』 3, 107면)

조웅과 이두병의 두 번째 대결은 조웅의 충신됨을 증명하는 과정으로 진행된다. 그의 충신됨은 그가 이두병의 화를 피해 도망한 후에 하는 행동을 통해서 확인할 수 있다. 특히 그가 이두병과 펼치는 대결 과정을 통해서 그의 충신됨을 보여주고 있다. 그 과정을 살펴보기로 한다.

조웅은 이두병의 화를 피해 도망하면서 온갖 고난을 겪다가 월경대사를 만나 안정을 찾는다. 그는 월경대사와 천관도사에게 여러 가지 무예 등을 배운 후에 위기에 빠진 위왕을 구한다. 이어서 이두병의 반역을 제압하고 송나라를 회복하기 위하여 적소에 갇혀 있는 태자를 구하러 나선다.

> 발셔 봉명 사신이 약긔을 나ᄉ오고 모든 츙신들을 다 졀박ᄒ여거늘 원슈 분
> 긔 츙쳔ᄒ여 약긔을 빨리 믈이치고 칼을 들려 봉명사신을 치고 머리 짜히 써
> 러지거늘 원슈 군사을 지쵹ᄒ야 모든 츙신을 다 쓸너 노히라 ᄒ고 틱자 전의
> 복지 ᄉ비ᄒᆞ니 틱즈 정신을 졔유 ᄎ려 원슈 손을 잡으시고 비회을 이긔지 못
> ᄒ야 왈 쑴인들 이려ᄒ야 힝여 쑴을 씬가 염여ᄒ노라(『전집』 3, 130면)

> 북을 울이려 군사을 몰라 동즁을 에워시고 즈ᄉ와 구읍 슈령을 다 졀박ᄒ야
> 원슈게 들리거늘 원슈 다 나입ᄒ야 슈죄ᄒ고 군즁의 회시ᄒ야 다 쳐참ᄒ고
> 틱즈게 알외이(『전집』 3, 130면)

조웅은 먼저 절도에서 사약을 받을 위기에 처한 태자를 구한 후에 송실을 회복하기 위하여 세력을 모아 기병한다. 그의 기병은 물론 부친의 원수를 갚기 위한 목적도 있었지만 그보다 중요한 명분은 송나라의 회복이었다. 그래서 그는 스스로를 송조의 충신으로 자처한다.[13] 뿐만 아니라 그는 자신의 충성심을 증명하기 위하여 이두병의 반역을 물리치

는 데 전력을 다한다. 그런데 『조웅전』에서 두 사람의 대결은 조웅과
이두병의 실질적 대결로 진행되기보다는 조웅과 이두병의 부하들과의
대결로 진행된다. 곧 이두병을 대신해서 여러 인물들이 조웅과 대결을
벌인다. 『조웅전』에서는 그 과정을 자세하게 보여주는데, 결국 조웅은
이두병이 보낸 수많은 장수들과의 대결에서 승리하고, 이두병은 그의
부하 황덕의 배신으로 결박당한 채 조웅 앞에 잡혀온다. 그러자 조웅은
사로잡혀온 이두병을 꾸짖고 징벌한 후에 태자를 보위에 오르게 한다.
이렇게 보면 조웅과 이두병의 대결은 간접적 대결 형태로 진행되는 것
이 특징이다.

이 기나긴 조웅과 이두병의 대결 과정에서 조웅의 승리가 확정되자
조웅이 이두병에게 복수를 하는데, 그 내용이 매우 잔인하게 이루어지
는 것이 특징이다. 그 장면을 살펴본다.

> 니날 환국ᄒ야 직위ᄒ신 후의 니두병과 니관 등 오형졔롤 나닙ᄒ아 친문ᄒ
> 신 후의 진박긔 쳐참ᄒ야 스지롤 갈니 져ᄌ의 희시ᄒ 후의 니 연고를 졔국의
> 반포ᄒ니라 쏘ᄒ 두병의 가솔롤 격믈ᄒ여 각국의 셩속ᄒ지라(『전집』 3, 198면)

이두병과 그의 아들 5형제를 처참하고 사지를 갈라 저자에 회시하였
을 뿐만 아니라 가솔을 적몰하여 각국에 노비로 소속시킨다. 또한 이두
병의 신하들을 모두 잡아들여 꾸짖고 능지처참한다.[14] 이로써 조웅은
이두병의 반역을 철저하게 응징했을 뿐만 아니라 반역에 가담한 인물
들까지 모두 응징하여 반역의 비참한 최후를 확인시키고 있다. 이를 통
해 조웅은 결국 효와 충의 구현이라는 당대 윤리를 수호했다. 뿐만 아
니라 그의 부친 조정인이 위기에 빠진 문제를 도와 나라를 다시 일으킨

---

13) 나는 슝조 츙신 죠웅닐너니 역젹 니두병롤 칠려 가노라(『전집』 3, 187면)
14) 쏘ᄒ 무스롤 명ᄒ여 젼죠 졔신롤 나닙ᄒ야 계ᄒ의 뛸니고 꾸지져왈 너의논 간스ᄒ
    당유라 네의 닌군을 잡아 너겨 드리니 너의들은 두병의 더ᄒ 역젹이라 엇지 살여두니
    요 ᄒ시고 직시 능지쳐춤ᄒ시니라(『전집』 3, 199면)

것처럼 조웅도 이두병에게 망한 송나라를 회복시키는 공을 세움으로써 선으로 표상되는 부친의 승리를 완결시킨다. 이러한 맥락에서 볼 때 조웅과 이두병의 대결에서 조웅의 승리는 충이라는 주제의 실현이자 조웅의 고난에 대한 보상의 욕구를 충족시킨 것으로 볼 수 있다.

지금까지 살핀 바와 같이 조웅과 이두병의 대결은 선악의 대결 과정을 보여준 것이다. 그런데 조웅과 이두병의 실질적 대결이 작품에는 별로 등장하지 않는다. 첫대결은 조웅이 이두병의 죄상을 경화문에 써붙이고, 이두병이 그를 잡으려고 하는 것이었다. 이때 조웅은 화덕진군의 도움 덕분에 화를 피할 수 있었다. 그래서 이들의 실질적인 대결이 이루어지지는 않는다. 그 이후에, 곧 조웅이 이두병과 대결할 능력을 갖추었을 때 두 사람의 대결은 실질적 대결이 아니라 조웅과 이두병의 부하들과의 대결로 사건이 진행된다. 그 대결이 장황한에도 불구하고 조웅과 이두병의 실질적 대결은 등장하지 않는다. 부하의 배신 때문에 사로잡힌 이두병은 조웅에게 모욕을 당하고, 결국 처참을 당함으로써 철저한 패배를 당한 셈이다. 이렇게 본다면 『조웅전』은 두 사람의 대결 과정보다는 전쟁 장면을 통해 독자의 호기심을 유도하려는 의도가 작품 구성에서 큰 역할을 한 것으로 보인다.

『이대봉전』에서 주인공과 대적자의 대결도 역시 앞의 작품들처럼 충을 중심에 두고 충성과 반역의 대결 양상을 보인다. 곧 이대봉과 장애황을 중심으로 한 주인공쪽의 인물들은 충성에 초점을 두고 행동하며, 그들의 대적자인 왕회를 비롯한 진택열 같은 인물들은 반역에 초점을 두고 행동한다. 그러므로 이들의 대결은 물론 선악의 대결이지만 주인공의 입장에서는 부친의 대적의 결과에 대한 복수적 성격이 강한 대결 양상을 보여주고, 반대로 대적자의 입장에서는 반역의 행동에 초점을 맞추고 있다. 그렇지만 『이대봉전』의 왕회와 진택열은 실제로 반역을 도모하지 않는다는 점에서 『유충열전』이나 『조웅전』의 대적자들과는 차이를 보인다. 그런 점을 고려할 때 이들의 대결 과정에서 논쟁의 핵심은 역시 당대 윤리의 수호와 부모의 원수를 갚는 데 초점이 놓여 있다고 할 수 있다. 이제 이들의 대결이 어떤 양상으로 전개되는지 살펴보기로 한다.

이들의 대결은 주인공들의 부친과 대적자인 왕회, 진택열과의 대결에서 비롯되었다. 곧 이대봉의 부친 이익과 왕회파(왕회와 진택열)의 대결에서 이익이 패하면서 이익은 삼만 리 무인절도에, 이대봉은 오천 리 백설도에 유배를 당하고, 그의 가속들은 서인이 된다.

> 잇써 황졔 유약ᄒ사 법영이 히리한 즁의 우승상 왕회 국권를 자바 국사를 쳐결하니 조졍 빅관이며 각도 방빅 수령이 다 왕회당이 되미 일국 권셰난 장즁의 미여 잇고 만인 싱사난 손짓티 달여쓰니 (…중략…) 군자난 참소로쎠 멀이ᄒ고 소인은 아참으로쎠 셩당ᄒ미 국사 졈졈 살난케 되더라. 국사 이러ᄒ되 황졔난 아지 못ᄒ고 다만 소인 왕회로쎠 쳔하디사를 모도 다 쳐결ᄒ니 슬푸다 디명국 사직이 조모의 위티한지라(『전집』 2, 381면)

위의 인용문에서 보듯이 왕회가 국권을 농락하자 이를 보다 못한 이익이 천자에게 상소하여 군자를 가까이 할 것과 왕회는 간악한 소인으로 모반할 것이니 먼저 자신을 베고, 왕회를 베어서 반적의 흉계를 파하라고 간하였다.15) 이것이 빌미가 되어 이익과 이대봉은 결국 정배를 당하고 그의 제족은 서인이 된다. 그것을 원통하게 생각한 이대봉은 복수의식을 굳건히 한다.16)

장애황의 부친 장화는 왕회의 처사로 이익이 유배당한 것을 한스러워하다가 울화로 병들어 죽는다. 그 후에 왕회가 장애황을 그의 아들 왕석연의 배필로 정하고 혼인을 시키려고 한다. 장애황은 이대봉과 혼

---

15) 당금에 조졍이 거이 다 왕회로 더부러 모반ᄒ기 젹영하오니 펴하난 살피사 먼져 신를 벼히옵고 다못 왕회를 기피 벼혀 반젹으 홍계를 파ᄒ소셔(『전집』 2, 381면)

16) 쳔힝으로 사라나면 칼를 자바 우리 원수 왕진 두 놈을 사로자아 젼후 죄목을 무른 후의 비를 갈나 간를 니여 전하계 주달ᄒ고 우리 부친 츙혼당의 셕젼졔를 지니리라(『전집』 2, 382면)

약함을 들어 거절하지만 왕회는 강제로 혼인시키려고 한다. 이 일로 장애황은 왕석연과의 늑혼을 피해 집을 떠나야만 했다. 그러나 그녀는 남장하고 과거에 오른 후 남선우가 기병하자 대원수가 되어 진택열을 결곤하여 10대를 때린 후에 풀어준다.

한편 북흉노의 침략으로 황제가 위태롭게 되자 왕회는 황제에게 항복하여 목숨을 보존하는 것이 좋겠다고 건의한다.[17] 곧 이 작품에서는 왕회와 그의 일당이 직접 반역을 하지는 않고, 황제가 위기에 처했을 때 오랑캐에게 항복하기를 청하는 것으로 그들의 반역성을 증명하려고 한 것이 특징이다.

이러한 그들의 태도와 대척점에 있는 것이 주인공들의 행동이다. 황제가 항복의 위기에 처한 순간에 이대봉이 등장하여 천자를 구한 후 자신의 신분을 밝히고 자신의 뜻, 곧 사직을 안보하고 간신을 물리치고, 부친을 모해한 원수를 갚고, 사해를 평정하겠다는 뜻을 천자에게 밝힌다.

> 잇써의 천자 셰궁역진하야 옥시를 목의 걸고 항셔를 손의 들고 용포을 벗고 미복으로 나오더니 난더업난 일원 디장이 묵특의 목을 버여 들고 나는 다시 본진으로 드러오더니 말게 나려 황상젼의 호천통곡하며 복지 주 왈 소장은 기주짜 모란동 거하던 젼 시랑 니익의 아달 디봉이옵더니 (…중략…) 잇써를 당하와 펴하을 도와 사직을 안보하옵고 간신을 물이치고 소신으 이비 모희하던 소인을 자바 평싱 원수을 갑고 조졍을 발케 사희를 평정코자 왓사오니 복원 펴하난 과도이 실허 마옵소셔 하거날(『전집』 2, 401~402면)

---

17) 우승상 왕회 간 왈 천운이 불힝하고 펴하 덕이 젹싸와 도젹이 자로 강셩하미 종묘사직을 밧들기 어렵싸오니 복원 펴하는 네비 싱각하와 황셔을 쓰고 옥시을 젼하와 존명을 보젼하고 억조창싱을 건지소셔 하고 쏘 병부시량 진여 합주하거날 상이 아무리 싱각하시되 원수 희운는 수말이 남션을 가고 사셰 위급하니 짐으 덕이 업셔 하나리 망케 하시미라 하시고 하날을 우러러 탄식히고 이날 왕회을 불너 항셔을 쓰라 하시고 옥시을 목에 걸고 좌수의 항셔을 들고 우수로 가삼을 쑤다리며 황후 티자을 어로만지며 왈 이 몸는 하날계 득죄하야 사지의 드러가거니와 황후 티자을 싱각하야 귀쳬을 보젼하소셔 하며 셔로 목을 안고 통곡하시니 쳔지 엇지 무심하라(『전집』 2, 398~399면)

『이대봉전』에서 왕회 일당이 반역자로 몰린 것은 이익을 모해하였기 때문이다. 그런데 작자는 이 작품에서 선악의 대결을 구체화하기 위한 방안으로 주인공을 충신으로 왕회 일당을 역신으로 설정하였다. 그리고 이대봉이 왕회 일당에게 복수하겠다는 것도 위의 인용문에서 보듯이 자신의 부친을 모해하여 귀양을 보냈기 때문에 평생 원수를 갚겠다고 한다. 이대봉이 천자 앞에서 다짐한 이런 내용은 그 후에도 계속되며,[18] 그의 다짐은 이대봉이 공을 세운 후에 왕회를 잡아들여 징계하는 것으로 실천된다.

> 상이 디챤 부리하시고 궐니의 디연을 비셜하야 원수 공을 못너 치사하실시 원수 고 왈 차중의 승상 왕회 업난잇가 한디 잇디 왕회 자지기죄하야 디하의 나려 복지 쳥죄하거늘 원수 디로하야 쳥용도로 젼우면셔 너난 날과 불공디쳔 지수라. 당졍의 죽일 거시로되 흉노을 자바 사회을 평졍 후의 죽일 거시니 아직 용셔하노라 하고 젼옥의 가두라 하야(『전집』 2, 406면)

이처럼 『이대봉전』에서 선악의 대결, 곧 이대봉과 왕회의 대결은 결국 이대봉의 승리로 귀결된다.

그렇다면 장애황은 자신의 원수였던 왕회를 어떻게 대하였는가 하는 점이 궁금하다. 그녀에게 왕회 일당은 부친의 죽음의 원인제공자일 뿐만 아니라 자신의 약혼자 가족과의 원수 관계였고, 또한 자신을 강제로 혼인시키려 한 인물이었다. 따라서 그녀 역시 왕회에게 복수를 하는 것이 마땅하다. 그러한 그녀의 태도는 이대봉이 죽은 줄 알고 출전하여 공을 세우고 귀환할 때 신세자탄을 하는 과정에서 잘 드러난다.

> 펴하젼의 주달하고 우승상 왕회을 자바니여 젼후수죄한 연후 칠쳑검 드난

---

18) 소장이 비록 직조 업사오나 심을 다하와 펴하를 도와 평졍하고 사직을 안보 후의 소장의 원한을 풀고자 하오니 복원 황상은 옥체을 안보하와 소장의 장약을 보옵소셔 하니(『전집』 2, 402면)

> 칼노 왕회놈의 간을 너여 씨분 후의 육신은 포육 쩌셔 충혼당을 비셜하고 셕
> 전졔을 지닌 후의 가련한 이니 신셰 전후사을 황상전의 주달하고 옛 의복을
> 갓촌 후의 부귀영총 다 바리고 고향의 도라가셔 여연을 보닐 젹그 일심으로
> 졍셩드려 싱젼사후 밋치 원한을 후싱의나 다시 맛나 평싱동낙하오리라(『전집』
> 2, 408면)

그녀는 이대봉과 동락하지 못한 한을 풀기 위하여 왕회를 죽이고 간
을 씹은 후에 육신은 포를 떠서 충혼당에 배설하고 석전제를 지내고 고
향에 돌아가 후생을 기약하겠다고 했다. 이러한 그녀의 태도는 왕회에
대한 복수심의 고조라는 측면에서 이해할 수 있다. 그러나 그런 그녀의
태도는 이대봉이 살아서 왕회에게 복수할 것을 안 연후에는 생각이 바
뀐다. 곧 왕회에 대한 복수는 이대봉에게 미루고 자신은 구경자의 위치
로 나선다.

> (장애황이) 쳐소로 물너나와 싱각하니 분기 창쳔하야 울기을 참지 못하고
> 칼을 쌔여 셔안을 쳐 문 밧게 니치고 젼후사을 싱각하니 조졍디신이 일반 퐁
> 열이요 니 쏘한 벼사리 괴도하미 몸으 불가하야 벼살을 갈고 고힝의 도라가
> 심규을 직케 힝화을 밧들고 웬수 왕회을 죽여 분을 풀고자 하엿더니 쳔만의
> 외예 공주부마을 의논하시나 니의 사졍 졀박하다. 니 싱각건더 승상과 초왕이
> 시부와 가군인 졸을 니가 짐작은 잇셔쩌니 금일노 볼진디 졍영한 줄 아럿시
> 되 왕회 진틱열을 니 칼노 죽인 후의 사졍을 알월가 하엿더니 니 안이고도 죽
> 일 임자 잇도다 하고(『전집』 2, 413면)

위의 인용문에서 보듯이 장애황은 자신이 복수하지 않아도 이익과
이대봉이 왕회 일당에게 복수할 것으로 생각한다. 그래서 그녀는 왕회
에게 복수하는 것을 포기하고 자신의 신분을 밝힘으로써 이대봉과의
혼인을 성취하려고 한다. 그래서 장애황은 황제에게 자신의 신분과 이
대봉과의 연분과 그동안 있었던 일 등을 밝히고, 두 사람의 혼인을 청
하기에 이른다.

우승상 왕회을 죽여 웬수을 갑고자 함언 이시량 부자 죽은 웬수와 신쳡의
부모 구몰하믈 한탄하엿쌉더니 금일노 볼진디 명쳔이 도우시사 승상 부자 사
라싸오니 신쳡의 평싱 소원을 풀가 하오니 복원 황샹은 신쳡의 사졍을 살피
사 초왕 디봉과 신쳡으로 하여금 평싱 소원을 풀고 무궁지낙을 리우계 하시
믈 쳔만 복축하오니다 하엿거날(『전집』 5, 700면)19)

결국 이대봉과 장애황은 그동안 이루지 못했던 혼인을 이루고, 선악
의 대결은 뒤로 미루어진다. 그러나 『이대봉전』에서 이대봉 부자를 핍
박했던 자들은 모두 징벌을 받는다. 곧 왕회와 그 일당뿐만 아니라 왕
회의 지시를 받고 부자를 물에 넣었던 사공들도 잡혀와 벌을 받는다.

왕회을 잡바너여 젼후죄목을 무른 후의 사공 십여명을 자바드려 난낫치 수
죄하고 장안디도상의 위여 왈 소인 왕회 충신을 모희하야 젹소로 보닐진디
황명으로 가난 몸을 사공놈으로 동모하야 금은을 만이주고 만경창파 집푼 물
의 부자 한티 결박하야 수중의 너흐란니 무지한 필부더리 금은만 싱각하고
인의을 몰나쓰니 살기을 바리소냐 (…중략…) 무지한 션인놈의 용납지 못할
죄을 조조이 싱각하며 시각을 지쳬하라 자긱을 호령하야 장안디도상의 쳐참
하고 왕회을 계하의 다시 꿀이고 (…중략…) 황상의 너부신 셩덕을 싱각하야
너도 우리 부자와 갓치 원찬하니 황상의 은덕을 죽은 귀신이라도 잇지 말나
하시고 (…중략…) 왕회 부자을 졀도로 우리안치하고 쏘 진틱열 (…중략…) 원
악지 졍비하니 쌜이 도라가 젹소로 가라 (…중략…) 진여를 나입하야 틱열과
일쳬로 졍비하니 조졍빅관이며 인문이 다 초왕의 셩덕을 칭송안니하리 업더
라(『전집』 2, 414~415면)

위의 인용문에서 보듯이 이대봉은 자신을 결박하여 수중에 넣었던
사공들은 처참하고 왕회와 그 일당들은 모두 죽이지 않고 정배시키는
것으로 끝낸다. 이것은 왕회와 그 일당이 실질적으로 반역을 일으키지
않았기 때문에 그들을 정배하는 것으로 사건을 마무리한 것으로 볼 수

---

19) 『전집』 2에 하권 26장이 누락되어서 『전집』 5를 이용한다.

있다. 또한 이렇게 하는 것이 이대봉이 덕이 있는 인물임을 드러내는 데 유리하게 작용할 것이라는 작자의 판단이 작용했을 것이다.

결국 『이대봉전』에서 선악의 대결은 선의 승리로 귀결되었다. 또한 이대봉은 이 대결을 통해 당대 윤리인 충과 효를 실현하였다. 그리고 이대봉과 장애황의 혼인이 이루어지는 과정에서 장애황의 열이 강조되고 있는데, 여기에는 천정배필의 필연적 결연이라는 혼인관이 개입된 것으로 보인다.

지금까지 살핀 바와 같이 완판 영웅소설에서 선악의 대결은 크게 두 가지 의미를 지니고 전개된다. 하나는 유교 윤리인 충과 효의 실현과 관련되어 있다. 이와 관련하여 주인공은 충효의 이데올로기 수호자로 나서며 대적자는 이것을 어기는 반역자로 등장한다. 다른 하나는 그 과정에서 주인공의 고난과 이신의 원인 세공자에 대한 응징으로 복수가 등장한다는 점이다. 이 복수에 대해서는 다음 항에서 구체적으로 살펴보기로 한다.

2. 복수

영웅소설에서는 주인공이 공을 세운 이후에 자신을 박대하거나 고난에 빠뜨린 인물을 어떻게 대할 것인가의 문제가 독자의 궁금증을 자극하기 마련이다. 이것은 그동안 약자의 위치에 있던 주인공이 강자의 위치에 섰을 때 그들을 대하는 것이므로 복수의 성격을 갖는 것으로 볼 수 있다. 물론 완판 영웅소설에서 주인공이 이 문제를 처리하는 내용은 작품에 따라서 약간씩 차이를 보인다. 여기서는 각 작품의 주인공들이 이들을 어떻게 대하여 문제를 마무리하는지 살펴보기로 한다.

완판 영웅소설의 주인공이 이 문제를 해결하는 것은 공적 원한이라기보다는 사적 원한과 관련되어 있는 경향이 강하다. 따라서 이런 문제 해결방식을 복수라고 지칭할 때, 이 글에서 사용하는 복수라는 용어는 주인공의 개인적 원한의 해소일 가능성이 크다. 그 외에 주인공과 대적하는 인물이 주인공과의 개인적 원한관계가 아니라 단지 국가에 반란을 일으킨 인물인 경우에 주인공이 출전하여 그를 죽이거나 항복을 받더라도 복수의 성격을 갖지 않으므로 복수라 하기 어렵다. 그러므로 여기서는 주로 주인공이 개인적 원한을 풀기 위한 복수의 대상자를 어떻게 취급하는가를 중점적으로 살펴보기로 한다.

『소대성전』에서 소대성의 부모와의 이산의 원인은 부모의 죽음이었다. 소대성에게는 부모와의 이산의 원인 제공자가 없기 때문에 그의 복수의 대상은 그와 배우자의 이산의 원인 제공자, 곧 자신을 박대하고 죽이려던 왕부인과 이승상의 아들들이었다. 그런데 문제는 소대성이 복수해야 할 대상자가 처가의 가족들이라는 점이었다. 또한 그들은 이승상이 자주 자신에게 후일을 부탁했던 은인의 가족이자 아내의 가족이었다. 그래서 소대성은 그들에게 복수하지 않고 오히려 후대함으로써 이승상의 은혜를 갚고, 자신의 도량이 넓음을 보여주었다. 이는 주인공의 대인다움을 강조하려는 작가의식의 발현으로 보인다.

『장경전』에서는 가족들의 이산의 원인이 전란이었다. 그리고 그 전란을 일으킨 여주자사 유간이 소성운에게 사로잡혔다가 처참을 당했기 때문에 복수의 대상자가 등장하지 않는다. 그러므로 이 작품에는 장경의 복수 문제가 나타나지 않는다.

『장풍운전』에서 장풍운의 부모와의 이산의 원인은 전란에 있었다. 따라서 장풍운의 복수의 대상자는 부모와의 이산의 원인 제공자가 아니라 배우자와의 이산의 원인 제공자, 곧 이경패의 계모 호씨였다. 그런데 비록 호씨가 이경패의 계모이긴 하지만 인륜적으로는 모친관계라고 할 수 있다. 장풍운과 이경패는 인간의 도리로 볼 때 그녀를 대상으로 복수할 수는 없었다. 그래서 장풍운과 이경패는 계모 호씨에게 복수하지 않고 자신들의 위엄만 보여서 스스로 잘못을 뉘우치게 한다.

> 서량지경의 드러 평셔장으로 두 부인을 모시게 훈디 평셔상이 팔십만 디병을 다 금급을 입펴 좌우의 모시니 시녀 오십여인이 치의단장호야 읍푸 세우고 원수는 디군을 거나려 호씨집 읍푸로 지니니 원슈의 빗남과 낭자의 위의를 보게 호미라(『전집』 2, 555면)

곧 그들은 이통판의 산소에 소분하러 가면서 평셔장에게 두 부인을 모시게 하고, 호씨 앞에서 화려한 행차를 보여줌으로써 자신들의 위의를 과시한다. 그 후 호씨를 만나서 간단한 예물을 주고[20] 귀로에 오르자, 호씨와 자녀들은 부끄러워서 아무 말도 못하고 하직한다.

『유충열전』에서 유충열의 부모와의 이산의 원인 제공자와 배우자와의 이산의 원인 제공자는 동일한 인물들, 곧 정한담과 그의 일파였다. 그래서 주인공은 그들을 원수로 여기고 매우 잔인하게 복수한다. 최일귀는 전쟁 중에 목숨을 잃는다. 그리고 정한담은 두 팔을 잘린 상태로 압송된다. 유충열이 정한담을 잡아내어 치죄하고 처벌하는 장면을 보자.

> 젼옥관을 불너 흔담을 자바다가 구졍뜰의 업지르고 유주부 쳔자 젓티 안자 나졸을 호령호아 왼갓 형벌 갓초오고 수죄 왈 (…중략…) 세상의 인신 되야 만고의 업난 열죄목을 가져쓰니 이러호고 살기을 바릴손야 (…중략…) 흔담의 목을 미여 수리 우의 놉피 실코 장안 디도상의 지쵹호야 나오며 웨여 왈 이바 빅셩더라 만고역적 정흔담을 오날날노 헤히려 가니 박셩덜도 구경호라 호며 소리호고 나올적의 (…중략…) 수리 소를 지쵹호야 사지를 난와 노니 장안 만

---

20) 호씨 자란을 다리고 드러오거날 압푸 나어ㄱ 비례훈디 호씨 넉슬일코 아무리홀쥴 모르더라 원슈 치단을 드리며 왈 칠년 이휼호던 정을 표호오니 보티여 쓰소셔 모셔 말삼호옵고 가고져 호오나 디군을 거나러 일시 노즁의 머무지 못하와 홀〃이 가오니 만세무량호소셔 호직호고 나오니 (…중략…) 호씨와 자녀 등이 붓그려워 아모말도 못호고 호직호니라(『전집』 2, 555면)

민드리 벌쎄가치 달여드려 점〃이 놀러노코 간도 너여 씹어보고 살도 베혀 먹어보며 (…중략…) 각도 각관의 회시ᄒ고 최일귀 정훈담의 삼족을 다 멸ᄒ 고(『전집』 2, 368~369면)

위의 인용문에서 보듯이 정한담의 목을 매서 수레 위에 싣고 다니다 가 사지를 찢어 죽이고 회시했을 뿐만 아니라 삼족을 멸하는 처벌을 내 릴 정도로 철저하게 복수한다. 또한 옥관도사를 잡았을 때에도 두 손발 을 모두 자르고 황성으로 압송하였다가 치죄한 후에 재주가 있음을 알 고 탄복하면서도 처참한다.[21]

『유충열전』에서 보여주는 이러한 잔인한 복수의 양상은 『조웅전』에 서도 동일하게 나타난다. 『조웅전』에서 조웅의 부친과의 이산의 원인 제공자는 이두병과 그의 일파였고, 배우자와의 이산의 원인 제공자는 강호자사였다. 조웅은 강호자사가 자신의 배우자와 강제로 혼인하려고 했고, 그 일로 자신의 장모가 핍박을 당하고 배우자가 도망했음을 알고 강호자사를 죽인다.

> 원슈 군ᄉ을 호령ᄒ야 강호ᄌᄉ을 결박 니니리 ᄒ라 지촉이 셩화 갓탄지라 군ᄉ 일시의 고함ᄒ고 니다라 ᄌᄉ을 결박ᄒ야 족불이지ᄒ게 잡바들리니 원슈 디로ᄒ야 낫〃치 슈ᄌᄒ여 왈 네 국녹지신으로 불칙ᄒ 죄올 지어신니 니 아무 리 살리고져 ᄒ여도 무가니ᄒᄅ ᄒ고 군중의 회시ᄒ 후의 쳐춤ᄒ고(『전집』 3, 127면)

위의 인용문에서 보듯이 조웅은 강호자사를 매우 엄하게 꾸짖은 다 음 처참하고 있다. 또한 『조웅전』에서는 주인공 편과 대적했던 인물들 이 비록 항복을 하더라도 모두 죽이는 것이 특징이다. 그러한 예를 들 어 살펴보기로 한다.

---

21) 원슈 마음의 그 놈의 지조를 탄복ᄒ고 군사를 지촉ᄒ야 장안시의 쳐참한 후의(『전 집』 2, 377면)

티슈 티원은 빨리 나와 나의 날닌 칼를 바들라 나는 슝조 츙신 죠웅닐너니 역적 니두병롤 칠려 가노라 티슈 그계야 디경디희ㅎ야 칼롤 발리고 말계 나리 복지쳥ㅈ왈 소장니 과연 아옵지 못ㅎ옵고 글릇 디군롤 항기ㅎ야스온니 관심ㅎ옵쇼셔 ㅈ를 옹ᄉㅎ옵고 진즁의 두신면 심를 다ㅎ야 원슈의 뒤을 쌀으을니다 ㅎ고 복지이걸ㅎ거늘 원슈 디로ㅎ야 고셩디질왈 너는 음흉혼 흉젹이라 두병으로 더부려 다름니 업는지라 너엇지 두병의 죠신을 셰나 남계두리요 ㅎ고 언파의 칼롤 들어 티슈롤 질너 말계 닐니치고(『전집』 3, 187면)

위의 인용문은 조웅이 대원수가 되어 진군하다가 번양땅에 이른 장면이다. 인용문에서 보듯이 조웅이 태수 태원에게 큰 소리로 칼을 받으라고 외치자 태수가 바로 기뻐하면서 나와 항복한다. 그렇지만 조웅은 엎드려 애걸하는 태수를 꾸짖고 칼로 찔러 죽인다. 또한 이두병의 수하에 있던 장덕과 최식이 싸움에 패하자 항복하면서 목숨을 구걸하지만 이들을 모두 죽인다. 이어서 이두병과 그의 아들 5형제를 모두 처참했을 뿐만 아니라 전조의 제신들도 모두 능지처참했다.

니날 환국ㅎ야 직위ㅎ신 후의 니두병과 니관 등 오형계를 나닙ㅎ아 친문ㅎ신 후의 진밧긔 쳐참ㅎ야 스지를 감니 져ᄌ의 희시혼 후의 니 연고를 계국의 반포ㅎ니라 쏘혼 두병의 가솔를 격믈ㅎ여 각국의 셩속혼지라 (…즁략…) 젼죠 졔신를 나닙ㅎ야 계ㅎ의 쮤니고 ᄭ지져왈 너의혼 간ᄉ혼 당유라 네의 닌군을 잡아 니겨 드리니 너의들은 두병의 더혼 역젹이라 엇지 살여두니요 ㅎ시고 직시 능지쳐춤ㅎ시니라(『전집』 3, 198~199면)

위의 인용문에서 보듯이 이두병과 그 자식들을 처참하고 회시했을 뿐만 아니라 가솔을 적몰하여 정속하였다. 그리고 이두병의 신하들은 역적이라는 이유로 모두 능지처참한다. 이처럼 『조웅전』에서는 대적자에 대한 복수가 철저하게 이루어진다. 이런 점에서 『조웅전』에는 영웅소설의 주인공의 덕목 가운데 하나인 관후함이 전혀 나타나지 않고 오직 조웅의 복수에 초점이 맞추어져 있는 것이 특징이다.

『이대봉전』에서 이대봉과 장애황의 복수의 대상은 동일한 인물, 곧 왕회와 진택열이었다. 또한 이대봉의 원수는 그들 부자를 수장하려 한 사공들이었다. 그러므로 이들을 어떻게 징벌하는가에 초점을 맞추어 살펴보기로 한다.

> 소인 왕회 충신을 모회하야 적소로 보닐진디 황명으로 가난 몸을 사공놈으로 동모하야 금은을 만이주고 만경창파 집푼물의 부자한티 결박하야 수중의 너흐란니 무지한 필부더리 금은만 싱각하고 인의을 몰나쓰니 살기을 바리소냐 (…중략…) 무지한 션인놈의 용납지 못할 죄을 조조이 싱각하며 시각을 지체하라 자직을 호령하야 장안더도상의 쳐참하고 (…중략…) 왕회 부자을 졀도로 우리안치하고 (…중략…) 진틱열 (…중략…) 원악지졍비하니 쌜이 도라가 적소로 가라 하시며 진여를 나입하야 틱열과 일쳬로 졍비하니 조졍 빅관이며 인민이 다 초왕의 셩덕을 칭송안니하리업더라(『전집』 2, 414~415면)

위의 인용문에서 보듯이 이대봉은 왕회 부자와 사공들을 잡아들여 사공들은 장안 대도상에서 처참하게 하고 왕회 부자는 본인이 직접 수죄한 후에 원찬하고, 진택열과 진여도 원찬하는 것으로 복수를 마무리한다. 이는 잔인한 복수보다는 주인공의 관후한 덕목을 강조하려는 작가의 의도가 작용하여 주인공이 원수를 죽이지 않고 원찬하는 방식으로 복수 문제를 처리한 것으로 보인다. 그랬기 때문에 인용문 끝부분에서 보듯이 조정 백관과 인민이 다 이대봉의 성덕을 칭송하였다고 했다.

이상에서 살핀 바와 같이 완판 영웅소설의 경우 주인공의 원수가 처가족인 경우에는 복수보다는 후대하고 있으며, 부친의 원수인 경우에는 자식이 부친을 대신하여 잔인하게 복수하는 것이 일반적이다. 곧 소대성과 장풍운은 장모와 그 소생들을 후대하고, 유충열과 조웅은 그들의 원수들을 처참한다. 이대봉의 경우 사공들은 처참하고 부친의 대적자는 모두 원찬하는 정도로 복수하고 있다. 결국 주인공이나 주인공의 부친이 대적자에게 당한 정도에 따라, 그리고 당대의 유교 윤리에 따라 복수의 내용이 달라짐을 확인할 수 있다.

이상에서 살핀 바와 같이 완판 영웅소설에서는 선악의 대결 후에 그 대적자에게 주인공이 몇 가지 방식으로 복수를 하고 있다. 주인공과 대적자의 선악의 대결과 그 과정에서 선의 승리 후에 이루어지는 이 복수는 주인공 편에 섰던 독자들에게 통쾌감을 제공한다. 주인공이 박해받는 동안에 마음 졸이고 주인공을 후원했던 독자들은 주인공이 대적자에게 승리하고 복수하는 순간 통쾌감을 맛보면서, 자신들의 후원이 헛되지 않았음에 안도한다. 영웅소설의 작자는 바로 이 점을 염두에 두고 주인공과 대적자의 대결을 지속시킨 후 주인공의 승리와 복수로 대결을 마무리함으로써 권선징악의 주제를 실현하고, 동시에 당대 윤리의 수호를 통해 사회 안정을 희구하는 계층의 욕구를 충족시킨다.

3. 보은

영웅소설에서는 일반적으로 주인공이 성공한 후에 자신이나 그의 배우자, 또는 그의 부모에게 호의를 베푼 인물들에게 은혜를 갚는 내용이 등장한다. 이것은 주인공의 인간됨을 보여주는 행동으로, 이를 통해서 주인공이 은혜를 잊지 않는 인물임을 보여줌으로써 그가 훌륭한 인품의 소유자임을 증명하는 역할을 한다. 독자들은 주인공의 이런 행동을 통해서 그들이 후원했던 주인공이 그들의 후원을 받을 만한 가치가 있는 인물임을 확인하며, 그들의 후원의 정당성에 안도한다. 바로 이 확인의 기제로 활용되는 것이 주인공의 보은의 행동이다. 이것은 또한 권선징악이라는 영웅소설의 주제 구현과도 밀접한 관련이 있다. 그러므로 여기서는 주인공들이 각 작품에서 어떻게 보은의 행동을 하는지 몇 작품을 중심으로 살펴보기로 한다.

『장경전』에서 장경은 자신이 고생하던 시절 만난 여러 사람들에게 보은하고 있다. 이제 그 장면을 인용하여 살펴보기로 한다.

> 츠영의 부쳐을 불너 칠연 은혜을 이르고 치단 호 수으을 듀시며 양육호던 은혜을 갑노라 호신이 츠영의 부쳐 못내 황감호더라 또 관속비을 불너 보비 호 슈리을 두며 왈 이거시 져그나 칠년 동거호던 졍을 포호노라 호고 초운의 부모을 불너 보화 호 슈리을 쥬며(『전집』 2, 512면)

위의 인용문에서 보듯이 장경은 차영 부부에게 채단 한 수레를 주면서 양육하던 은혜를 갚는다. 또한 그가 방자로 있던 관청의 관속배들에게도 함께 지내던 정으로 보배 한 수레를 준다. 그리고 자신을 돌보아준 초운의 부모에게도 보화 한 수레를 준다. 말하자면 장경은 그가 고생하던 시절에 인연을 맺었던 모든 사람들에게 보답한 것으로 볼 수 있다.

그런데 여기서 장경의 이런 행동을 어떻게 해석할 것인가가 문제가 된다. 차영은 장경을 사환으로 삼았지만 제대로 대접해주지 않았다. 차영은 무상하여 머리도 빗겨주지 않았고, 옷도 해주지 않았다. 그래서 장경은 의상이 남루하고 머리에 이가 많고 몸이 더러워서 냄새가 심해 동료 방자들에게 구박을 당하면서 지냈다.[22] 그럼에도 불구하고 장경은 차영 부부에게 칠년 양육하던 은혜를 갚는다고 하면서 채단 한 수레를 주어 그의 은혜에 보답하고 있다. 장경이 관속배에게 보배로 정을 표한 일도 따져볼 필요가 있다. 관속배들은 늘 그를 구박했던 존재들이었다. 그럼에도 불구하고 장경은 그들에게 칠년 동거하던 정을 표한다면서 보배 한 수레를 주었다. 또한 초운의 부모에게도 보화를 준 일도 따져볼 필요가 있다. 사실 초운의 부모는 재물로 초운을 사려는 사람들, 곧 천금을 주겠다는 사람들에게 그녀를 보내 팔자를 고치려고 했으나 초

---

22) 『전집』 2, 502면.

운이 장경을 사랑하여 그 뜻을 이루지 못하자 장경을 원망한 사람들이다. 그런 맥락에서 보면 장경이 그들에게 보화 한 수레를 준 것은 순수한 의미에서 보은으로 보기는 어려운 점이 있다.

그렇다면 장경의 이런 행동을 어떻게 볼 수 있는가? 사실 장경의 이런 행동은 그들이 장경을 대하던 태도와 비교가 된다. 곧 그들은 장경을 제대로 대접하지 않았지만 장경은 그들을 후하게 대접하고 있다. 따라서 이런 장경의 보은 행위는 그들의 그런 행동에 대한 책망의 성격이 강한 보은이라고 할 수 있다. 곧 그들의 행동과 대비되는, 주인공의 도량이 큰 마음씨를 강조하려는 의도가 작용한 것으로 볼 수 있다.

장경은 초운이 소부인의 화를 피해 머물렀던 절에도 보은한다. 그것은 초운의 요청으로 이루어지는 것으로, 초운이 왕비가 된 후 그녀의 상좌였던 청운산 태원에게 보은하자고 청하자 장경이 초운의 말에 따라 재물을 보낸 것이 그것이다.

> 직시 황금 일천 양과 빅금 일천 양과 빅미 오빅 셕과 치단 오십 동을 쥬시니 왕비 치사ᄒ고 취향을 명ᄒ야 예단을 슈운하여 청운사 티원의게 은혜를 갑고 불젼의 발원ᄒ고 졀을 기즁챵ᄒ야 니의 자초을 후셰에 알게ᄒ라 ᄒ시니 (『전집』 2, 530면)

위의 인용문에서 보듯이 장경은 초운이 머물렀던 청운사 태원에게 엄청난 규모의 재화를 보내서 은혜를 갚고, 또 절을 중창하도록 하고 있다. 이것은 초운이 화를 피하도록 도와준 은혜, 곧 어려울 때 신세를 진 사람에게 그 은혜를 갚는다는 점에서 보은의 강조로 볼 수 있다.

이러한 주인공의 보은의 행동은 『장풍운전』에도 나타난다. 장풍운이 대원수가 된 후에 그의 모친과 이경패가 머물던 단원사에 금은 채단을 많이 주면서 그동안 두 사람을 보살펴 준 은혜를 갚는다.

> 노승을 쳥ᄒ여 왈 모친과 낭ᄌ난 졔승의 덕으로 모즈 만나게 ᄒ온 은혜 빅

골난망이라 금은 치단 흔 수리을 쥐니 노승이 황공 스례 왈 (…중략…) 또 금
은 치단 흔 슈리을 쥬며 왈 이거시 비록 박약흐나 모친 낭즈의 은근흔 졍을
표흐노라 졔승이 황공흐야 합장비례흐고 못니 층찬흐더라(『젼집』 2, 554면)

위의 인용문에서 보듯이 장풍운은 단원사의 노승에게 모자를 만나게
해준 은혜에 감사를 표하고 금은 채단 두 수레를 주면서 모친과 낭자의
정을 표하는 것이라고 말한다. 이것은 어려울 때 도와준 사람들에게 은
혜를 갚는 행동이라는 점에서 보은이라고 할 수 있다.

주인공편의 인물이 어려운 처지에 있을 때 도와준 사람에게 보은하
는 일은 이경운을 맡긴 절, 곧 연경사의 스님, 청원에게도 이루어진다.
장풍운은 호씨의 화를 피할 때 이경운을 연경사에 맡긴다. 그리고 그가
성공한 후에 그를 찾아 데리고 가면서 그 절에 재화를 주는 것으로 은
혜를 갚는다.

청원을 치스흐고 진공바든 슈리을 쥬며 왈 이거시 비록 져그나 경운의 칠연
은혜을 갑노라 (…중략…) 금은치단을 만이 쥬시니 겸양치 못흐옵거니와 불젼
이 퇴락흐여스오니 원슈을 위흐야 기중창흐리로소이다 원슈왈 조고만흔 거슬
경딕흐시니 감스하여이다 흐고(『젼집』 2, 555면)

위의 인용문에서 보듯이 장풍운은 이경운을 돌보아준 것에 감사를
표하고, 진공 받은 수레와 금은 채단을 많이 주면서 칠 년 간 보살펴 준
은혜를 갚는다고 하고 있다. 이는 주인공편의 인물들이 어려울 때 받았
던 도움에 보답하는 일이므로, 역시 보은의 행동이라고 할 수 있다.

그런가 하면 『장풍운전』에도 『장경전』에서 살핀 바와 같은 책망적
성격으로 상대방에게 재물을 주는 경우가 있다. 장풍운이 자신을 박대
하던 이운징의 후처 호씨의 집에 가서 채단을 주면서 칠 년 애휼하던
정을 표한다고 하는 장면이 그것이다.

호씨 넉슬 일코 아모리 홀쥴 모로더라 원슈 치단을 드리며 왈 칠년 이휼ᄒ
던 정을 표ᄒ오니 보티여 쓰소셔 모셔 말삼ᄒ옵고 ᄀ고져 ᄒ오나 디군을 거나
려 일시 노중의 머무지 못ᄒ와 홀홀이 ᄀ오니 만셰무량ᄒ소셔 하직ᄒ고 나오
니 모다 원슈 뜻시 하히갓고 세상사롬이 밋치리 업다 ᄒ더라(『전집』 2, 555면)

위의 인용문을 통해서 두 가지 점을 확인할 수 있다. 첫째는 호씨의
태도와 장풍운의 태도이고, 둘째는 구경꾼들의 말이다. 계모 호씨는 장
풍운을 박대했지만 장풍운은 그것을 은혜로 생각하고 채단으로 보답하
고 있다. 그러자 그것을 본 구경꾼들이 장경의 뜻이 하해 같아서 세상
사람 가운데는 미칠 사람이 없다고 평하고 있다. 이것은 『장경전』에서
본 바와 같이 장풍운과 호씨를 대비시켜 장풍운의 도량이 큼을 강조하
려는 의도에서 설정된 것으로 볼 수 있다.

『조웅전』의 경우에도 조웅이 어려움에 처해있을 때 그와 모친을 돌
보아준 절의 월경대사에게 보은하는 내용이 등장한다.

각도 열읍의 바든 예단과 보화을 들니라 ᄒ니 닐시예 슬어 들니거눌 열두
슈리라 암당의 뫼갓치 쓰고 원슈 월경디스와 제승 등을 불너 왈 디사와 모든
존스의 은혀 실노 하히 갓쏘온이 공을 다 갑쏘올 길니 업눈지라 우션 약간 거
스로 졍을 뫼ᄒ눈니 사중의 두고 쓰쇼셔 ᄒ고 보화을 다 쥰니 제승니 황감ᄒ
야 무슈니 치스ᄒ더라(『전집』 3, 172면)

위의 인용문은 조웅이 승전한 후에 강선암을 찾아가 모친과 장소저
모녀를 돌보아준 월경대사 등에게 은혜를 갚는 장면이다. 조웅은 그들
에게 예단과 보화 열두 수레를 주면서 겸손하게 약간의 것으로 정을 표
한다고 하고 있다. 이것은 순수한 의미에서 주인공편의 인물들이 받은
은혜에 보답하는 것으로 볼 수 있다.

『이대봉전』에는 좀 다른 형태의 은혜를 갚는 내용이 등장한다. 이대
봉은 자신의 부자를 구해준 서해 용왕이 그를 청하여 남해왕이 쳐들어

온 사연을 설명하고 적병을 물리쳐줄 것을 간청하자 이를 수락하고, 남해왕의 침략을 물리쳐서 자신을 구해준 은혜를 갚는다. 다른 작품과는 다르지만 이것도 은혜를 갚는 하나의 방법임에 틀림없다.

지금까지 살핀 바와 같이 주인공의 보은의 행동은 두 가지의 경우가 있다. 하나는 책망의 성격이 있는 보은의 행동이고 다른 하나는 순수한 보은의 행동이다. 책망적 성격의 보은은 주인공과 상대자의 행동의 대비를 통해 주인공의 도량이 큼을 강조함으로써 주인공의 훌륭한 인물됨을 강조하려는 의도가 있는 것으로 보인다. 또한 순수한 의미에서 보은의 행동을 보이는 것도 주인공이 은혜를 잊지 않는다는 사실을 강조함으로써 주인공의 훌륭한 인간성을 보여주려는 의도가 있는 것으로 보인다. 이렇게 볼 때 어떤 경우든 주인공의 보은의 행동은 주인공이 훌륭한 인물임을 보여주려는 의도에서 설정된 사건으로 볼 수 있다.

4. 결연의 파격성

주지하듯이 조선시대에 남녀간의 혼인은 부모의 의사에 의해 결정되었고, 그 절차도 매우 엄격하게 지켜지는 것이 상례였다. 남녀칠세부동석이란 말이 의미하듯이, 남녀유별을 중시했던 당대인들의 관념에서 미혼 남녀의 자유로운 만남은 매우 제한적일 수밖에 없었다. 그런 제약 때문에 조선시대의 미혼 남녀간의 만남은 두 사람이 혼례식을 치르고 난 다음에야 비로소 서로 얼굴을 마주볼 수 있었다고 할 정도였다.

그런데 완판 영웅소설의 경우 작품에 따라서 미혼 남녀간의 만남에 대한 부모의 태도나 남녀 주인공의 태도가 이런 사회적 관습이나 사고와는 매우 다른 모습을 보여준다는 점에서 흥미를 끈다. 여기서는 이런 미혼 남녀간의 만남이 완판 영웅소설에서 어떻게 등장하고, 어떻게 진행되는지 몇 작품을 중심으로 살펴보기로 한다.

먼저 『소대성전』을 살펴보기로 한다. 소대성과 이채봉의 만남은 당시 관습이나 사고와는 다른 파격성을 보인다. 그것은 물론 이채봉의 부친 이승상의 권유에 의한 것이었지만 소대성과 이채봉이 혼인 전에 서로 만나 시를 주고받고, 그것을 신물로 삼고 있으며, 그 시의 내용도 서로에 대한 부부로서의 다짐을 표현하고 있다는 점에서 파격성을 보인다.23)

이러한 미혼 남녀간의 파격적 만남은 『장풍운전』에서 좀 더 심화된 모습으로 등장한다. 곧 장풍운과 왕부용이 만나는 장면이나 황화가 장풍운을 섬기겠다고 부친에게 한 말에서 그런 내용을 확인할 수 있다. 그녀들이 장풍운을 대하는 장면은 조선시대 여성들의 행동과는 큰 차이를 보이고 있다. 그러한 점들을 살펴보기 위하여 먼저 부용이 장풍운과 만나는 장면을 예로 들기로 한다.

> 남가일몽이라 홀노 동산의 올나가니 모란화 밋티 호 소년이 누어 줌을 드러거날 놀니보니 황용이 창히예 셔려는듯 션풍도골리 진셰스롭갓지 아니흐거날 무옴의 크게 긧거 가만니 송금단 져고리을 버셔 소년의 머리을 덥고 나오더니 이쩌 풍운이 잠을 씨여보니 표〃호 틱도와 아름다온 거동이 스롬의 졍신을 놀니더라 풍운이 무옴의 흡모흐여 (『전집』 2, 550면)

위의 인용문은 왕부용이 황룡이 동산에 서린 꿈을 꾸고 그곳을 찾아가서 장풍운을 보고 마음으로 기뻐하면서 자신의 저고리를 벗어 장풍운의 머리에 덮어놓고 나오고, 그 때문에 잠을 깬 장풍운이 그녀를 보

---

23) 승상왈 여아을 쳥흐믄 그디을 위흐미라 엇지 피흐리뇨 소계을 지촉흐니 소계 임으 좌의 션는지라 승상이 소계을 명흐야 소싱의게 예를 젼흐라 흐시니 양인이 예필후의 (…중략…) 오날 일어흐믄 인륜을 졍흐미라 각〃 간수흐여쓰가 신을 삼의라(『전집』 1, 577면)

고 흠모하는 장면이다. 그녀는 재상가의 여자임에도 불구하고 동산으로
장풍운을 찾아가서 그의 용모를 보고 기뻐하면서 자신의 저고리를 벗
어서 그의 머리에 덮어놓고 나올 정도로 대담하게 행동한다. 이것은 그
녀가 장풍운에게 자신을 맡기겠다는 의사를 표시한 행동이라는 점에서
당시의 관습이나 사고로는 받아들이기 어려운 파격적인 행동이었다. 당
시 사대부가의 여성이 부모에게 알리지 않고 자신이 직접 눈으로 배우
자를 보고 선택한다는 것은 용납되기 어려운 행동이었다. 게다가 자신
의 존재를 남성에게 알리려고 저고리를 벗어두고 온다는 사실은 사대
부가 여성으로서는 상상하기 어려운 일이었다.

그런데 그녀의 그런 행동에 대한 부모의 태도도 당시 일반 사대부가
의 부모들이 보여주는 행동과는 거리가 있었다. 장풍운이 과거에 급제
하였을 때 그가 이미 결혼한 사실을 알고 그녀의 부모는 이를 아쉬워한
다. 그러자 부용은 자신이 황룡의 꿈을 꾸고 그를 찾아가서 자신의 저
고리를 벗어두고 왔으니 장풍운에게 이를 확인하라고 하면서 자신은
장풍운의 재취를 사양하지 않겠다고 한다.24) 이 말을 들은 그녀의 부모
는 이 사실을 장풍운에게 확인한 후에 그녀와 장풍운의 혼인을 흔쾌히
허락한다. 이부상서를 지낸 왕공렬과 그의 부인이 부모 몰래 그런 행동
을 한 딸을 전혀 꾸짖지 않고, 또 재취로 가겠다는 딸의 의사를 존중하
여 장풍운을 사위로 맞이한다는 것은 당시의 관습이나 사대부들의 사
고로는 있을 수 없는 일이었다. 그럼에도 불구하고 이런 결연이 이루어
졌다는 점에서 이 결연은 당시로서는 파격적인 결연이었다.

다음에는 황화와 장풍운의 결연 장면을 살펴보기로 한다.

---

24) 소녀 모월 모일의 꿈을 꾸옵고 긔록훈 거시 잇숩더니 이를 보옵소셔 ᄒ며 젼후수말
   을 알외고 왈 이 아니 장할님인닛ㄱ 소녀의 오슬 ᄀ져스오니 엇지 지취을 싀양ᄒ릿ㄱ
   상셔 부〃 쳥파의 외당의 나와 이 말을 할님게 젼훈디 할님왈 ᄉ연을 엇지 긔망ᄒ릿
   ㄱ ᄒ고 그 옷슬 드리니 상셔 바다ᄀ지고 직시 틱일ᄒ여(『젼집』 2, 551면)

잇쩌난 츄칠월망일이라 황화 망월누의 을나 구경ᄒ더니 마츰 풍운을 보고 붓그럼을 머금고 몸을 숨겨 안으로 드러ᄀ민 풍운이 바라보니 졍신이 비월ᄒ 야 진졍치 못ᄒ네라(『전집』 2, 550면)

위의 인용문에서 보듯이 망월루에서 장풍운을 본 황화는 부끄러움을 머금었고 몸을 숨기고, 그녀를 본 장풍운은 정신을 진정치 못했다. 그런데 이런 황화의 태도가 장풍운이 자신에게 계화 한 가지를 주는 꿈을 꾼 후에는[25] 좀 더 적극적으로 변한다. 곧 그녀는 자신의 의지를 부모에게 밝힌다.

잇튼날 몽ᄉ을 져거 부모게 ᄉ로디 만일 외당의 손임이 금번 과거ᄒ시면 소녀의 종신더ᄉ을 바리나이다 쳘의 부쳐 이 말을 듯고 깃거 긔록ᄒ니라(『전집』 2, 550면)

위의 인용문에서 보듯이 황화는 부모에게 자신이 꾼 꿈 이야기를 하면서 장풍운이 금번에 과거에 급제하면 그와 결혼하겠다고 한다. 당시 여성이 스스로 배우자를 골라서 그와 결혼하겠다고 부모에게 이야기하는 것은 거의 불가능한 일이었다. 그럼에도 불구하고 황화는 부친에게 장풍운을 섬기겠다는 말을 하고 있고, 원철 부부도 그것을 기쁘게 받아들이고 있다. 그리고 결국 장풍운이 과거에 급제하자 원철 부부가 장풍운에게 황화가 꾼 꿈을 이야기하면서 두 사람의 결연을 성취시킨다. 특히 황화의 용모기질이 세상에 쌍이 없어서 공후거족이 그녀를 재취로 청해도 듣지 않았던 그들이[26] 황화가 장풍운의 첩이 되는 것을 마다하지 않았다는 점에서 두 사람의 결연은 황화의 자유의사를 존중한 결연으로 볼 수 있다. 이런 점에서 이들의 결연은 당시의 관습이나 사고로 보았을 때는 매우 파격적으로 이루어졌다고 할 수 있다.

---

25) 『전집』 2, 550면.
26) 위의 책, 550면.

『조웅전』에서 조웅과 장소저의 결연도 당시의 관습이나 사고로는 매우 파격적으로 이루어진다.27) 이 결연담은 조웅과 장소저의 자유로운 의사에 의해서 이루어지고 있다는 점에서 당시의 결연 관습과는 차이를 보인다. 이 결연담은 줄거리의 전개를 위한 인과관계의 필연성보다는 독자의 흥미를 끌기 위해서 설정된 사건이라고 할 수 있다. 그 까닭은 일반 영웅소설의 결연담처럼 조웅과 장소저의 결연담이 전체 줄거리의 인과관계의 틀 안에서 이루어진 사건이 아니라는 점, 곧 조웅이 길을 오가는 도중에 장진사의 집에 머물렀다가 우연히 결연이 이루어지고 있고, 그 결연마저도 조웅의 문제 해결 과정과는 무관하게 설정된 사건이라는 점 때문이다.

조웅과 장소저가 결연을 하게 된 계기는 도사에게 수학하던 조웅이 용총마를 얻자 모친을 만나려고 길을 떠나 강선암으로 가던 길에서였다. 그런데 이 사건은 줄거리 전개 과정에 꼭 필요한 것이 아니라 삽화로 설정되어 있다. 곧 조웅은 출신하기 전에 모친을 만나러 가던 도중에 몸이 곤하여 장진사 집에서 하룻밤을 묵었는데, 그날 밤 그곳에서 장소저를 만나 결연한 후에 모친을 찾아가서 만나고 다시 돌아와 광산도사 밑에서 지낸다. 그 후 어느 날 도사가 조웅에게 위국이 위태하니 가서 공을 세우라고 하자 조웅은 출신하기 위해 도사의 수하를 떠난다. 따라서 줄거리 전개 과정에서 조웅이 도사 밑에서 출신의 기반을 마련하기 위하여 수학하던 도중에 모친을 만나러 갈 이유가 없었다. 그런데 조웅이 모친을 만나러 가도록 사건을 설정한 것은 조웅의 출신과는 무관하게 장소저와의 결연을 이루기 위한 의도 때문인 것으로 볼 수 있다. 이런 점에서 조웅의 결연담은 줄거리 전개와는 관계없이 독자의 흥미를 끌기 위하여 설정된 사건이라고 할 수 있다.

조웅과 장소저의 결연은 당시의 관습과는 달리 파격적인 방식으로

---

27) 조웅과 장소저의 결연의 파격성은 임성래, 앞의 책, 104~108에서 논의한 것을 인용하여 논의를 전개하였다.

이루어진다. 곧 조웅이 길을 가다가 몸이 곤하자 강호 땅 장진사 집에
서 자게 되었다. 집주인 장진사는 일찍 죽고 그의 부인 위씨가 인물이
절색이고 시서에 통달한 딸을 하나 데리고 살면서 사윗감을 구하던 중
이었다. 그날 밤 조웅이 외당에서 잠을 이루지 못하다가 내당의 노래에
화답하고 담을 넘어 들어가 장소저와 결연한다. 이 결연은 과객이 밤에
담을 넘어 규방에 돌입하여 사대부가의 소저와 야합의 성격을 띤 결연
을 이루고 있다는 점에서 당시의 결연 형태로는 매우 파격적인 결연 방
식이었다. 이 같은 방식의 결연은 당시 관습으로는 도저히 용납되기 어
려운 사건이었다. 그럼에도 불구하고 작자는 독자들이 이들의 결연에
호응하면서 흥미를 갖도록 하기 위한 방법으로 시와 운율의 화답이라
는 낭만적 방식으로 이들의 결연을 성취시키고 있다.

> 초산의 남글 뷔여 긔슬을 지은 쁘즌 인걸을 보려더니 영웅은 간더업고 걸긱
> 만 흔이 온다 셕상의 오동 비여 금슬 망근 쁘즌 원앙을 보려더니 원앙은 아니
> 오고 오작만 지져군다 아희야 죤 즈바 슐 부어라 만단슈회을 지어볼ㄱ 호노
> 라(『전집』 3, 115면)

위의 인용문은 장소저가 부른 노래인데, 여성의 노래답지 않게 매우
유혹적인 내용으로 이루어졌다. 이런 유혹적인 노래를 들은 조웅은 단
소를 내어 불면서 노래로 화답한다.[28] 그리고 담을 넘어 장소저의 방에
들어가 청혼한다. 장소저가 그의 예의 없음을 들어 거절하지만 조웅은
"쏫본 나뷔 불인 쥴 엇지 알며 물 본 긔러기 어옹을 엇지 두려워 ᄒ리
요"[29] 하면서 소저를 압박한다. 그녀는 후일 육례를 갖추어 결연하자면
서 그의 청혼을 물리친다. 그러자 조웅은 사리는 당연하나 사랑이 염치
를 가리니 어찌 예절을 차리겠느냐면서 강박하여 마침내 연분을 맺는

---

28) 『전집』 3, 115면.
29) 위의 책, 115면.

다.30) 이처럼 만난 첫날부터 정욕을 앞세워 파격적인 방식으로 이들의 결연이 이루어진다. 이런 자신들의 행동을 장소저는 부끄러워하고, 조웅은 하늘이 정한 연분이라고 위로한다.31) 따라서 조웅과 장소저의 경우에도 그들의 결연이 당시에 용납되기 어려웠음을 인식하고, 그에 대한 변명으로 하늘이 정한 인연임을 밝히고 있다. 그러나 장소저의 말처럼 그들의 결연은 '육례 없이 허신하여 선영에 죄인 되고 문호를 욕되게 한' 행동이었다는 점에서 당시의 관습이나 사고로는 매우 파격적이었다.

지금까지 살핀 바와 같이 완판 영웅소설에서 남녀 주인공의 결연 방식은 당시의 관습이나 사고로는 용납되기 어려운 것이었다. 따라서 작자는 당시 독자들에게 이들의 결연을 합리화할 필요가 있었다. 그 같은 합리화 방안의 하나로 등장한 것이 여성들의 결연에 앞선 예시적 꿈이었다. 곧 여성들의 적극적이고 자유로운 배우자의 선택 행위를 합리화하고, 당시의 독자들이 가지고 있던 결혼관을 훼손한다는 비난을 피하기 위하여 여성들이 꿈에 예시된 배우자를 선택하도록 함으로써 이들의 결연이 하늘의 뜻임을 강조하고 있다. 예를 들어 『장풍운전』에서 왕부용은 다음과 같은 꿈을 꾼다.

낭지 수질ᄒ다ᄀ 긔운이 곤ᄒ여 침셕의 으지ᄒ엿더니 춘풍이 몸을 인도ᄒ여 후원화게로 드러가니 모란화 밋틔 황용이 셔럿거날 보니 그 이미 우회 시겨시되 디원수겸상장군이라 ᄒ여시미 놀ᄂ 씨다르니 남가일몽이라(『전집』 2, 550면)

───────────────

30) 소졔 형세 ᄀ장 급흔지라 (…중략…) 션영을 싱각ᄒ니 구디 진스의 후예라 부모의 명영 업습고 뉵녜을 힝치 못ᄒ여ᄉ오니 엇지 허신ᄒ여 션영의 죄인이 되고 문호의 욕이 밋ᄉ오면 엇지 살기을 ᄇ라이요 ᄇ라건디 ᄆ음을 두로허 도라ᄀ 후긔을 졍ᄒ소셔 웅이 들으이 말이 당연ᄒ나 ᄀ득흔 사랑이 염치을 가리와시니 예졀을 엇지 분별ᄒ리요(『전집』 3, 115~116면)

31) 소졔탄왈 니몸미 규중쳐ᄌ요 ᄉ부의 후예로 이려틋 죄인이 되어 문호의 욕을 끼치오니 살아 쓸디업난지라 ᄒ며 슬피 쳬읍ᄒ거날 웅이 위로왈 난들 엇지 죄인이 아니릿ᄀ 불고이취쳐ᄒ니 불효막디ᄒ것마난 거문고 흔 곡조로 퉁소을 화답ᄒ니 그 아니 쳔연인가 하날이 졍ᄒ신 비라 엇지 니 ᄆ음으로 왓시리요(『전집』 3, 116면)

위의 인용문에서 보듯이 왕부용은 모란화 밑에 대원수 겸 상장군이라는 글이 새겨진 황룡이 서린 꿈을 꾸고 동산에 가서 장풍운을 자신의 배우자로 선택한다. 곧 왕부용은 황룡으로 표상된 장풍운이 장차 대원수 겸 상장군이 될 것이라는 사실을 꿈의 예시를 통해 알았기 때문에 그를 자신의 배우자로 선택했고, 그녀의 그런 행동을 부모들도 받아들이도록 했다. 이런 점은 황화의 경우에도 크게 다르지 않다.

> 일〃은 황화 ᄭᅮᆷ을 ᄭᅮ니 외당의 유ᄒᆞᄂᆞᆫ 손이 황용을 타고 할임원의 드러ᄀᆞ 계화 일지을 주시거날 바다보니 그 ᄭᅩᆺ시 화ᄒᆞ여 숨지창이 되어 일광니 쏘이ᄂᆞᆫ지라 놀늬 ᄭᅵ다르니 남ᄀᆞ일몽이라(『전집』 2, 550면)

위의 인용문에서 보듯이 황화는 황룡으로 표상된 장풍운이 한림원에 들어가 계화 한 가지를 자신에게 주는 꿈을 꾼다. 황화는 이 꿈을 통해 장풍운이 과거에 급제하여 한림이 되고, 자신의 청혼을 받아들일 것이라는 사실을 예시받는다. 그래서 그녀는 부모에게 자신의 뜻을 밝히고, 부모의 허락을 받아 장풍운과 결연한다.

이러한 꿈의 예시적 기능이 가장 구체적으로 드러난 작품이 『조웅전』이다. 장소저가 꾼 꿈의 내용을 통해서 그 점을 살펴보기로 한다.

> 침금의 〃지ᄒᆞ야 좀ᄀᆞᆫ 조으더니 비몽ᄀᆞᆫ의 부친이 와 이로ᄃᆡ 네의 평싱호귀을 ᄃᆞ려왓시니 오날밤 ᄀᆞ년을 일치 말나 쳔지무ᄀᆞ긱이라 ᄒᆞᆫ번 ᄀᆞ면 맛나긔 어려올지라 ᄒᆞ고 손을 잡고 나오거눌 소졔 부친으게 익그리여 초당의 나오니 황용이 오운의 ᄊᆞ이여 칠성을 희롱ᄒᆞ다ᄀᆞ 소졔을 보고 머리을 들어보거날 소졔 놀늬 안으로 급피 드러오니 그 용 ᄯᆞ라와 소졔의 초미을 물고 방으로 드러와 소졔 몸의 ᄀᆞᆷ긔거날 소스쳐 ᄭᆡᄃᆞ르니 평싱ᄃᆡ몽이라(『전집』 3, 115면)

위의 인용문은 장소저가 조웅의 화답시를 듣고 모친과 함께 그의 얼굴을 엿보고 별당에 돌아왔을 때 꾼 꿈의 내용이다. 그 내용이 암시하는

것은 그 이후에 두 사람 사이에 이루어지는 파격적 결연과 밀접한 관련
이 있다. 장소저는 꿈에 부친이 데려온 인물, 곧 황룡으로 표상된 조웅
을 만나고, 또 그 용이 그녀의 치마를 물고 방에 들어와 몸에 감기는 것
을 통해 결연을 예시 받았다고 할 수 있다. 그 예시에 따라 장소저는 꿈
에서 깨어난 후에 잠을 이루지 못하고 촉을 밝히고 글을 읽는다. 이러한
사실로 볼 때 그녀는 외당 손님인 조웅의 청혼을 받아들일 준비를 했고,
그런 과정을 거쳤기 때문에 조웅과 장소저의 결연은 무리 없이 이루어
진 것이라고 할 수 있다. 또한 그들의 결연의 정당성을 부여하기 위하여
장진사 부인의 꿈에도 황룡을 등장시키고 있는 것으로 보인다.

> 이날밤의 위부인이 일몽을 어드니 청용이 별당의 드려ㄱ 소제을 업고 운중
> 의 온라ㄱ 뵈거날 놀나 발을 구르며 소제을 부르다ㄱ 소리에 놀니 씨다르니
> 남가일몽이라(『전집』 3, 116면)

위부인은 청룡의 꿈 때문에 외당의 손님을 영웅으로 인식하였고, 후
일 조웅이 다시 찾아와 딸의 목숨을 구했을 때 쉽사리 조웅에게 청혼하
여 그를 사위로 삼을 수 있었을 것이다. 이처럼 『조웅전』에서는 이러한
사건들을 통해서 조웅과 장소저의 결연의 합리성을 강조하고 있다. 이
러한 사실은 독자들의 흥미를 끌기 위하여 조웅과 장소저의 파격적인
결연을 설정하면서도 당대인들의 윤리 의식을 고려하여 그들의 결연을
합리화하려는 의도를 드러낸 것으로 보인다.

지금까지 살핀 바와 같이 완판 방각본 소설의 작자는 독자들의 욕구
를 충족시키면서 동시에 당시 독자들의 혼인에 대한 관습과 사고를 뛰
어넘는 주인공들의 결연을 합리화하기 위하여 여성들이 결연에 앞서
꿈을 꾸도록 하고, 그 꿈에서 두 사람의 결연이 하늘이 정한 연분임을
밝히고 있다. 왕부용이 장풍운을 직접 자신의 배우자로 선택하는 과정
에 등장한 황룡의 꿈, 황화가 꾼 꿈, 조웅과 장소저의 결연에 앞서 그녀

가 꾼 꿈 등이 그것이다. 이는 당시의 관습으로는 도저히 용납되기 어려운 여성들의 행동을 독자들에게 납득시키기 위한 방안으로 꿈을 등장시켜 그들이 자신들의 자유로운 의사에 의해서 배우자를 선택한 것이 아니라, 하늘의 뜻에 따라 배우자를 선택한 것임을 강조함으로써 당시 독자들의 비난을 피하고, 독자들이 그들의 결연을 용납할 수 있도록 하려는 의도가 깔린 것으로 볼 수 있다.

이상에서 살핀 바와 같이 완판 영웅소설 가운데 다수의 작품에서 남녀 주인공의 결연의 모습이 조선시대의 전통적 윤리를 벗어난 파격성을 보여주고 있다. 이것은 소설의 독자들에게 남녀의 자유로운 결연을 통해 연애의 즐거움에 참여하도록 유도한 측면이 강하다. 곧 소설의 독자가 남녀 주인공의 자유의사에 의한 결연에 흥미를 갖고 작품을 읽음으로써 소설의 상품성을 높이려는 것과 무관하지 않을 것이다. 이러한 남녀 주인공들의 결연은 억압적 분위기에서 혼인을 해야 했던 당시 여성들에게 매우 흥미롭게 인식되었을 가능성이 크다.

예를 들어 한 남성과 여덟 여성의 결연을 다룬『구운몽』이 조선 사회에서 향유되었던 양상은 남녀의 자유로운 결연에 대한 의지가 얼마나 강했던가를 상징적으로 보여주었다고 할 수 있다. 주지하듯이『구운몽』은 수많은 민화로 전해지고 있을 뿐만 아니라 많은 소설에 그들의 결연 이야기가 삽화로 등장하고 있다. 그의 아류작으로 평가받고 있는『옥루몽』은 말할 필요도 없이『춘향전』을 위시한 여러 작품에 그들의 아름다운 인연을 노래한 경우들이 많이 있다. 이러한 맥락에서 볼 때 완판 영웅소설에 등장하는 여성들이 자신들의 의사에 의해 주인공과 결연하는 이런 이야기는 당시인들에게 큰 인기를 끌었을 가능성이 크다. 바로 이런 점들 때문에 방각본 업자는 소설의 상품화 전략 차원에서도 그들이 자유로운 의사에 따라 배우자를 선택하는 이야기를 작품화할 필요가 있었을 것이다. 이런 점을 고려할 때 남녀의 자유로운 결연 이야기는 독자의 흥미를 자극하여 상업적 목적을 달성하려는 의도에서 설정되었

을 가능성이 있다. 또한 이런 요인으로 인해 완판 영웅소설의 인기는
상승하였을 것이다.

5. 권선징악의 결말

지금까지 완판 영웅소설에 나타난 선악의 대결과 복수, 보은, 결연의
파격성 등의 내용을 살펴보았다. 그 과정에서 작자가 보여주고자 한 것
은 한마디로 권선징악의 주제 실현과 밀접한 관련이 있었다. 그렇다면
이러한 권선징악의 주제를 드러내려 한 작자의 의도는 어디에 있었을
까? 필자는 그것을 크게 세 가지로 요약할 수 있다고 본다.[32]

첫째, 독자들의 권선징악의 기대 욕구를 충족시키려는 것이었다. 방
각본 소설의 독자는 돈을 주고 소설을 구입할 수 있을 정도의 경제력을
갖춘 계층이었다. 곧 이들은 소설책을 구입할 수 있는 경제력을 갖춘
사회의 기득권층이었으므로, 이들은 기본적으로 당시 유교 윤리 체제의
수호를 통한 사회의 안정을 바라는 계층이었을 가능성이 크다. 이러한
그들의 욕구는 자연히 방각본 소설의 주제가 지배 이데올로기의 옹호
라는 세계관을 벗어나는 것을 경계하였을 것이다. 따라서 완판 영웅소
설의 작자들은 이들의 욕구를 반영하여 작품의 주제를 지배 이데올로
기의 수호에 둠으로써 이들의 취향에 적합한 방각본 소설을 통해서 소
설의 상품성을 높이려고 했을 것이다.

둘째, 독자들이 미래에 대한 희망을 갖도록 하려는 것이었다. 이것은
대부분의 인간들이 내면적으로 행복한 결말을 좋아한다는 사실과 관련

---

32) 이 내용은 임성래, 앞의 책, 187~188면을 인용하여 작성하였다.

된다. 인간은 누구나 안정된 세계와 질서에 대한 믿음을 갖고 있다. 이러한 신념의 희구는 흔히 권선징악의 욕구로 표출된다. 그것은 불확실한 미래에 대해 희망을 가지려는 인간의 자기최면의 한 표현이다. 따라서 방각본 업자들은 이 같은 독자들의 심리를 상품화에 활용하기 위하여 완판 영웅소설의 주제를 권선징악으로 설정했을 수 있다.[33]

셋째, 우리 고소설의 문학적 전통과의 관련을 들 수 있다. 조선 시대의 사회는 대체로 개성보다는 전통을 중시하던 사회였다. 이것은 조선 시대의 사회만 그런 것이 아니라 근대 이전에는 어느 나라 사회에서나 보편적으로 나타난 현상이었다. 따라서 완판 영웅소설의 작자는 개성보다는 행복한 결말이라는 오랜 고소설의 전통을 그대로 고수했을 가능성이 크다. 이러한 전통에 따라 영웅소설은 대부분 권선징악을 주제로 삼았을 것이고, 완판 영웅소설도 이러한 전통에 따라 권선징악을 주제로 삼았을 것이다.

이상에서 살핀 바와 같이 완판 영웅소설에서 추구한 권선징악의 결말 구조는 결국 방각본 소설이 가지고 있는 보수성을 드러낸 것이다. 그것이 기득권층의 이데올로기를 옹호한 것이든, 일반 독자들에게 미래에 대한 희망을 주기 위한 것이든, 우리의 문학적 전통을 따르는 경우든 결국 상품을 구입할 여력이 있는 독자를 의식하였다는 점에서 동일하다. 이런 점에서 완판 영웅소설의 결말 구조는 소설의 상품성 추구와 어떤 형태로든 관련되어 있다고 할 수 있다.

---

33) 세계 어느 나라에서나 대중소설의 주제는 통상적으로 권선징악이라는 공통점을 갖는데, 이러한 사실은 이 점과 관련이 깊다.

제3장 대중소설의 기법

　소설의 작자는 작품을 쓰는 동안 자신의 작품의 상품성을 높이기 위한 방안을 작품 안에 마련하려고 할 것이다. 이 점은 방각본 업자의 경우에도 예외일 수 없다. 그들은 소설의 상품성을 높이기 위하여 어떤 형태로든 그 방법을 모색하기 마련이다.

　이러한 맥락에서 볼 때 완판 영웅소설의 경우에도 방각본 업자는 소설의 상품성을 높이기 위한 방안을 작품 안에 마련하려고 하였다. 그러한 방안으로 등장한 것이 이 장에서 살필 중단기법, 장면 전환의 기법, 감정적 표현과 삽입가요의 활용 등이다. 여기서는 이런 것들이 작품에서 어떻게 활용되는지 살펴보려고 한다.

1. 중단기법

중단기법이란[1] 이야기를 전개하는 과정에서 어느 지점에서 이야기를 중단하였다가 다시 이야기를 계속 진행하는 방식을 말한다. 이 기법은 한국 고전소설사에서 전기수가 처음 사용한 것으로 보인다. 전기수는 거리에서 소설을 읽어주면서 돈을 받아 생애를 했는데, 거리에서 돈을 받기 위한 방안의 하나로 주인공이 위기에 빠지는 지점에서 이야기를 중단하여 다음 이야기에 궁금증을 가진 듣는 이들이 돈을 내도록 유도하였다. 당시 이런 방법을 요전법, 곧 돈 받는 법이라고 했다. 전기수가 사용하던 이 방법은 그 후 세책본 업자가 소설책을 분책하는 방법으로 활용했다. 세책본 업자는 소설 한 작품을 여러 권으로 나누어서 세를 놓았는데, 그 분책하는 지점을 적절히 조절하여 독자들이 다음 권을 빌려 보도록 유도했다. 이러한 방법은 그 후에 더욱 발전하였는데, 신문과 잡지에 소설을 연재하면서 그 방법을 활용하여 다음호에 계속이라는 형식을 마련하였다. 오늘날 일일 연속극도 이런 방법을 활용하고 있다.

이런 중단기법은 완판 영웅소설 가운데 한 작품을 몇 권으로 나누어 출판한 작품들에서도 활용되었다. 따라서 여기서는 여섯 편의 완판 영웅소설 가운데 2권으로 이루어진 『유충열전』과 『이대봉전』·『장경전』, 3권으로 이루어진 『조웅전』을 중심으로 중단기법이 어떻게 활용되고 있는지 살펴보기로 한다.

『유충열전』은 상하 두 권으로 이루어진 작품이다. 전체 분량이 86장인데, 상권은 39장이고, 하권은 47장이다. 전체 분량으로 보면 상권을 43장 정도에서 분책하는 것이 합리적일 듯한데, 방각본 업자는 상권을

---

1) 그동안 필자는 몇몇 글에서 단절기법이란 용어를 사용했다. 그러나 단절이란 용어가 줄거리의 불연속성의 의미를 가지고 있기에 부적절하다고 보아 이 글에서는 그 연속성의 일시적 멈춤을 뜻하는 중단기법이란 용어를 쓰기로 했다.

39장에서 분책하였다. 방각본 업자는 두 권으로 분책을 할 때에 독자들의 줄거리에 대한 호기심을 극도로 고조시킨 지점에서 분책을 하기 위하여 분량의 균형을 고려하지 않은 것으로 보인다. 말하자면 방각본 업자는 줄거리의 긴장이 고조되는 지점에서 분책을 함으로써 독자들이 다음 줄거리에 흥미를 갖고 하권을 구입하도록 유도하였다. 이제 그 부분을 살펴보기로 한다.[2]

> 명졔야 항복ᄒ라 니 혼 칼의 육국 졍병 다 죽어잇고 쏘혼 북젹이 흡셰ᄒ야스니 네 어이 당홀손야 밧비 나와 항복ᄒ여 네의 모자를 차져가라 ᄒ고 짓쳐 드러오니 이졔 쳔자 ᄒ릴업셔 옥시를 목의 걸고 항셔를 손의 들고 항복ᄒ랴 ᄒ고 나올 젹의 중군 조졍만과 명진의 나문 군ᄉ 엇지 안이 혼심ᄒ고 실푸리요 쳔자의 우름소리 명셩원이 쩌나가게 방셩통곡ᄒ며 항복ᄒ러 나오더라(『전집』 2, 354면)

> 각셜 이쩌 츙열이 금산셩ᄒ의셔 망긔ᄒ다가 형세 위급ᄒ물 보고 일광주 용인갑의 장셩검을 놉피 들고 쳔사마를 치질ᄒ야 밧비 중군의 드러가 (…중략…) 츙열이 불승분긔ᄒ야 진문밧긔 나셔면셔 벽역갓치 소리ᄒ야 젹장을 불너 왈 이바 역젹 정혼담아 남경 동문늬의 사난 유츙열을 아난다 모로난다 밧비 나와 목을 드리라 (…중략…) 벽역갓탄 소리 씃티 장셩검이 번듯ᄒ며 정문걸의 머리 공중의 버혀들고 중군으로 달여드니 조졍만이 업더지며 문밧기 급피 나와 손을 잡고 드러갈졔 이쩌 쳔자는 옥시를 목의 걸고 항서를 손의 들고 진문밧긔 나오다가 뜻밧긔 호통소리 나며 일원디장이 문걸의 머리를 버혀들고 중군으로 드러가거늘 디경디히ᄒ야(『전집』 2, 354면)

위의 두 인용문은 각각 상권 끝부분과 하권 첫 부분이다. 상권 끝부분은 정한담 군대에게 패한 황제가 옥새를 가지고 조정만과 도망했으

---

2) 임성래, 『조선후기의 대중소설』, 태학사, 1995, 89~94면 참조. 이 책에서는 중단기법과 장면 전환의 기법을 함께 논의했는데, 여기서는 이 둘을 분리하여 논의하였다. 이 글의 논지는 이 책에서 논의한 바를 따른다.

나 적진을 벗어날 방법이 없어서 적장 정문걸에게 항복하러 나오는 장면이다. 곧 작자는 황제가 유충열의 대적자인 정한담 군대의 장수에게 항복할 위기의 상황을 조성한 지점에서 작품의 줄거리 진행을 중단했다. 그런데 황제가 항복할 위기에 빠진 이 상황 바로 앞 장면에는 유충열이 황제를 구하기 위해 남경을 향해 전력 질주하여 달려오는 내용이 나온다.

> 말다려 경게왈 흣날은 나를 니시고 용왕은 너를 닐제 그 쓰시 모도다 남경을 돕게 흣미라 이제 남적이 황성의 강성흣야 천자의 목숨이 경각의 잇다 흣니 (…중략…) 스롬은 천신이요 말은 비용이라 남경을 바람갓치 달여오니 금산셩흣 널운 쓸의 살기가 충천흣고 황성문안의 곡셩이 진동흣더라(『전집』2, 353~354면)

위의 인용문에서 보듯이 주인공 유충열은 황제를 구하기 위하여 천사마를 타고 전장으로 달려온다. 유충열은 용왕이 용마를 낸 것이나 하늘이 자신을 낸 것은 모두 천자를 도우라는 뜻이라고 하면서 천자의 목숨을 구하기 위해 바람같이 달려온다. 그리고 그 다음 장면은 앞에서 보았듯이 상권의 끝부분인 황제가 항복하러 나오는 장면이다. 그렇다면 독자들은 유충열이 달려와서 항복하려는 황제를 구할 것인가에 관심이 집중될 수밖에 없다. 곧 작품에서 황제의 위기와 주인공의 등장 사이에 극적 긴장감을 조성하여 독자들이 흥미를 가지고 작품을 읽도록 했다. 그리고 방각본 업자는 그 극적 긴장감이 최고조에 이른 지점에서 상권을 끝냄으로써 다음 줄거리에 궁금증을 가진 독자들이 하권을 구입하도록 유도하였다.

하권의 첫 부분은 앞의 두 번째 인용문에서 보듯이 유충열이 등장하여 정문걸을 한 칼에 베는 장면으로 이야기를 시작하고 있다. 곧 유충열이 등장하여 위기에 빠진 황제를 구하는 장면을 하권의 첫 부분에 설정하였다. 이것은 그동안 독자들의 다음 이야기에 대한 궁금증을 충족시키려는 전략으로 이해할 수 있다. 곧 독자들의 극적 긴장감을 고조시켰다가 주인공을 등장시켜 황제를 구함으로써 독자들이 안도감을 맛보도록 했고, 그동안의 긴장감을 이완시킴으로써 해방감을 맛보도록 했다.

이런 점들을 고려할 때 『유충열전』은 분책을 통해 독자들의 흥미를 유지하려는 전략을 채택한 작품으로 볼 수 있다. 이것은 소설의 상품성을 높이려는 방각본 업자들의 분책 전략에 따라 완판 영웅소설이 이야기를 중단시키는 기법을 채택하고 있음을 보여준다. 『유충열전』의 분책 지점은 이러한 전략의 일환으로 설정된 것으로 보인다. 또한 분책 지점이 극적 긴장감이 고조된 지점에서 이루어졌다는 점에서 중단기법을 효과적으로 활용한 것이라고 할 수 있다.

다음으로 『이대봉전』의 중단기법의 특징을 파악하기 위해 어떻게 분책이 이루어졌는지 살펴보기로 한다. 『이대봉전』의 경우에도 앞에서 살핀 『유충열전』처럼 상권과 하권으로 분책하는 방법으로 중단기법을 활용하고 있다.3) 『이대봉전』은 전체가 82장인데, 상권 45장, 하권 37장으로 분책이 이루어졌다. 줄거리의 분량의 균형을 고려하면 각각 41장으로 이루어지는 것이 합리적인데, 상권이 하권에 비해서 분량이 많은 채로 분책이 이루어졌다. 이제 상하권이 어느 지점에서 어떻게 나누어지는지 살펴보기로 한다.

> 호장 묵특이 북문을 기치고 철기를 모라 성중의 달여드러 엄살하며 함성하되 명졔야 항복하라 하난 소리 강산이 문어지난듯하거날 잇디 천자 도격의 셰를 당치 못하야 셩셰 가장 급한지라 할일업셔 옥쇄를 목의 걸고 항셔를 손의 들고 항복하려 나오더라(『전집』 2, 401면)

> 각셜 잇쩌예 디봉이 산상의셔 그 거동을 보고 분기충천하야 월각투고의 용

인갑을 입고 청용도를 높피들고 비용마상의 번듯 올나 봉의 눈을 부름쓰고 쳔동갓튼 소리을 지르며 워여왈 반젹 묵특은 쌜이 나와 니 날닌 칼을 바드라 (…중략…) 묵특의 머리 검광조차 마하의 써러지거날 디봉이 디호하며 묵특의 머리을 칼끗티 쩌여들고 젹진즁의 황힝하며 좌충우돌하다가 본진으로 도라오더라 잇떠의 쳔자 세궁역진하야 옥시를 목의 걸고 항셔를 손의 들고 용포을 벗고 미복으로 나오더니(『전집』 2, 401면)

위의 첫 번째 인용문은 『이대봉전』의 상권 끝부분이고 두 번째 인용문은 하권 첫 부분이다. 앞에서 살핀 『유충열전』의 경우처럼 『이대봉전』에서도 황제가 항복할 위기에 빠진 상황에서 작품 줄거리의 진행을 중단하였다. 곧 독자들이 다음 이야기에 궁금증을 느낄 만한 지점에서 이야기를 중단하였다. 그런데 이 장면의 바로 앞부분에서는 이대봉이 황제를 구하기 위해 오추마를 타고 달려와 산상에 도달하여 적진을 살피는 내용이 나온다.

    디봉으 급한 마음 일각이 여삼추라 월각투고 용인갑의 청용도 빗계돌고 말이 준총 빗겨타고 풍우갓치 올나갈계 말다려 경계하되 오추야 네 알이라 쳔자의 급하심과 디장부 급한 마음 네 어이 모를소냐 쳔지가 감응하사 너와 나을 니신 바라 (…중략…) 능주을 당도하야 산상의 놉피 올나 젹셰을 살펴보니 (『전집』 2, 400~401면)

위의 인용문에서 보듯이 이대봉은 천자를 구하기 위해 오추마를 타고 풍우같이 달려오고 있었다. 그리고 앞의 상권 끝부분에서 보았듯이 황제는 옥새를 목에 걸고 항서를 손에 들고 항복하러 나오는 상황이었다. 따라서 독자들은 이대봉이 등장하여 황제를 구할 것인가, 황제가 호장 묵특에게 항복할 것인가에 궁금증을 가질 것이다. 방각본 업자는 이 위기의 순간에 상권의 줄거리 진행을 중단시키고 있다. 이것은 다음 이야기에 대한 궁금증을 최고조로 높인 상황에서 상권을 끝냄으로써 독

자들이 하권을 사서 보지 않을 수 없도록 했다. 이는 상권의 분책이 소
설의 상품성을 높이기 위해 매우 전략적으로 이루어졌음을 보여준다.

　하권은 앞의 두 번째 인용문에서 보듯이 이대봉이 등장하여 묵특을
베는 것으로 작품이 시작되고 있다. 그동안 상권의 줄거리 진행의 중단
으로 다음 이야기에 궁금증을 가졌던 독자들에게 하권의 첫 부분은 이
대봉을 등장시켜 묵특을 베고 위기에 빠진 황제를 구하는 내용으로 줄
거리를 진행함으로써 그 궁금증을 해소시켜주고 있다. 말하자면 그동안
고조되었던 독자들의 긴장감을 해소시키기 위하여 다음 이야기를 하권
에서 시작하면서 바로 그 궁금한 내용을 알려준 것이다. 이는 줄거리의
진행 과정에서 극적 긴장과 이완을 통해 독자들이 작품에 흥미를 갖도
록 하려는 소설적 전략이라고 할 수 있다. 그리고 『이대봉전』의 분책
지점에는 이러한 소설적 전략의 하나로 중난기법이 효과적으로 활용되
고 있다. 말하자면 독자의 극적 긴장감을 고조시켰다가 이대봉을 등장
시켜 천자를 구함으로써 해방감을 맛보도록 하고 있다. 이런 점들을 고
려할 때 『이대봉전』의 작자는 작품의 상품성을 높이기 위한 방법으로
중단기법을 상하권의 분책 지점에서 적극 활용하고 있는 것으로 보이
고, 그 지점도 매우 적절하게 선택한 것으로 보인다.

　다음으로 『장경전』에서는 어떻게 분책이 이루어졌는지 그 장면을 살
펴보기로 한다. 『장경전』은 전체 65장으로 이루어져 있는데, 상하권의
구분 없이 1장에서 시작해서 32장에서 끝나고, 다시 33장에서 시작하여
65장에서 끝나고 있다. 그러므로 『장경전』은 원래 65장 단권으로 이루
어진 것인지, 둘로 나누어진 것인지 확실하지 않다. 다만 33장의 첫 부
분에 "장경전하권이라"는 표시가 있고, 두 권으로 분책되어 있어서 상
하권의 분책으로 볼 수 있다.[4] 이제 그 분책 지점을 인용하여 그 특징
을 살펴보기로 한다.

---

4) 앞으로 논의의 편의를 위해 앞부분을 상권, 뒷부분을 하권으로 부르겠다.

원슈 대셩통곡왈 모친이 예와 계신 줄을 어리 알이요 ᄒ시며 부친 유셔와
순금지환을 드려보내며 (…중략…) 부인이 유셔와 지환을 보고 그계야 일럿던
쟝경인 줄을 알고 신을 벗고 내ᄃ라 원슈을 안고 통곡 왈 나ᄂ 너을 일교 어
더그 죽은가ᄒ야 셜워ᄒ더니 오날 예와 셔로 만날 줄을 알이오 ᄒ시니 보난
스롬이 칭창 안이ᄒ리 업더라(상권 끝부분, 『전집』 2, 514면)

각셜 잇쩌예 원슈 우름을 긋치고 황하도의셔 부친 만난 말슴을 알왼디 부인
이 더옥 반겨왈 네 부친이 굿쩌예 적유의 잡펴 응당 죽은가 ᄒ엿더니 졀도의
가 만나다ᄒ니 〃ᄂ 하늘이 도으시미요 태항산 붓쳔임이 지시ᄒ시이라 ᄒ시
고 못내 즐겨ᄒ시더라(하권 첫 부분, 『전집』 2, 515면)

위의 두 인용문은 『장경전』 상권의 끝부분과 하권 첫 부분을 옮긴 것
이다. 첫 번째 인용문은 장경이 회군 중에 여인의 울음소리를 듣고 사
연을 알아오라고 하여 진어사댁에 가서 모친을 만나는 장면인데, 모친
이 장경의 신분을 신물을 통해 확인하고 포옹하는 장면에서 작품이 중
단되었다. 두 번째 인용문은 장경이 그동안 부친을 만난 사연을 모친에
게 전하는 장면으로 이야기를 시작하고 있다. 그러므로 이 장면은 모자
가 상봉의 기쁨을 누리는 장면에서 분책을 시도한 것으로 볼 수 있다.
그런데 분책이 이루어진 지점을 보면 모자가 상봉한 지점에서 분책이
이루어졌고, 하권에서 모친에게 부친을 만난 사연을 전하고 있다는 점
에서 극적 긴장감의 정도가 앞에서 살핀 두 작품의 분책 지점에 비해
약한 지점에 설정되었다고 할 수 있다. 곧 두 사람의 상봉이 이루어지
고 분책을 함으로써 극적 긴장감이 감소되었다. 또한 독자들은 장경이
이미 부친과 만난 내용을 알고 있기 때문에 장경이 모친에게 부친을 만
난 사연을 이야기할 때 극적 긴장감이 고조되기는 어렵다. 이런 점들을
고려할 때 『장경전』에서는 상품성을 높이기 위해 선택한 분책 지점이
적절했다고 보기는 어려울 듯하다.
　다음으로 『조웅전』의 경우에는 어떻게 분책이 이루어지는지 살펴보

기로 하자. 『조웅전』은 3권으로 이루어진 작품이다. 『조웅전』은 88장본
과 104장본이 있는데, 상권 33장, 이권 33장까지는 같고, 삼권이 22장으
로 이루어진 본과 38장본으로 이루어진 본이 있다.[5] 이제 분책 지점의
내용을 인용하여 살펴보기로 한다.

> 즉금 셔번이 강셩ᄒ야 디국을 취ᄒ랴 ᄒ니 네가 디공을 이로되 형셰을 보아
> 위국을 돕고 인ᄒ야 디송을 회복ᄒ라 웅이 이 말을 드르미 ᄆ음이 울젹ᄒ여
> 왈 소ᄌ의 지됴로 엇지 공을 어드리요 시셕풍우 젼쟝의 엇지 살기을 바라잇
> ᄀ 도ᄉ왈 디공을 일을 거시니 일분도 염예말고 나ᄀ 즁원을 회복ᄒ고 평싱
> 원슈을 갑프라 ᄒ시니 웅이 직시 힝쟝을 추려 (…중략…) 부인이 웅을 붓들고
> 못니 걸거ᄒ시니 웅이 강호 쟝소졔 병곳친 일을 엿ᄌ오니 부인이 더옥 도ᄉ
> 의 신긔ᄒ믈 못니 층찬ᄒ더라(상권 끝부분, 『전집』 3, 119면)[6]

> 각셜 웅이 엿자오디 지금 셔번이 강셩ᄒ와 디국을 탈취코져 ᄒ오니 쇼ᄌ 비
> 록 무지ᄒ오나 ᄒ번 구경코져ᄒ나이다 부인 답왈 ᄌ식을 나허 젼쟝의 보니고
> 엇지 살러오기을 발라이요 오할ᄒ 말을 말나 ᄒ신이 웅이 다시 엿ᄌ와 왈 쇼ᄌ
> 들 모친을 오로이 두옵고 젼쟝의 가긔을 질기잇가만은 션싱의 명영이 이려이
> 려ᄒ오이 엇지 ᄒ올잇가 부인이 이윽키 싱각ᄒ다가 왈 션싱의 지위 그려ᄒ면
> 마지 못ᄒ련이와 가되 위왕은 네 부친과 동열이요 일홈은 신광인이 몬져 위왕
> 을 도와 디공을 일우고 돌라와 니 얼골을 다시 보거ᄒ라(이권 첫 부분, 『전집』
> 3, 119면)

위의 두 인용문은 상권 끝부분과 이권 첫 부분을 옮긴 것이다. 그런
데 『조웅전』의 분책 지점의 특징을 확인하기 위해서는 분책 지점 앞뒤
의 내용을 좀 더 살필 필요가 있다.

상권의 끝부분은 도사가 천기를 보면서 조웅에게 서번이 강성하여

---

5) 완판은 88장본과 104장본이 있다. 두 이본은 상권과 이권은 모두 33장본이고, 삼권
만 22장본과 38장본으로 차이를 보인다. 그러나 분책 지점이나 내용은 차이가 없다.

6) 이 이본은 정사년본의 내용을 그대로 옮긴 것이다. 정사본에는 〈각수 박이력 셔봉
은〉이라는 표식이 있다.

대국을 취하려고 하니 위국을 돕고 대송을 회복하여 대공을 이루라는 말을 하는 장면이다. 그 말에 따라 조웅은 출전하기 위해 도사의 곁을 떠나 모친을 만나는 장면에서 상권이 마무리되었다. 앞에서 살핀 『유충열전』이나 『이대봉전』에 비해 『조웅전』의 상권과 이권의 분책 지점은 극적 긴박감이 크지 않은 것이 특징이다. 다만 상권의 끝부분에서 조웅이 출전하는 길에 모친을 만나는 상황에서 작품이 분책되었기 때문에 다음 이야기에 대한 궁금증을 높이고는 있다. 그러나 끝부분, 곧 모친을 만나는 장면에서 작품을 중단함으로써 앞의 두 작품에 비해 극적 긴장감을 크게 높이지는 못하고 있다.

이권의 첫 부분은 조웅이 출전을 하려는 뜻을 밝히자 모친이 반대하는 장면으로 이야기가 시작된다. 그러나 조웅은 자신의 출전이 도사의 명령임을 이야기하고, 모친은 그의 출전을 허락하면서 위왕과 부친의 관계를 설명해준다. 곧 이권은 조웅의 출전 장면으로 이야기를 시작하였다. 말하자면 상권의 끝부분에서 제시된 도사의 명령이 이권의 첫 부분에서 이행되고 있다는 점에서 독자의 궁금증을 해소시키는 내용으로 줄거리가 진행되고 있다.

이상에서 살핀 점을 고려할 때 『조웅전』에서 선택된 첫 번째 분책 지점이 『조웅전』의 상품성을 높이는데 기여했을 것인가의 여부는 논란의 여지가 있다.

다음으로 『조웅전』의 두 번째 분책 지점을 살펴보기로 한다. 그 지점은 이권의 끝부분과 삼권의 첫 부분에서 이루어지고 있으므로 해당 장면을 인용하여 살펴보기로 한다.

> 하날이 숑실을 회복고져 흐사 됴웅을 명흐여던이 블상흐도다 됴웅이여 일시가 극난흐여 명일 미명의 셔번 젹의 간계예 드려 쥬글 듯흐이 블상흐도다 죠웅의 일도 우리와 갓탈지라 졍령을 못맛치고 펼안지혼이 될듯흐이 불상고 가련흐다 일려홀졔 슈문군슈 급피고왈 숑 문황졔 드려오시난이다 흔이 졔인

이 일시예 ㅎ당ㅎ여 언접ㅎ여 상좌ㅎ신 후의 졔인이 엿즈오더 오날날 긔회을
졍ㅎ옵고 엇지 만도ㅎ신잇가 문졔왈 숭실 회복지신은 죠웅이라 오다가 ㅎ고
디 본이 블칙셔션이 죠웅을 자부려 ㅎ고 일려일려 ㅎ여거늘 힝여 글려홀가ㅎ
여 시운 일슈을 통치 못ㅎ여 쥬글듯ㅎ미 션싱을 차져가 구ㅎ라 ㅎ고 부탁ㅎ
고 온노라 ㅎ신디 좌즁이 위여왈 우리는 분명 죠웅이 쥬글이로다ㅎ고 블상ㅎ
공논을 ㅎ여쏩던이 디운이 막키지 안이ㅎ여싸온이 쳔슈을 엇지 ㅎ올잇가 원
슈 ㅼ달은이 남가일몽이라
　　이 아라말은 ㅎ권을 차져보쇼셔(이권 끝부분, 『전집』 3, 134면)

　　각셜 죠원슈 잠을 ㅼ여 안져더니 문외의 쳔병만마 요란ㅎ며 고각함셩이 진
동ㅎ거늘 원슈 고히여겨 즁군장 원츙을 불너 문왈 군즁이 요란ㅎ요 원츙이
디왈 연쥬자사 ㅎ기를 번국젼마 삼십필 탈취ㅎ여 왓다ㅎ고 니라ㅎ거늘 쥬지
안이ㅎ온직 연쥬자사 장졸을 무슈이 보니여 진즁의 들어와 군마을 탈취ㅎ외
니 일벤 졀박ㅎ여난이다 ㅎ고 자바들리거늘 원슈 디로ㅎ야 졀곤방츌ㅎ고 연
쥬자ㅅ 군문소시후의(삼권 첫 부분, 『전집』 3, 136면)

　위의 인용문 둘은 이권의 끝부분과 삼권의 첫 부분을 옮긴 것이다.
첫 번째 인용문은 이권의 끝부분으로, 조웅이 꿈을 꾸는 내용으로 작품
이 마무리되어 있다. 곧 조웅이 꿈을 꾸는데, 그 꿈에 여러 인물이 등장
하여 하늘이 송실을 회복하려고 조웅을 명하였으나 조웅이 서번의 간
계로 죽을 듯하니 불쌍하다고 할 때에 송나라 문황제가 모임에 늦게 도
착하여서 선생을 찾아 조웅을 구하라고 부탁했다고 하자 그들은 조웅
이 죽을 것으로 생각해서 불쌍한 공론을 했다면서 대운이 막히지 않은
것이 천수라고 말하는 내용이다. 그런데 그 꿈은 조웅의 미래를 예시하
는 역할을 한다. 곧 이 장면은 조웅이 서번의 간계로 죽을 위기에 빠지
지만 선생의 도움으로 그 위기를 벗어날 것이라는 예언을 보여줌으로
써 다음에 조웅에게 닥칠 위기에 대한 궁금증을 증폭시키는 역할을 한
다. 그런 점에서 이 대목의 중단은 그 나름대로 독자의 긴장감을 고조
시키는 역할을 한 것으로 보인다.

삼권의 첫 부분은 연주자사를 죽인 후에 앞에서 제시된 꿈과 관련된 내용이 등장한다. 곧바로 그 꿈의 예시가 이루어지는 것이 아니라 중간에 연주자사의 소동이 있고, 그 후에 조웅이 함곡관에 이르자 한 사람이 그에게 편지를 주고 간다. 조웅은 그 편지에서 지시한 대로 대처해서 위기를 벗어나는 내용이 다음에 나온다. 곧 함곡관에서 죽을 조웅을 죽은 송나라 문황제가 천상에서 구하는 꿈에 예시된 사건을 구체화하고 있다. 곧 두 번째 분책 지점은 꿈에 대한 궁금증과 그 이후의 사건의 진행을 통해서 독자의 호기심을 고조시킨 후에 이를 충족시키는 방식으로 분책이 이루어지고 있다. 따라서 이 지점의 분책은 앞부분의 분책에 비해서 독자의 궁금증을 고조시키는 정도가 더 클 것으로 보인다. 그런 점에서 이 지점의 분책은 앞부분에 비해서 좀 더 적절하게 설정된 것으로 보인다. 그러나 앞에서 살핀『유충열전』이나『이대봉전』의 분책 지점에 비해서는 독자의 긴장감을 고조시키는 역할이 더 약하다고 볼 수 있다. 그런 점들을 고려할 때『조웅전』의 분책의 기법, 곧 중단기법은 다른 작품에 비해 긴박감 면에서 부족한 것으로 판단된다.

지금까지 살핀 바를 고려할 때 완판 영웅소설은 소설의 상품성 확보를 위해 그 나름의 방법, 곧 분책을 통해 독자의 긴장감을 고조시켜서 독자들이 다음 권을 구입하여 읽도록 하는 중단기법을 발전시키고 있는 것으로 보인다. 그 기법의 밀도 면에서『장경전』과『조웅전』은『이대봉전』이나『유충열전』에 비해 좀 떨어진다. 그런데『유충열전』과『이대봉전』은 아주 적절한 지점에서 분책을 함으로써 독자들에게 긴장과 이완의 감정, 곧 긴장의 고조와 해방의 감정을 맛보게 했다. 이런 점에서 완판 영웅소설에서 시도한 중단기법은 상당한 수준에 이른 것으로 평가할 수 있다. 이러한 중단기법의 발달은 결국 완판 영웅소설의 상업화 전략과 맞물려 있다. 그런 전략적 관점에서『유충열전』과『이대봉전』·『장경전』·『조웅전』은 그 나름의 중단기법을 통해 독자들의 흥미를 지속시켜서 상업적 성과를 얻으려는 시도를 하였다. 그런 점에서 이

작품들은 대중소설적 기법을 발전시키는 데 기여한 것으로 평가할 수
있다.

2. 장면 전환의 기법

장면 전환의 기법이란 이야기를 진행하는 과정에서 그 이야기의 진
행을 중단하고 다른 이야기로 장면을 전환하여 이야기를 진행하는 방
법을 말한다. 이 방법은 중국의 장편소설에서 많이 활용된 장회체에 기
원을 두고 있다. 장회체는 회장체라고도 하는데, 하나의 장회에 하나의
사건이나 장면을 설정하여 이야기를 풀어나가는 방식이다. 그런데 한
장회에서 다음 장회로 넘어갈 때는 독자들의 다음 이야기에 대한 궁금
증을 활용하면서 장면을 전환하는 방법을 취하고 있다.[7] 또한 장회에
제목을 붙여 그 장회에서 진행될 내용을 압축적으로 표현하고 있다.
　그런데 조선 후기에 간행된 방각본 소설은 이러한 장회 형식을 따른
작품 가운데 장회 제목을 붙인 작품이 많지 않다. 완판 영웅소설 가운
데 장회 형식을 따르면서 장회의 제목을 붙이고 있는 작품은 『유충열
전』 정도이고, 그 외에 장회에 제목을 붙인 작품은 보이지 않는다. 『유
충열전』도 상권에서는 장회 형식을 취하면서 장회의 제목을 붙이고 있
지만 하권에서는 장회 제목을 붙이는 형식을 취하지 않고 있다. 그렇지
만 완판 영웅소설에서는 대부분의 작품에서 장회 제목이 없더라도 이
러한 장회 형식과 유사한 장면 전환의 기법을 활용하고 있는 경우가
많다. 그 대표적인 것이 "각설이라"와 "이적의"・"잇써" 등과 같은 장

---

7) 목걸이를 연상하면 쉽게 이해될 것이다. 각 장회는 구슬이고, 그 구슬을 줄에 꿰어
　놓으면 목걸이가 되듯이, 모든 장회를 연결시켜 놓으면 한 작품이 된다.

면 전환을 독자에게 알리는 관용적 표현구를 활용하여 장회 형식처럼 장면을 전환하는 것이다. 그러므로 완판 영웅소설의 장면 전환의 기법을 이해하기 위해서는 각 작품에 나타난 장면 전환의 양상을 살펴볼 필요가 있다.

『소대성전』에서는 20여 차례에 걸쳐서 장면 전환이 이루어지는데, "이젹의"와 "잇써" 등이 장면 전환의 표지로 많이 쓰인다. 그 가운데 한 장면을 예로 들어 살펴보기로 한다.

> 소싱이 노인을 이별ᄒ고 낭퇵이 비여시되 조금도 금은을 싱각지 안이ᄒ이 그 도량니 창희을 셰아리더라 이후로 싱이 기갈이 ᄌ심ᄒ여 남의 외양도 쳐쥬며 담도 싸 계우 연명ᄒ야 지니니 장디ᄒ 기남ᄌ 졈〃 수쳑ᄒ여 쥬린 걸어지 되여시이 하눌이 엇지 무졍ᄒ리요 **이젹의** 쳥쥬짜의 니승상이라ᄒ는 직상니 일즉 강노벼살ᄒ더니(『전집』1, 574면)

위의 인용문에서 고딕으로 강조한 "이젹의"가 바로 장면을 전환하는 표지로 사용되었는데, 그 앞부분의 내용은 소대성이 노인을 도와주고 돈이 없어서 고생하는 내용이고, 그 뒷부분의 내용은 소대성의 구원자가 될 이승상을 소개하는 장면이다. 이 두 장면의 연결을 "이젹의"라는 단어가 하면서 동시에 앞의 장면을 마무리하고 다음 내용으로 전환하는 역할을 하고 있다. 그런데 소대성이 고난을 겪는 장면과 그 다음 이승상이 등장하여 그를 구하는 장면이 바로 연결되어 있어서 극적 긴장감이 높게 조성되지 않은 지점에서 장면 전환이 이루어지고 있다. 이렇게 보면 『소대성전』에서 이 대목의 장면 전환은 독자들에게 극적 긴장감을 효과적으로 고조시킬 수는 없었을 것으로 보인다.

『소대성전』에는 이곳 외에도 여러 곳에서 장면 전환의 기법이서 사용되고 있는데, 또 다른 예를 들어 살펴보기로 한다.

> 부슬 자바 나가는 이별시을 벽상의 붓치니 (…중략…) 쓰기을 다ᄒ미 붓슬

던지고 포긔을 메고 셔당을 쩌나니 집푼 밤의 셔쳔을 향흐니라 **이젹의** 니싱등
이 즈긔을 셔당의 보니고 마음이 민죠흐야 밤이 지닌 후의 셔당의 나가 문틈
으로 엿보니 흔 쥬검이 방즁의 쩌구려져거날(『전집』 1, 579면)

　싱등 왈 아히 춘광이 차지 못흐여 그러흐옵건이와 장차 즈연 변흐린이다 부
인도 그러이 알더라 **각셜니라** 소싱이 셔당을 쩌나 졍쳐업시 다니더니 흔고디
다둘나 큰 물이 잇시되 슈셰 광활흐여 건넬 길이 업는지라(『전집』 1, 581면)

위의 첫 번째 인용문은 소대성이 자객 조영을 죽이고 집을 떠나면서
벽에 이별시를 붙이고 떠나는 장면과 이승상의 아들들이 소대성을 죽
이려고 자객을 보낸 후에 그 결과가 궁금해서 서당에 가서 엿보는 장면
이다. 그 사이에 장면을 전환하는 고딕으로 강조한 "이젹의"라는 단어
가 사용되었다. 두 번째 인용문은 이생 등이 모친, 곧 이승상 부인을 위
로하는 장면이고 고딕으로 강조한 "각셜니라" 다음에는 소대성이 이승
상 집을 떠나 정처 없이 길을 가는 장면이다.

첫 번째 인용문의 앞부분과 두 번째 인용문의 뒷부분은 연결된 이야
기이다. 곧 소대성이 자객 조영을 죽이고 이승상의 집을 떠나 정처 없
이 길을 가는 내용이다. 그런데 그 사이에 첫 번째 인용문의 뒷부분과
두 번째 인용문의 앞부분의 내용, 곧 이승상이 죽자 그의 부인과 아들
들이 공모하여 소대성을 죽이려고 자객을 보낸 일과, 그 이후에 집안에
서 일어난 사건들의 내용을 삽입시키고 있다. 말하자면 작자는 의도적
으로 소대성이 자객을 죽이고 길을 떠나는 장면에서 이야기를 중단하
고 장면을 전환하여 이생 등이 소대성을 죽이려는 모의와 관련된 이야
기를 진행하다가 이를 중단하고 장면을 전환하여 다시 소대성이 정처
없이 길을 가다가 강을 만나는 이야기로 장면을 전환하였다.

앞의 장면에서 소대성이 자객을 죽이고 집을 떠나 정처 없이 길을 가
고 있었기 때문에 집을 떠난 다음의 줄거리에 관심을 가진 독자들에게
소대성의 다음 소식은 궁금증을 자극할 것임에 틀림없다. 그런데 그 대

목에서 이생 등의 이야기로 장면을 전환하여 독자들의 다음 이야기에 대한 궁금증을 증폭시켰다가 다시 소대성의 길을 가는 이야기로 장면을 전환함으로써 독자들의 궁금증을 해소시키고 있다. 따라서 이 대목은 첫 번째로 살핀 장면 전환의 기법보다는 극적 긴장감이 더 높게 조성되었을 것으로 보인다.

다음에는 『장경전』의 경우에 장면 전환의 기법이 어떻게 사용되고 있는지 살펴보기로 한다. 『장경전』에서는 30여 회에 걸쳐 장면 전환이 이루어지는데, 장면 전환의 표지로 사용되는 단어는 "각셜이라"가 대부분을 차지하고, "이젹의"와 "ᄎ시예", "잇쩌에"는 한두 번 사용된다. 여기서는 그 가운데 일부 예를 들어 장면 전환의 특징을 살펴보려고 한다.

> 녀씨 즉시 예단을 갓초와 쟝싱게 고ᄒᆞ니 싱이 예단을 가지고 틱향산으로 가니라 ○ 각셜이라 틱향산은 소쥬짜의 이시되 동은 만슈산이요 셔은 쳔슈산이요 남은 남악이요 북은 북악이 〃 눈듸 놉기는 만여쟝이나(『전집』 2, 499면)

위의 인용문은 쟝취가 늦도록 자식이 없자 부인의 요청에 따라 예단을 갖추어 태항산으로 자식 얻기를 빌러 떠나는 장면이다. 그런데 고딕으로 강조한 "각셜이라"를 중심으로 앞뒤의 장면이 나뉘어 있다. 앞 장면은 쟝취가 태항산을 향해 떠나는 장면이고, 뒤의 장면은 태항산에 대한 소개이다. 그런데 장면이 전환된 지점을 보면 쟝취가 태항산으로 가는 장면에서 태항산이 어떤 곳인가를 설명하는 장면으로 전환했기 때문에 극적 긴장감을 고조시키는 데 한계가 있었을 것으로 보인다. 곧이 대목이 작품의 서두부에 해당하기는 하지만 쟝취의 행동은 아들을 얻기 위한 것이고, 태항산의 설명은 태항산이 어떤 산인지의 지식을 전하는 내용이므로 독자들이 느끼는 긴장감은 높지 않았을 가능성이 크다. 또 다른 예문을 통해 『장경전』의 장면 전환의 기법을 살펴보기로 한다.

쟝경은 비야으로 잠을 집피 드럿눈지라 녀씨 민망ᄒ여 아무리 홀 쥴을 모르다가 도젹이 급홈을 보고 부인이 입엇던 쟉젹고리를 버셔 쟝경의 낫슬 덥고 빅셩과 홈긔 피란ᄒ더니 군ᄉ의 함셩쇼릭에 쟝경이 놀나 ᄭᅵ여보니 부인이 업눈지라 울며 본이 부인의 비단 져고리 낫츨덥폐고 옷고롬의 순금옥지환 ᄒ짝이 달엿거눌 그 져고리을 붓들고 어미을 부르며 궁그려 나려오니 그 지명은 아지 못ᄒ눈지라 졍쳐업시 가더니 피란ᄒ엿던 사롬들리 보고 잔잉이 너겨 혹 밥도 쥬며 실과도 쥬워보니더라 각셜이라 잇ᄯ예 부인이 피란ᄒ여 덤풀밋터 슈멋다가 군ᄉ 지나가믈 보고 도라와 쟝경을 차즌이 간고지 업눈지라 (…중략…) 신셰을 싱각ᄒ고 슬피 통곡ᄒ니 어사 부인이 빅번 기유ᄒ고 향낭으로 ᄒ야금 부인을 모셔 함긔 건쥬 동촌으로 가니라(『전집』 2, 500~501면)

쳐사 이 말을 듯고 기졀ᄒ믹 구하믈 입어 계우 진졍하난지라 잇디 소셩운이 뉴간을 싱금ᄒ여 쳔자계 알외니 능지쳐참ᄒ시다 **각셜이라** 장경이 죵눔산을 ᄭᅵ니 이미을 부르니 무도 노라 졍체업시 빌어먹더니 셰월 여류ᄒ야 연광이 십삼셰라 운쥬영즁의 드러가 밥을 빌어먹던니 한집의 당ᄒ여 밥을 비던니 그 쥬인이 장경을 잠간 보고 일로디 네 거동을 보니 상한의 자식은 안인가시푸니 져리 단이며 빌어먹느니 너집의 잇셔 블사환이나 ᄒ고 잇스라 ᄒ거날 장경이 직거 허락ᄒ고(『전집』 2, 502면)

위의 두 인용문은 장경이 모친과 헤어지는 장면에서 어떻게 장면 전환을 활용하고 있는가 살펴보기 위하여 예로 든 것이다. 첫 번째 인용문의 고딕으로 강조한 "각셜이라"의 앞부분은 장경이 모친을 잃는 과정을 설명한 내용이고, 뒷부분은 여부인이 장경을 잃고 자결하려다가 진어사 부인을 따라가는 장면이다. 두 번째 인용문의 고딕으로 강조한 "각셜이라"의 앞부분은 장취가 설학동 집이 불타서 아무도 없다는 소식을 듣고 기절하는 내용이고, 뒷부분은 장경이 유리걸식하다가 운주에서 차영의 사환이 되는 내용이다. 그런데 장경이 모친을 잃고 집을 떠나는 장면이 첫 번째 인용문 앞부분에 있고, 뒷부분에는 모친이 장경을 찾다가 찾지 못하자 진어사 부인의 집으로 가는 장면으로 전환이 이루어졌다. 그리고 두 번째 앞부분에서 부친이 장경을 찾는 내용이 나온 후에 두 번째 인용문 뒷부분에서 장경이 차영의 사환이 되는 이야기로 진행된다. 그러므로 장경이 집을 나와 정처 없이 길을 가는 장면 사이에 부모가 장경을 찾다가 찾지 못하는 안타까운 장면을 설정하여 독자들의 극적 긴장감을 고조시키고 있다. 그리고 그 안타까움을 유지시키면서 장경이 차영을 만나는 이야기로 장면을 전환하였다. 이러한 점을 고려할 때 이 대목은 장취가 태항산을 찾아가는 지점에서 장면을 전환한 것에 비해 극적 긴장감이 더 높게 고조되었을 가능성이 크다. 따라서 이 부분에서 이루어진 장면 전환의 기법은 독자들의 흥미를 고조시키는 역할을 그 나름대로 했을 것으로 추정된다.

다음으로 『장풍운전』의 경우에는 장면전환의 기법이 어떻게 사용되고 있는지 살펴보기로 한다. 『장풍운전』에서도 수십여 차례에 걸쳐 장면전환이 일어나는데, 여기서는 『소대성전』과 『장경전』에서 살핀 바와 같이 두 장면을 예로 들어 살펴보기로 한다.

마암의 힝여 단수할가 ᄒᆞ여 절강부 장진닌이란 스롬이 관상이 용타ᄒᆞ믈 듯고 에단을 갓초와 풍운을 다리고 절강으로 힝ᄒᆞ니라 이젹의 도사 누각의 올나 칠셩을 바리보다ᄀ 긔이ᄒᆞᆫ 기운이 금능의 쩌겨지미 피련 긔특ᄒᆞᆫ 스롬이 나도다 ᄒᆞ엿더니 일〃은 동ᄌ 고ᄒᆞ되 금능산의 잇난 장시량이 문밧긔 와 에단을 드리난이다(『전집』 2, 545면)

위의 인용문은 장풍운의 부친 장효가 장풍운이 단수할까 염려하여 절강부 장진인에게 그의 관상을 보이려는 장면이다. 그런데 고딕으로 강조한 "이젹의"를 중심으로 앞뒤 장면의 전환이 이루어져 있다. 앞부분은 장효가 아들의 관상을 보기 위해 풍운을 데리고 절강으로 향하는 장면에서 이야기가 중단되었다. 그리고 뒷부분은 도사인 장진인이 천문을 보고 금능에 기특한 사람이 태어났음을 아는 장면이다. 이것은 장진인이 천문에 능한 인물임을 암시하여 그의 관상법의 비범성을 드러내려고 한 것이다. 그런데 바로 뒤에 금능 장시랑이 그를 찾아오는 장면을 설정하였다. 따라서 두 장면 사이에는 줄거리의 지속과 장풍운의 운명의 암시가 드러나 있어서 극적 긴장감이 고조되기는 어려울 듯하다. 다른 장면 전환의 예를 들어 살펴보기로 한다.

> 추구월의 가다리 디국지경의 침노ᄒ민 황졔 디경ᄒ사 즉시 장효을 명초ᄒ야 방젹ᄒ라 ᄒ시니 시랑이 교셔을 보고 부인손을 잡고 왈 이졔 도젹이 급ᄒ민 황졔 특명ᄒ시귀로 거역지 못ᄒ야 말이 젹진의 ᄀ 스셩을 단졍치 못ᄒ리니 부인은 아즈을 거두워 장씨 향화을 ᄯᆫ치말게ᄒ소셔 ᄒ고 찻던 장도을 ᄲᅥ너 풍운의 옷고롬의 치우고 셔로 위로ᄒ며 황셩을 향ᄒ니라 ●각셜 부인이 시랑을 이별ᄒ고 풍운을 품의 안고 슬피 우다ᄀ 죽졀을 썩거 풍운의 옷고롬의 치우고 즉시 노복을 슈십ᄒ야 빅셩을 ᄯ라 금게산이 드러ᄀ 피란ᄒ더니 ᄎ시 가다리 빅셩을 노략ᄒ야 스롬을 살히ᄒ며 금게산의 드러와 피란ᄒᆫ 빅셩의 양식을 탈취ᄒ다ᄀ 풍운을 보고 이 아히 타일의 귀히 되리라 ᄒ고 인이 말게 언거늘 부인이 망극ᄒ야 슘플속의 너다라 붓들고 통곡ᄒ니 도젹이 주긔려ᄒ거날 ᄒᆫ 늘근도젹이 말어왈 즈식일코 셜워ᄒᄂ디 무슴죄로 쥬긔겨ᄒᄂ다 ᄒ고 가거늘 부인이 풍운을 일코 궁굴며 통곡ᄒ다ᄀ 긔졀ᄒ니 비복등이 게우 구ᄒ야 도라오니라 이젹의 시랑이 황셩의 ᄀ 쳔즈게 보온디 황졔 젼교왈 경의 지략을 아나니 〃졔 격셔을 ᄀ지고 가달의 진의 가 도젹을 유인ᄒ야 위교의 일으케ᄒ라(『전집』2, 545면)

『장풍운전』에서 장면 전환의 기법이 어떻게 활용되고 있는지 살피기 위해서 장황하게 인용했다. 위의 인용문에는 고딕으로 강조한 "각셜"과 "ᄎ시"·"이젹의"를 기준으로 네 부분으로 나눌 수 있는데, 그 사이에 세 차례 장면 전환이 이루어지고 있다. 첫 부분은 가달의 침략으로 출전하는 장효가 부인에게 자식을 부탁하는 장면이고, 두 번째 부분은 부인이 풍운을 데리고 피란하는 장면이고, 세 번째 부분은 부인이 도적에게 자식을 빼앗기는 장면이고, 네 번째 부분은 장효가 천자의 지시를 받는 장면이다. 길지 않은 분량에 이처럼 장면 전환이 빈번하게 일어나는 것은 그만큼 사건의 진행이 급박하게 이루어지기 때문이다.

첫 번째 장면에서 전란으로 인해 출전해야 하는 장효는 이미 장풍운의 운명을 예상하고 있었기 때문에 걱정이 되어서 부인에게 특별히 장풍운을 잘 돌보도록 부탁한다. 두 번째 장면에서 부인은 장풍운을 데리고 피란길에 오른다. 세 번째 장면에서 부인은 도적에게 장풍운을 빼앗기는 사태가 발생한다. 네 번째 장면에서는 그 사실을 모르는 장효가 황제의 명을 받아 출전한다. 이처럼 줄거리가 진행되면서 장면이 전환되고 있기에 작품의 긴장감은 점진적으로 고조된다. 곧 남편의 부탁에도 불구하고 부인이 장풍운을 빼앗긴 장면에서 장효가 출전하는 장면으로 전환이 이루어졌기 때문에 독자들은 자식을 잃은 줄도 모르고 출전하는 장효에게 동정심을 보일 수밖에 없다. 또한 장풍운이 부모를 잃는 사건에서 장면 전환이 이루어졌기 때문에 장풍운의 운명에 대한 독자들의 궁금증은 크게 높아질 것이고, 그로 인해 독자들의 긴장감은 더욱 고조되었을 것이다. 이런 점을 고려할 때 『장풍운전』의 이 부분에서 이루어지고 있는 장면 전환은 독자들의 긴장감을 고조시켜서 작품의 흥미를 유지하는 데 그 나름의 역할을 했을 것으로 보인다.

다음에는 『유충열전』의 경우를 예로 들어 살펴보기로 한다. 앞에서 언급했듯이 『유충열전』은 상하권이 차이를 보이는데, 상권은 장회 형식에 제목을 붙이고 있다.8) 따라서 여기서는 제목을 붙인 예를 소개하고, 그 안에서 어떻게 장면 전환이 일어나는지 살펴보기로 한다.

---

8) 상권은 모두 8개의 장회로 나뉘어 있는데, 첫 부분과 세 번째, 여섯 번째 장회에는 음각으로 새기고 줄을 바꿔 장회임을 표시했으나 장회 제목이 없고 나머지 다섯 부분에만 장회 제목이 붙어 있다. 하권은 모두 5개의 장회로 나뉘어 있는데, 각 장회가 끝나면 줄을 바꾸고 다음 장회의 첫 부분에 "각설"이란 단어를 음각으로 새겨 구별하였으나 장회 제목을 붙이지는 않았다.

유주부난 조참적소ᄒ고 장부인은 피화봉수적ᄒ다

　　각셜 이ᄯᅦ의 조졍의 두 신ᄒ 잇스되 ᄒ나는 도총디장 졍흔담이요 ᄯᅩ ᄒ나는 병부상셔 쵀일귀라 본디 쳔상 익셩으로 자미원 디장셩과 빅옥누 잔치의 디젼 ᄒ 죄로 상졔계 득죄ᄒ야 인간의 젹강ᄒ여 디명국 황졔의 신ᄒ되야난지라(『전집』 2, 337면)

위의 인용문에서 첫줄은 『유충열전』에서 처음 장회 제목이 붙은 곳이다. 이 장회의 내용은 그 제목이 예시하고 있듯이 유충열의 부친 유심이 정한담과의 논쟁에서 패하여 정배를 가고 장부인은 정한담의 화를 피해 유충열을 데리고 도망하다가 강을 건너는 곳에서 수적 마철을 만나는 내용이다. 또한 이 장면에서 앞의 내용과 다른 내용으로 장면 전환이 이루어졌음을 알리기 위하여 고딕으로 강조한 "각셜"이란 닥어로 그 표시를 남기고 있다. 독자들은 장회 제목에서 줄거리를 예상하기 때문에 그 예상이 맞는가 확인하면서 작품을 읽을 것이다. 그런 점에서 이곳의 장면 전환은 극적 긴장감의 강도가 약할 것으로 추정된다.

　『유충열전』에는 장면 전환이 수없이 일어나는데, 그 가운데 이와는 좀 다른 형태의 장면 전환의 예를 들어서 살펴보기로 한다.

　　유주부 자사의게 예사ᄒ디 자ᄉ 본 후의 주부를 인도ᄒ야 긱실노 전송ᄒ니 주부 물너나와 드러가니 이ᄯᅦ는 동졀이라 연경은 본디 극흔지지라 삼장빅셜 싸여잇고 퇴락흔 긱실방의 닝풍은 소실ᄒ고 빅셜은 분분ᄒ야 인젹이 ᄭᅳᆫ어지니 불상ᄒ고 고상ᄒ문 층양치 못할네라 각셜이라 잇ᄯᅦ의 졍흔담 쵀일귀가 유주부를 참소ᄒ야 젹소로 보닌 후의 마음이 교만ᄒ야 별당으로 드러가 옥관도ᄉ를 뵈고 쳔자를 도모할 묘칙을 무른디(『전집』 2, 339면)

　　흔담이 올타ᄒ고 그달 삼경의 가만이 승상부의 나와 나졸 십여명을 쵀츌ᄒ여 유심의 집을 둘너쏜고 화약염초를 갓초와 그집 사방의 무더노코 화심 불붓쳐 일시의 불을 노ᄒ라고 약속을 정ᄒ니라 이ᄯᅵ의 장부인이 유주부를 이별하고 충열을 다리고 흔슘으로 셰월을 보닌더니 이날밤 삼경의 호련이 곤ᄒ야 침

석의 조으더니 엇더흔 일노인이 홍선 일병을 가지고 와셔 부인을 주며 왈(『전집』2, 339면)

위의 인용문은 앞에서 살핀 두 번째 장회, 곧 "유주부난 조참적소ᄒ고 장부인은 피화봉수적ᄒ다"의 끝부분과 제목이 없는 세 번째 장회에서 뽑은 것이다. 고딕으로 강조한 "각셜이라"의 앞부분은 유심이 적소에 도착하여 고생하는 장면으로 두 번째 장회이고, 뒷부분은 정한담과 최일귀가 황제를 내쫓고 천자 자리를 차지하려고 계책을 세우는 장면으로 세 번째 장회이다. 두 장면 사이에 "각셜이라"는 표지를 이용하여 장면을 전환하고 있다. 그런데 세 번째 장회에는 그 안에서 다시 장면 전환이 이루어지고 있다. 그것이 위에 예를 든 두 번째 인용문이다. 인용문에서 고딕으로 강조한 "이쩌의"의 앞부분은 정한담과 최일귀가 유충열을 죽이기 위하여 유심의 집에 불을 놓으려는 장면이고, 뒷부분은 그 사실을 모르고 있던 장부인의 꿈에 화덕진군이 등장하여 부채를 주면서 불이 났을 때 피할 방법을 일러주는 장면이다. 독자들의 긴장감을 고조시키기 위하여 첫 번째 인용문이 장회와 장회 사이에서 이루어지는 장면 전환을 보여주고 있다면 두 번째 인용문은 한 장회 안에서 장면 전환이 이루어지는 것을 보여주고 있다는 점에서 차이를 보인다.

이처럼 『유충열전』에서는 작품을 몇 개의 장회로 나누고 장회 제목을 붙여서 독자들의 흥미를 끌려고 하기도 했고, 한 장회 안에서 장면을 전환하여 독자들의 흥미를 끌려고 하기도 했다. 『유충열전』에서 활용된 이러한 장면 전환의 방법들은 모두 긴장감을 고조시켜 독자들의 흥미를 지속시킴으로써 소설의 상품성을 높이기 위한 방법으로 채택되었을 것이다. 그런 점에서 『유충열전』에서 사용된 장면 전환의 기법은 다른 작품과는 구별되는 특징을 갖는다.

다음으로 『이대봉전』의 경우에는 장면 전환이 어떻게 이루어지는지 예를 들어 살펴보기로 한다. 『이대봉전』에서는 줄거리의 진행 과정에서 장면 전환이 수없이 일어나기 때문에 그 가운데 두 가지 경우를 예로 들어 살피기로 한다.

> 비몽간의 천상으로셔 봉황 한쌍이 너려오더니 봉은 부인 품으로 나러들고 황은 장미동 장한임 집으로 가거늘 씨다르니 집안의 향취와 오운이 영농ᄒ더니 혼미즁의 탄싱ᄒ니 활달한 기남자라 시량이 디히ᄒ야 아히를 살펴보니 융준봉안이요 봉으 소리넌늘 부인 몽사를 싱각ᄒ야 일홈을 디봉이라 ᄒ다 각셜 잇씨 기주 장미동의 장화라 하난 사람이 잇스되 일직 쳥운의 올나 벼살리 할임학사의 쳐ᄒ미 (…중략…) 비몽간의 천상으로셔 봉황 한쌍이 나려오더니 봉은 모란동 이시량으 집으로 가고 황은 부인 품안으 나러든니 이르난 바 봉이 나미 황이 나고 장군이 나미 용마가 나는쏘다(『전집』 2, 379~380면)

위의 인용문은 이대봉과 장애황이 탄생 장면으로, 고닉으로 강조한 "각셜 잇씨"를 기준으로 앞부분은 이대봉이 태어나는 장면이고, 뒷부분은 장애황이 태어나는 장면이다. 작품에서는 이대봉이 태어나는 장면을 보여준 다음 장면을 전환하여 장애황의 부모와 그녀의 탄생을 보여주면서 두 주인공의 연분을 강조하고 있다. 그런데 앞부분에서 이대봉 모친의 꿈에 봉황 한 쌍이 등장했으므로, 독자들은 그들의 관계에 관심이 있었을 것이고, 그 궁금증을 충족시키기 위하여 장면을 바꿔 장한림의 집안을 소개하면서 장애황의 탄생을 보여주고 있다. 그리고 뒷부분에서 "니르난 바 봉이 나미 황이 나고 장군이 나미 용마가 나는쏘다"라고 하여 두 사람의 결연이 천상에서 결정된 것임을 알려주고 있다. 이제 이와는 좀 다른 급박한 상황에서 장면을 전환하는 예를 들어서 그 특징을 살펴보기로 한다.

> 승상 왕회 사공을 불너 즁상ᄒ고 시량 부자를 결박ᄒ야 풍낭의 너흐라 약속ᄒ엿더라 (…중략…) 결박한 거슬 끌너 시량을 몬져 풍낭즁의 밀치니 (…중략…) (대봉이) 하나를 우러러 부친를 부르면셔 풍덩실 쮜여든니 잇씨의 사공

더른 비를 돌여 황성의 올나가 사연을 왕회의게 주달하니 왕회 디히ᄒ더라 각
셜 잇ᄯᅵ 할임 장화 이황으 혼사를 이류지 못ᄒ고 디봉으 부자 젹소로 가물 보
고 분기 충천ᄒ야 울기을 참지 못ᄒ더니 일노조차 병이 되야 병셕의 눕고 이
지 못ᄒ면 이무 셰상의 유치 못할 쥴를 알고 (…중략…) 각셜 잇ᄯᅵ 디봉부자
ᄒ중의 빠져던이 셔히용왕이 두 용자을 불너왈 디명 충신 이익과 만고 영웅
디봉이가 소인의 참소를 만나 젹소로 가다가 수중의 죽거되여쓰니 급피가 구
안ᄒ라 ᄒ시니 두 동자 일엽픠주을 타고셔 남으로 좃차 가니라 잇ᄯᅵ 시량이
물결의 밀여 한고디 다다은니 밤이 이무 삼경이라 혼미중의 바리보니 동남디
히로셔 한 동자 일렵편주를 타고 풍우갓치 오더니 시량을 건져 주중의 실코
위로ᄒ거날(『전집』 2, 382~384면)

위의 인용문에서 고딕으로 강조한 두 군데의 "각셜 잇ᄯᅵ"와 "잇ᄯᅵ"의
앞뒤 장면을 중심으로 이 부분의 특징을 설명하려고 한다. 장면 전환의
표지를 중심으로 인용문을 나누면 모두 네 부분으로 나눌 수 있다. 첫
부분은 첫 번째 "각셜 잇ᄯᅵ"의 앞부분으로, 유배길에서 이익 부자를 물
에 빠뜨려 죽이라는 왕회의 지시에 따라 사공들이 이익을 물에 밀어 넣
자 이를 본 이대봉도 물에 뛰어드는 장면이다. 두 번째 부분은 첫 번째
"각셜 잇ᄯᅵ"의 뒷부분으로, 장애황의 부친 장화가 그 사실을 알고 울화
병으로 죽는 장면이다. 세 번째 부분은 두 번째 "각셜 잇ᄯᅵ"의 뒷부분으
로, 이익 부자를 구하라는 서해 용왕의 지시를 받은 동자가 그들을 구
하러 가는 장면이다. 네 번째 부분은 고딕으로 강조한 "잇ᄯᅵ" 다음 부분
으로, 동자가 이익 부자를 구하는 장면이다. 이익 부자가 물에 빠졌기
때문에 독자들은 그들의 생사에 궁금증이 증폭되기 마련이다. 그런데
작품에서는 그 장면에서 하던 이야기를 중단하고 다른 이야기, 곧 장화
가 그 소식을 듣고 울화병으로 죽는 장면으로 전환하여 독자들의 궁금
증을 고조시키고 있다. 그 다음에는 이익 부자를 구하라는 서해 용왕의
지시로 그들을 구하러 동자들이 떠나는 장면으로 전환하였다가 다시
그 지시에 따라 동자들이 이익 부자를 구하는 장면으로 이야기를 전환

하였다. 이 장면에 도달한 독자들은 그동안 궁금했던 이익 부자의 생사가 확인되자 그동안 고조되었던 긴장감이 해소됨으로써 마음의 안정을 찾는다.

사실 『이대봉전』의 이 부분은 그렇게 길지 않은 이야기이다. 그런데 이처럼 빈번하게 장면 전환이 이루어지고 있다. 이러한 방법은 독자들의 관심을 고조시켰다가 이야기를 중단하고 다른 장면으로 이야기를 전환함으로써 독자들이 다음 이야기에 궁금증을 갖고 책을 읽도록 하려는 전략에서 채택되었다. 이것은 『이대봉전』이 소설의 상품성을 중시하던 방각본이라는 점과 밀접한 관련이 있음을 보여주는 좋은 예일 것이다.

다음에는 『조웅전』의 경우에 장면 전환의 방법이 어떻게 활용되고 있는지 살펴보기로 한다. 『조웅전』에서도 장면 전환이 수없이 일어나기 때문에, 위에서 살핀 바와 유사한 장면 전환의 예를 둘 들어 살펴보기로 한다.

이젹의 할임 왕녈은 왕부인의 ᄉ촌이라 이변을 보고 왕부인ᄭᅥ 편지ᄒᆞ여 보니니 잇ᄶᅵ 왕부인이 웅을 다리고 독셔도 권ᄒᆞ며 고국ᄉᆞ을 셜화ᄒᆞ더이 시비 드러와 편지을 드리거늘 (…중략…) 왕부인이 견필의 디겁질식하여 이윽키 성각ᄒᆞ다ᄀ 답셔을 ᄒᆞ여 보닌 후 웅을 다리고 왈 국가의 이러틋ᄒᆞᆫ 지변이 이러나니 네 젼두의 벼슬ᄒᆞ면 근신의 망측지환을 엇지 면ᄒᆞ리요 (…중략…) **이젹의** 왕할임이 왕부인의 답셔을 보니 ᄒᆞ여시되 놀납고 놀납도다 머지 안이ᄒᆞ여셔 쇼장지환이 날거시니 너난 부질업시 벼살 탐치 말고 일직 희관걸귀ᄒᆞ라 ᄒᆞ엿거늘 할임이 문득 ᄭᅢ다라 칭병부조ᄒᆞ고 고향의 도라ᄀᆞᆫ이라(『전집』 3, 104~105면)

위의 인용문은 고딕으로 강조한 "잇ᄶᅵ"를 기준으로 앞부분은 백호가 궁중에 들어와 궁녀를 물어간 사건이 일어나자 조웅 모친 왕부인의 사촌 왕렬이 그 이변을 왕부인에게 편지로 알리는 내용이고, 뒷부분은 왕부인이 조웅과 공부하다가 편지를 보고 크게 놀라고 대환이 일어날 것을 예측하는 장면이고, 고딕으로 강조한 "이젹의" 뒷부분은 왕부인의 편지를 받고 왕한림이 벼슬을 그만두고 고향으로 돌아가는 장면이다. 물론 간단하게 인용했지만 세 장면의 사이에는 백호 사건의 의미에 대한 궁금증과 그에 대한 해답을 편지 형식으로 알려주고 있다. 그런 점에서 이 부분은 작품의 앞부분이지만 독자들에게 백호 사건의 의미에 대한 궁금증을 일으켰다가 그 해답을 암시적으로 알려주고 있다는 점에서 효과적인 장면 전환의 방법을 활용하고 있는 것으로 볼 수 있다. 또 다른 예를 들어 장면 전환의 방법을 살펴보기로 한다.

> 이날 왕부인이 둥하의셔 일몽을 어드니 승상이 드러와 부인의 몸을 만지며 왈 부인이 무슨 줌을 집피 자는잇가 날이 시변 디환을 당홀거시니 웅을 다리고 급피 도망ᄒ쇼셔 (…중략…) 시난날 그 글을 보면 경각으 죽을 거시니 밧비 힝쟝을 ᄎ려 도망ᄒᄌ ᄒ시고(『전집』 3, 106면)

> 각도 열읍의 힝관ᄒ야 무론 조관ᄉ셔인ᄒ고 됴웅모ᄌ을 잡아 밧치면 쳔금상의 만호후을 봉ᄒ리라 ᄒ엿더라 각도 열읍이 힝관을 보고 방곡의 지위ᄒ야 됴웅 모ᄌ 잡긔을 힘쓰더라 이젹의 됴웅 모ᄌ 비예 니려 션동 가르치던 디로 ᄒ민을 넘어가니 마을이 즐비ᄒ고 송죽이 울밀ᄒ이 명결ᄒ 일촌이러라 촌젼의 안져 인물을 귀경ᄒ니 ᄉ룸의 거동이 유순ᄒ고 ᄒ가ᄒ더라(『전집』 3, 107면)

위의 첫 번째 인용문은 조웅 모자가 이두병의 화를 피해 도망하는 장면이다. 두 번째 인용문은 고딕으로 강조한 "이젹의"를 기준으로 앞부분은 이두병이 황제가 되어 조웅을 잡으려고 행관하는 장면이고, 뒷부분은 조웅 모자가 이두병의 화를 피해 도망하다가 선동의 도움으로 강을 건너 백자촌에 도착한 장면이다. 그런데 첫 번째 인용문에서 조웅 모자가 도망하는 장면을 보여주고, 그 다음에 이두병이 조웅 모자를 잡기 위한 여러 사건들을 배치하여 조웅 모자가 잡힐 것인가에 독자들이 궁금증을 갖도록 하였다. 그리고 그 과정에서 조웅 모자가 선동의 도움으로 백자촌으로 가도록 이야기를 진행하고 있다. 곧 조웅에게 닥친 위기를 부친의 현몽으로 벗어나도록 했다. 또한 이두병에게 쫓기는 조웅 모자의 모습을 보여줌으로써 독자들의 긴장감을 고조시켰다. 그리고 장면을 전환하여 선동의 도움으로 그들이 백자촌에 안착함으로써 안도감을 맛보도록 했다.

이처럼 『조웅전』에서는 긴장감이 고조된 장면에서 이야기를 중단하고 다른 이야기로 장면을 전환함으로써 독자들이 작품에 흥미를 갖도록 했다. 따라서 『조웅전』에서 활용된 장면 전환의 방법은 소설의 상품성을 높이는 데 그 나름의 기여를 했을 것으로 추정된다. 또한 이러한 방법의 활용은 방각본 업자가 방각본 소설의 상품성 추구를 위해 나름대로 개발한 전략과 밀접한 관련이 있을 것이다.

지금까지 살핀 바와 같이 완판 영웅소설에서는 장면 전환이 자주 다양한 방식으로 이루어지고 있다. 그 방식 가운데 가장 흔한 것은 주인공의 위기감을 조성하기 위하여 줄거리를 진행하다가 중단하고 장면을 전환하여 다른 사건을 그 사이에 삽입시켜 보여준 다음 다시 장면을 전환하여 중단했던 이야기를 진행하는 방법이다. 이것은 앞에서 살핀 바와 같이 모든 작품에 자주 등장하는 장면 전환의 방법이다. 줄거리를 따라가던 독자들은 주인공이 고난에 처한 상황에서 이야기가 중단되고 다른 사건이 나오면 주인공의 이야기에 대한 궁금증이 고조되기 마련이다. 그처럼 궁금증이 고조되었을 때 다른 이야기를 중단하고 다시 장면을 전환하여 주인공의 이야기로 돌아가면 그 궁금증이 해소되기 마련이다. 이것은 독자들에게 다음 이야기에 대한 궁금증을 자극하여 소설을 계속 읽도록 하려는 전략에서 채택된 방법이다.

완판 영웅소설에서 사용된 또 다른 장면전환의 방법으로는 『장경전』과 『장풍운전』·『조웅전』에서 사용된 방법이 있다. 『장경전』에서 장취가 태항산을 찾아가는 도중에 이야기를 중단하고 장면을 전환하여 태항산이 어떤 산인지 알려주는 것이나, 『장풍운전』에서 장효가 장진인을 찾아가는 장면에서 이야기를 중단하고 장면을 전환하여 장진인이 천문을 보고 기이한 인물이 태어남을 아는 장면을 보여주는 것이나, 『조웅전』에서 왕렬이 백호가 궁중에 들어와 궁녀를 물고 간 사건을 왕부인에게 편지로 알리는 장면에서 이야기를 중단하고 장면을 전환하여 왕부인이 편지를 보고 장래를 걱정하는 장면을 보여주고, 왕부인의 답장을 통해서 시국이 급변할 것을 예언하는 것 등이 모두 같은 형태의 장면 전환의 방법이 사용된 경우이다. 이것은 앞에서 제시된 사건의 내용을 장면을 전환하여 알려주는, 이른바 지식 습득적 성격이 강한 장면 전환의 방법이다. 이 방법은 독자의 궁금증을 곧바로 다음 장면에서 알려준다는 점에서 극적 긴장감을 고조시키기는 어려웠을 것이다. 그러나 이 방법이 줄거리 진행의 내용을 암시적으로 표현하고 있다는 점에서 독자의 흥미를 끄는 데는 그 나름대로 기여하였을 것이다.

완판 영웅소설에서는 『이대봉전』에서 보았듯이 앞뒤의 짝이 되는 이야기를 보여주기 위하여 장면을 전환하는 경우도 있다. 곧 이대봉에 대한 이야기를 진행하다가 중단하고 장면을 전환하여 장애황의 탄생을 이야기하면서 이들의 연분을 이야기하는 방법이 바로 그것이다. 그 외에도 『소대성전』에서 보았듯이 한 이야기를 마무리하고 장면을 전환하여 구원자를 만나는 이야기를 진행하는 경우가 있고, 『유충열전』에서 보았듯이 장회 형식을 통해 다음 이야기로 장면을 전환하는 경우도 있다.

이처럼 완판 영웅소설은 작품에 따라 정도의 차이는 있으나 다양한 방식의 장면 전환을 통해 독자들의 흥미를 지속시킴으로써 소설의 상품성을 높이려고 했던 것으로 보인다. 이런 점을 고려할 때 완판 영웅소설에서 다양하게 활용되고 있는 장면 전환의 기법은 소설 대중화에 나름대로 기여한 바 클 것으로 보인다. 또한 이러한 기법의 추구는 결국 고소설 구성 방법의 발전에 기여하였을 것이다.

3. 감정적 표현의 활용

소설의 상품성을 중시하는 대중소설의 특성 가운데 하나는 독자들의 감정에 호소하는 표현을 활용한다는 점이다. 곧 독자의 눈물샘을 자극하는 표현을 사용함으로써 독자들이 소설에 흥미를 가질 수 있도록 유도하고 있다. 그러한 전략으로 활용되는 것 가운데 하나가 화자가 독자의 감정에 호소하여 동정심을 유도하는 방법이다. 이는 주인공과 자신을 동일시하는 독자들의 심리를 이용하여 주인공의 어려운 처지에 동정심을 보이도록 유도함으로써 작품의 흥미를 유지하기 위한 방안으로 활용된다. 곧 이러한 방안의 일환으로 주인공의 처지에 동정심을 표하는 화자의 동정적 표현들이 작품의 두처에서 활용되고 있다. 이 농정적 표현들은 흔히 선인으로 표상되는 주인공과 주인공 편에 속하는 인물들에게 집중되어 있고, 주인공의 대적자나 그 주변의 인물들에 대한 것은 찾아보기 어렵다.

완판 영웅소설도 상업성을 중시하는 대중소설이었기 때문에 독자의 흥미를 유지하기 위한 방법을 그 나름대로 추구하였다. 그 가운데 하나가 바로 독자의 감정을 자극하는 표현을 화자가 자주 사용하는 것이었다. 곧 독자들의 감정에 호소하기 위하여 주인공편의 인물들에게 동정심을 보이는 표현을 자주 사용하고 있다. 이것은 어려운 처지에 빠진 주인공편의 인물들에게 동정심을 표함으로써 독자들이 화자의 의견에 동조하도록 유도하려는 전략으로 이해할 수 있다. 말하자면 독자는 주인공편에 서서 작품을 읽기 때문에 주인공의 고난에 동정심을 표하고, 그들의 슬픔에 함께 슬퍼하기 마련이다. 곧 독자들은 주인공의 처지에 공감함으로써 작품을 계속 읽어나갈 수 있는 것이다. 이러한 맥락에서 볼 때 화자의 감정적 표현은 독자의 흥미를 유지하려는 방법 가운데 하나로 등장한 것으로 볼 수 있다. 이제 그러한 표현이 구체적으로 어떻게 작품에서 활용되고 있는지 살펴보기로 한다.

『소대성전』에서 화자는 소대성의 어린 시절, 그가 떠돌아다니면서 굶주려 고생하는 모습을 보여준다. 그리고 하늘이 그를 그냥 버려두지 않을 것이라고 하면서 그의 처지에 동정심을 표하고 있다.9) 이 가운데 "하늘이 엇지 무졍ᄒ리요"와 같은 표현은 "하늘이 어찌 무심하리요"와 같은 표현으로 다른 작품에도 자주 등장하는데, 방각본 소설의 화자가 주인공의 처지에 동정심을 보임으로써 독자들의 동정심을 유도하는 경우에 관용적으로 쓰는 표현이다.

이런 표현들이 좀 더 나아가면 주인공이 통곡하는 장면을 화자가 독자에게 보여주면서 동시에 그것을 바라보는 사람들, 곧 작품의 등장인물들이 모두 슬퍼한다고 이야기를 하는 경우도 있다. 그와 같은 예를『장경전』에서 찾아보기로 한다.

> 원슈 디하의 나려 관을 벗고 유셔와 모친지환을 드리며 통곡ᄒ니 쳐사 그 유셔을 보고 니 글시요 부인의 지환이 분명ᄒ거날 셔로 붓들고 통곡ᄒ다가 부자 기졀ᄒ거날 (…중략…) 상하인민이 안이 실허ᄒ리업더라(『전집』2, 513면)

> 초공(장경의 부친)이 셕스을 싱각ᄒ니 ᄌ연 비감ᄒ여 눈물이 비오듯 ᄒ난지라 (…중략…) 분사이 되낙ᄒ여 ᄆ음이 슬픈지라 분묘을 붓들고 디셩통곡ᄒ니 보ᄂᆞ 사ᄅᆞᆷ이 아니 슬허ᄒ리업더라 (…중략…) 슬피 통곡ᄒ니 산쳔초목이 다 우ᄂᆞ 듯ᄒ더라(『전집』2, 517면)

> 슬푸다 흥진비리는 사ᄅᆞᆷ의 샹ᄉ라 황졔 졸연이 병을 어더 빅약이 무효ᄒ지라(『전집』2, 518면)

위의 예문 셋은 모두 『장경전』에서 뽑은 것이다. 첫 번째는 장경이

---

9) 장디흔 기남ᄌ 졈 〃 수쳑ᄒ여 쥬린 걸어지 되여시이 하늘이 엇지 무졍ᄒ리요(『전집』 1, 574면)

그동안 헤어져 있던 부친을 만나서 서로 붙들고 우는 장면이다. 두 번째는 장경의 부친이 부자 상봉 후에 선영묘하에서 제사를 지내고 슬피 우는 장면이다. 세 번째는 황제가 세상을 떠나는 장면이다. 그런데 위의 세 장면에서 모두 화자가 강조한 것은 "슬프다"는 것이었다. 첫 번째 예문은 부자가 그동안 헤어져 있다가 다시 만나는 기쁨을 통곡으로 표현한 장면이다. 화자는 그것을 "상하 인민이 안이 실허ᄒ리 업더라"고 하여 기쁨을 슬픔으로 표현했다. 두 번째는 장경의 부친 장취가 조상 묘소의 황폐함을 보고 우는 장면인데, 이를 "보는 사룸이 아니 슬허ᄒ리 업더라 (…중략…) 산쳔초목이 다 우는 듯ᄒ더라"고 표현했다. 그리고 세 번째 인용문에서는 황제가 죽는 장면을 "슬푸다 홍진비리는 사룸의 샹ᄉ라"고[10] 하면서 역시 슬픔으로 표현하고 있다. 위의 예문들에서 화자가 강조하는 것은 "슬프디"는 것이다. 곧 이 상면에서 독자는 슬픔을 느껴야 한다고 하면서 독자들을 슬픈 감정의 세계로 이끌어가고 있다.

이와 유사한 장면을 『장풍운전』에서도 찾을 수 있다. 장풍운이 대원수가 되었을 때 모친과 이경패를 만나는 장면을 화자가 슬픔의 장면으로 표현하고 있다.

> 원슈 드러ᄀ 낭ᄌ을 보ᄆ 졍신이 아득ᄒ여 아모 말도 못ᄒ고 셔로 붓들고 통곡ᄒ니 보는 승드리 안이 울 이 업더라 (…중략…) 부인이 쟝도와 죽졀을 보시고 나다라 풍운을 붓들고 통곡ᄒ니 산쳔초목이 다 스러ᄒᆞᆫ 듯ᄒ더라(『전집』 2, 554면)

위의 인용문은 장풍운이 그동안 헤어져 있던 이경패와 모친을 다시 만나 기쁨을 누리는 장면인데, 그 만남의 기쁨을 세 사람의 통곡이라는 슬픔으로 표현하고 있다. 화자는 이것을 "승드리 안이 울 이 업더라"고

---

10) 이런 표현은 『장풍운전』에도 나온다. "슬푸다 홍진비리난 스룸의 상ᄉ로다"(『전집』 2, 545면)

했고, 또 "산천초목이 다 스러ᄒᆞᄂᆞᆫ 듯ᄒᆞ더라"고 하여 슬픔의 분위기로 몰아가고 있다.

이 외에도 『장풍운전』에서는 여러 곳에서 주인공편의 인물들의 처지에 동정심을 보이고 있다. 예를 들어 장풍운의 첫 부인인 이경패가 연왕의 딸인 유경화의 계교로 죽음을 당할 위기의 장면에서 화자는 독자들에게 이경패의 참상을 동정하도록 유도하고 있다.

> 상이 무스을 보니여 이부인과 숨시녀를 ᄌᆞ부오니 그 잔잉ᄒᆞᆫ 정상을 ᄎᆞ마 보지 못ᄒᆞᆯ네라(『전집』 2, 559면)

> 부인(이경패)이 ᄒᆞ날을 우러러 크게 ᄒᆞᆫ소리ᄒᆞ고 아ᄒᆡ을 안ᄋᆞ 낯츨 ᄒᆞᆫ터 디이고 ᄌᆞ란의 손을 줍고 업더져 기절ᄒᆞ니 모든 스롬이 ᄎᆞ마보지 못ᄒᆞ여 도라셔며 아니울 이 업더ᄅ 군스 부인을 붓들어 슈리의 셰우고 장안터로로 나오니 그 정상은 ᄎᆞ마 보지 못ᄒᆞᆯ네라(『전집』 2, 561면)

첫 번째 인용문은 유경화의 계교에 빠진 이경패가 황제가 보낸 무사에게 잡혀가는 장면이고, 두 번째 인용문은 이경패가 사형을 당하러 나오는 장면이다. 첫 번째 인용문에서 보듯이 화자는 "그 잔잉ᄒᆞᆫ 정상을 ᄎᆞ마 보지 못ᄒᆞᆯ네라"라고 하면서 이경패의 처지에 동정심을 보이고 있는데, 그 동정적 표현이 두 번째 인용문에도 그대로 반복되어 있다. 이처럼 화자가 이경패의 처지에 같은 표현으로 동정을 표하는 것은 독자들이 이경패의 처지에 동정하도록 유도하려는 의도와 관련이 있을 것이다.

화자가 이런 동정적 표현을 활용하여 독자들의 동정심을 유발하도록 유도하려는 내용이 가장 빈번하게 등장하는 작품은 『유충열전』이다. 『유충열전』에는 유충열을 비롯하여 그의 부친과 모친 등 유충열 주변의 모든 인물들의 처지에 화자가 동정심을 표하고 있다. 이것은 『유충열전』이 그만큼 독자의 감정 구조에 호소하여 인기를 얻으려는 표현 방법을

자주 활용하고 있는 작품임을 보여준다.『유충열전』에는 그런 표현이
등장하는 곳이 매우 많기 때문에 그 가운데 몇 군데만 예로 들어서 살
펴보기로 한다.

> 충열이며 부인의 몸이 모진 돌의 글키여서 빅옥갓탄 몸이 유혈리 낭자ᄒ고
> 월식갓치 고흔 얼골 진흑빗치 되야스니 불샹ᄒ고 가련ᄒ문 쳔지도 실허ᄒ고
> 강산도 비감ᄒ다(『전집』 2, 340면)

위의 인용문은 유충열과 그의 모친이 정한담의 화를 피해 도망하는
장면이다. 화자는 유충열과 그의 모친이 담장 아래 수채 구멍으로 도망
하다가 돌에 긁혀 백옥 같은 몸이 유혈이 낭자하고 달빛같이 고운 얼굴
이 진흙빛이 되었으니 불쌍하고 가련해서 천지도 슬퍼하고 강산도 비
감해 한다고 표현하고 있다. 이러한 화자의 태도는 정한담의 지시로 사
공들이 유충열을 죽이기 위해 물에 빠뜨렸을 때에도 등장한다.

> 가련ᄒ다 유주부 쳔금귀자 빅사장 셰우중의 무주고혼 되거구나 만경창파
> 집푼 물은 풍낭이 이러나니 일졈혈륙 충열의 빅골인들 차질손야 육신인들 건
> 질손야 월식은 창망ᄒ고 수운은 젹막ᄒ야 망망ᄒ 구름 속의 강신이 우난 소
> 리 강산도 실허ᄒ고 쳔신도 비감커든 ᄒ물며 스롬이야 일너 무삼ᄒ랴(『전집』
> 2, 341면)

위의 인용문에서 보듯이 회수에 빠진 유충열의 모습을 보고 화자는
강신이 우는 소리에 강산도 슬퍼하고 천신도 비감한데 사람의 경우에
는 일러서 무엇하겠느냐고 하면서 그의 처지에 동정심을 표하고 있다.
곧 유충열이 물에 빠져 죽으면 유씨 집안의 손이 끊어지고 시체도 찾을
수 없는 처지라는 사실을 강조하여 주인공에게 동정하도록 유도하고
있다. 이러한 화자의 태도는 유충열의 모친 장부인이 마철에게 잡혀 간
혀 있을 때 그녀를 "가련ᄒ다 장부인이여 팔자도 무쌍ᄒ고 신셰도 망칙

ᄒ다"라고[11] 하는 데서도 잘 드러난다. 이와 유사한 표현이 등장하는 또 다른 예를 살펴보기로 한다.

이쩌 부인이 낭자의 신세 싱각ᄒ니 정신이 아득ᄒ야 이제 비록 도망ᄒ야 와쓰나 청춘 여자를 다리고 어디로 가 살며 혹 살아난들 승상과 현셔를 이별ᄒ고 살아셔 무엇ᄒ리 차라리 이 물의 쌘져 죽으리라 ᄒ고 낭자를 속여 뒤보난 체ᄒ고 급피 청수의 가 신을 버셔 물가의 놋코 청강녹수 집푼 물의 쒸여 드니 가련ᄒ다 강승상의 부인 빅옥 갓탄 고흔 몸이 어복중의 장사ᄒ니 엇지 안이 가련ᄒ랴(『전집』 2, 348면)

위의 인용문은 강희주의 부인 소씨가 도망하다가 딸을 남겨두고 물에 빠져 죽는 장면이다. 화자는 강희주 부인의 자살 장면에서 "가련ᄒ다 강승상의 부인 빅옥 갓탄 고흔 몸이 어복중의 장사ᄒ니 엇지 안이 가련ᄒ랴"라고 했다. 그녀의 죽음의 가련함을 강조하기 위하여 두 번에 걸쳐서 가련하다는 말을 하고 있고, 또 백옥 같은 고운 몸이 물고기 밥이 됨을 강조하고 있다.

이 작품에서는 주인공 유충열의 처지에 동정심을 보여주는 대목도 많이 등장한다. 예를 들어 천자가 위기에 빠져 항서를 손에 들고 통곡하면서 항복하려고 나오는 장면에서 유충열이 등장하여 천자를 구하고, 충신도 역신이 되느냐면서 황제가 부친을 원찬함을 통탄하는 장면에서 이런 표현이 등장한다.[12] 또한 유충열이 정한담에게 속아 함정에 빠진 장면에서도 이런 표현이 등장한다.[13]

(유충열이 모친의 제를 지내고) 우난 소리 용궁의 사못치고 산천이 흠누ᄒ니 용신도 낙누ᄒ고 산신령도 비감ᄒ다 이쩌 빅포장 니외간의 귀경ᄒ난 스룸

---

11) 『전집』 2, 341면.
12) 실피 통곡ᄒ며 머리를 짜의 두달리니 산천초목도 시러ᄒ며 만진중이 낙누 안이 ᄒ리 업더라(『전집』 2, 355면)
13) 가련ᄒ다 유충열이 적장의 꾀여 쌘져 흠졍의 드러쓰니 명지경각이라(『전집』 2, 357면)

더리 원슈의 축문 외오며 우난 소리를 드르니 셜셕간장 안이여든 뉘가 안이 낙누ᄒ며 초목금슈 안이여든 언이 뉘가 안이 울이 좌우방빅 수령더른 ᄲ리난 이 눈물이요 각읍 군수현령더른 셔로 보고 실펴우니 그 중의 환과고독 셔룬 스롬은 방셩통곡ᄒ난 소리 강쳔이 창망ᄒ야 일월이 무광ᄒ고 운무 자옥ᄒ야 쳔지 나직ᄒ다(『전집』 2, 372면)

위의 인용문은 유충열이 모친의 제를 지내고 울 때의 장면을 묘사한 곳이다. 그런데 인용문에서 보듯이 다양한 군상의 구경꾼들이 모두 슬퍼서 눈물을 흘리거나 통곡하고 있으며, 그런 분위기에 맞도록 일월이 빛을 잃고 운무가 자욱하여 천지가 가라앉아 있다고 표현하였다.

서로 부들고 방셩통곡ᄒ난 졍이 만리호국의 부친 만날 ᄯᅢ와 비나 더ᄒᆞᆫ지라 ᄯᅳᆺ밧긔 모자 상봉ᄒ여ᄲ니 (…중략…) 밤ᄀᆞᆯ고 실푼 졍은 일구난설이라 부인이 말ᄒᆞ면 츙열이 울고 츙열이 말ᄒᆞ면 부인이 운니 쳥쳔일월이 무광하고 산쳔초 목도 다 실어ᄒ난듯(『전집』 2, 373면)

위의 인용문은 유충열이 어머니와 상봉하는 장면을 보여준다. 그런데 다른 작품에서도 보여주었듯이 두 사람의 기쁜 상봉 장면에서도 역시 슬픔을 위주로 표현하고 있다. 인용문에서 보듯이 둘이 붙들고 방성통곡한 후에 부인이 말하면 충열이 울고, 충열이 말하면 부인이 우니 해와 달이 빛을 잃고 산천초목도 다 슬퍼하고 있다고 하였다. 곧 이 장면에서도 기쁨을 기쁨으로 표현하지 않고 슬픔으로 표현하였다. 이것은 독자의 감정, 특히 눈물샘을 자극하려는 의도가 작용한 것으로 볼 수 있다.

다음에는 유충열의 주변 인물은 아니지만, 유충열 편에 속하는 인물들, 곧 황태후와 황후·태자와 관련된 장면의 표현을 살펴보기로 한다.

(황태후가) 이러타시 통곡ᄒ니 피갓탄 져 눈물은 소상강 져문 비가 반죽의 ᄲ리난듯 가련ᄒ다 만승황후 시년이 이십팔셰라 옥빈홍안 고은 얼골 월틱화 용 긔ᄒᆞᆫ 몸이 여러 날 잠 못자고 굴머쓰니 형용이 초최ᄒᆞᆫ 중의 호왕이 잡아닐

세 흉악훈 군사놈이 억지로 끌너니니 유혈이 만면호고 의상이 남누호니 청천
의 발근 달이 흑운 속의 잠겨난 듯 녹수의 홍연화가 흑비를 머금은듯 가련호
고 실푼 경상 참아 보지 못홀네라(『전집』 2, 364면)

위의 인용문은 호왕에게 잡혀간 황태후와 황후, 태자가 온갖 형벌과
죽음을 당할 위기에 처했을 때 화자가 이들의 심정을 표현하면서 독자
들의 감정에 호소하는 대목이다. 화자는 이들의 눈물과 슬픔을 이비의
소상반죽의 고사와 연결시키고, 또 고귀한 이들의 얼굴에 유혈이 가득
하고, 남루한 의상을 입고 있는 비참한 처지를 여러 비유적 표현으로
보여주면서 독자들의 감정에 호소하고 있다. 또한 "밝은 달"과 "홍연화"
의 처지에서 "흑운"과 "흑비"의 처지로 전락한 비참함을 대조적으로 묘
사함으로써 독자들이 동정심을 갖도록 유도하였다. 그리고 화자는 인용
문 끝부분에서 보듯이 "가련호고 실푼 경상 참아 보지 못홀네라"와 같
은 표현을 통해 독자들이 이들의 처지에 동정심을 가져야 한다고 결론
을 내리고 있다.

이처럼 『유충열전』에는 유충열의 경우뿐만 아니라 그의 주변 인물,
심지어 황족에 이르기까지 모든 인물들의 고난 장면에 기회만 있으면
화자가 동정심을 표하고 있다. 이것은 『유충열전』이 화자의 동정심을
유도하는 표현을 통해 독자의 감정에 호소하는 구조로 작품이 이루어
졌음을 보여준다.

화자가 독자들의 감정에 호소하여 흥미를 유지하려는 방법은 『조웅
전』에도 등장한다. 먼저 조웅이 황제를 만나고 돌아온 후에 부친의 원
수를 갚는 문제를 두고 모자가 대화를 나누다가 슬퍼하면서 통곡하는
장면에서 그것을 확인할 수 있다.14) 뿐만 아니라 이두병이 황제를 내쫓
고 황제의 자리에 오르자 조웅 모자가 앞날을 걱정하는 장면에서 화자
의 감정적 설명이 등장한다.

---

14) 셜파의 모즈 셔로 통곡호니 그 경상이 초목호더라(『전집』 3, 104면)

시즁 민환이며 너외 궁노비 등이 호천고지ᄒᆞ며 망극이통ᄒᆞ니 챵천이 욕호ᄒᆞ고 빅일이 무광ᄒᆞ더라 이ᄢᅥ의 왕부인이 이러ᄒᆞᆫ 변을 보고 더경실식ᄒᆞ야 왈 응당 죽으이로다 ᄒᆞ며 쥬야 하날을 향ᄒᆞ야 축슈하여 왈 웅의 나히 팔 셰라 죄 업는 거슬 살여주소셔 ᄒᆞ며 익결ᄒᆞ니 그 졍상을 ᄎᆞ마 보지 못ᄒᆞᆯ네라(『전집』 3, 105면)

위의 인용문에서 보듯이 시중 민환과 내외 궁노비 등이 애통하니 해가 빛을 잃고, 왕부인이 어린 조웅을 살려달라고 애걸하는 정상을 차마 보지 못하겠다고 하였다. 이러한 화자의 태도는 조웅 모자가 이두병의 화를 피해 도망하다가 사람들이 조웅 모자를 잡아 벼슬하겠다고 하는 말을 듣고 깊은 산으로 들어가서 서로 붙들고 통곡하는 장면에서도 찾아볼 수 있다.

집푼 산즁의 드러ᄀᆞ 바회 아리 슘어 붓들고 셔로 울며 왈 이졔난 아모 듸로 ᄀᆞ도 죽을 거시니 엇지ᄒᆞ리요 ᄒᆞ여 무슈이 통곡ᄒᆞ니 그 졍상을 칭양치 못ᄒᆞ너라 (…중략…) 부인이 웅을 붓들고 무슈이 통곡ᄒᆞ니 쳥산이 욕녈ᄒᆞ고 목셕이 다 스러ᄒᆞ는지라(『전집』 3, 108면)

위의 인용문에서 보듯이 화자는 모자의 통곡하는 정상을 측량치 못하겠다고 했으며, 또 청산이 욕열하고 목석이 다 서러워한다고 하여 조웅 모자의 고난에 동정심을 표하고 있다. 이런 표현은 두 사람이 도망하다가 부친의 비문을 등서하고 길을 떠나는 장면에도 등장한다.

필묵을 너여 비문을 등셔ᄒᆞ여 ᄀᆞ지고 통곡ᄒᆞ야 하직ᄒᆞ고 ᄯᅥ날싀 동셔남북의 어듸로 향ᄒᆞ리요 슬푸다 표박ᄒᆞᆫ 거름이 힁쟝의 푼전 업셔 쥬려 죽어도 뉘라셔 살여닐고(『전집』 3, 110면)

위의 인용문은 화자가 조웅 모자의 슬픔을 설명하는 대목이다. 화자는 조웅 모자가 떠돌이 신세임에도 불구하고 돈 한 푼 없어서 굶어죽을 처지지만 누구 하나 도와줄 사람이 없음을 탄식하고 있다. 또한 화자는 그들의 그런 처지가 "슬푸다"고 하면서 동정심을 표하고 있다.

조웅의 주변 인물들 가운데 조웅과 연분을 맺은 장소저와 그녀의 모친이 강호자사의 강압을 당하자 서로 붙들고 통곡하는 장면에서도 이와 비슷한 표현이 등장한다.

> 흐며 모녀(장소저와 모친) 붓들고 통곡흐이 경상이 가련흐야 일월이 무광흐고 죠슈 다 우는 듯흐더라(『전집』 3, 124면)

위의 인용문에서 보듯이 화자는 모녀의 처지를 동정하면서 "가련흐야 일월이 무광흐고 죠슈 다 우는 듯흐더라"고 하여 자연물인 일월과 조수가 그들의 처지에 동정심을 보이는 것으로 설명하고 있다.

지금까지 살펴본 바와 같이 『조웅전』의 경우에도 화자가 주인공과 주변 인물들의 고난의 장면에 개입하여 동정심을 보여주고 있다. 곧 주인공편의 인물들에게 화자가 동정심을 보임으로써 독자들이 그들에게 동정심을 표하도록 유도하고 있다.

화자의 이런 표현 방식은 『이대봉전』에도 비슷하게 나타난다. 이제 『이대봉전』에 나타나는 이러한 표현의 예를 몇 가지 살펴보기로 한다.

> 이럿탓 분연흐며 통곡흐니 초목금수도 다 눈물을 흘이난 듯흐고 흐더라. 연연이 악수상별할 졔 그 가련흐고 슬푼 거동 차마 보지 못할네라(『전집』 2, 382면)

위의 인용문은 이대봉이 적소에 갈 때 모친에게 이야기하면서 통곡하는 장면이다. 화자는 이 장면에서 초목금수도 다 눈물을 흘리는 듯하다고 하면서 또한 그 이별하는 모습이 가련하고 슬퍼서 차마 보지 못하겠다고 표현하고 있다. 이 작품에는 이와 유사하거나 좀 더 심하게 표현된 대목들도 있다.

결박한 거슬 쓸너 시량을 몬져 풍낭 즁의 밀치니 일월리 무광ᄒ고 강신하빅이 다 시러ᄒ고 초목금수도 합누하니 하물며 사람이야 일너 무심ᄒ랴만는 무지한 션인 등은 금수만도 못한지라(『전집』 2, 383면)

만경창파 집푼 물의 풍닝이 요란한듸 십삼세 어린 디봉이 수즁고혼 가련ᄒ다(『전집』 2, 383면)

위의 인용문은 왕회의 지시로 십여 명의 사공들이 이익과 이대봉을 죽이려고 물에 빠뜨리는 장면을 설명한 대목이다. 첫 번째 인용문은 이익을 물에 빠뜨리자 일월이 무광하고 강신인 하백이 슬퍼하고 초목금수도 눈물을 흘리는데, 무지한 사공들은 금수만도 못하다고 비판하고 있다. 두 번째 인용문은 물에 빠진 이대봉의 처지를 동정하면서 수중고혼이 가련하다고 하였다. 두 인용문 모두 화자가 주인공쪽의 인물들이 고난에 빠진 처지를 동정하고 있다는 점에서 공통된다. 화자의 이런 표현은 이대봉 모친의 처지를 설명하는 대목에서도 비슷하게 나타난다.

잇찌 부인은 가군과 디봉을 싱각ᄒ야 하날를 우러러 신셰을 자탄ᄒ며 눈물노 셰월을 보니니 참옥한 형상을 엇지 다 셩언ᄒ리요(『전집』 2, 385면)

위의 인용문은 이대봉의 모친이 남편과 아들을 생각하고 자탄하며 세월을 보내는 장면을 묘사한 것인데, 화자는 "참옥한 형상을 엊지 다 셩언ᄒ리요" 하면서 그 참혹한 처지에 한없는 동정심을 보이고 있다. 그런가 하면 화자 스스로 명나라가 망할 위기에 빠지자 탄식하면서 영웅을 기다리기도 한다.

슬푸다 디명사직 억말 연 치국으로 일조의 돈견 갓탄 흉노의게 사직을 이러쓰니 엇지 안이 분할소냐 뉘라셔 강적을 쇠멸ᄒ고 중원사직을 회복하라(『전집』 2, 398면)

위의 인용문은 흉노가 침략하여 성중에 들어가 종묘사직을 불태우고 천자의 자리에 앉아 호령하는 모습을 본 화자가 이를 한탄하면서 영웅, 곧 이대봉의 등장을 고대하면서 한 말이다. 화자는 명나라가 돈견 같은 흉노에게 사직을 잃은 것이 슬프고 분하다고 하고 있다. 이것은 독자들의 공분을 불러일으키려는 의도가 깔린 화자의 자탄적 표현으로 보인다. 그런가 하면 장애황의 처지와 관련된 표현 가운데도 위에서 살핀 표현과 유사한 곳들이 있다. 그 가운데 하나만 예로 들어 살펴보기로 한다.

원수 자연이 비창하야 옥수로 가삼을 쑤다리며 방성통곡 왈 (…중략…) 이러타시 통곡하니 좌우 졔장과 만군중이 낙누하며 하는 마리 우리 원수 장한 위풍 부인으로 환칙하니 연연한 거동과 이연한 모양이 진실노 요조숙여라 이원한 곡셩 청쳔도 늑기우고 강신 하빅도 실러하며 초목 금수도 다 실어하는 듯하더라(『전집』 2, 408면)

위의 인용문은 장애황이 대원수가 되어 선우를 물리치고 이대봉 부자를 위해 제를 지내고 통곡하는 장면이다. 여기서 화자는 장애황이 가슴을 두드리며 통곡하는 장면을 보여주고, 그것을 구경하는 군중뿐만 아니라 강신 하백과 초목금수가 모두 슬퍼하는 듯하다고 했다. 곧 화자는 독자들이 주인공의 처지에 동정심을 표하도록 하기 위하여 작품의 분위기를 슬픈 정조로 표현하고 있다.

지금까지 논의한 바와 같이 완판 영웅소설의 화자는 독자들의 감정에 호소하기 위하여 다양한 방식으로 동정심을 표현하였다. 주인공의 고난스런 장면을 슬픔으로 표현하면서 이를 동정하는 경우가 있었고, 그동안 헤어졌던 가족들의 만남의 기쁨을 슬픔으로 표현한 경우도 있었다. 또한 그 광경을 본 자연물들까지 슬퍼한다는 표현으로 독자들의 동정심을 유도한 경우도 있었고, 주인공 주변 인물들의 처지에 동정심을 표하는 경우도 있었다.

이러한 점들을 종합할 때 완판 영웅소설은 대부분 화자의 개입에 의
한 감정 노출의 과다함을 보이고 있다. 이것은 완판 영웅소설의 작자가
독자의 흥미를 끌기 위한 방법의 하나로 화자의 감정적 개입을 활용한
것과 무관하지 않을 것이다. 또한 이런 방식의 표현법은 결국 독자의 감
정에 호소하여, 곧 독자의 눈물샘을 자극하여 상품성을 높이려는 방각본
업자들의 의도가 작용했을 가능성을 보여주는 근거들이라고 할 수 있다.

4. 삽입가요의 활용

완판 영웅소설은 전주 지역을 중심으로 유통되었다. 그런데 이 지역
은 당시 판소리가 크게 유행한 지역이었다. 이런 지역적 특성 때문에
당시 소설의 독자들 가운데 노래 형식으로 공연되던 판소리에 호감을
가진 독자들이 많았을 가능성이 있다. 완판 영웅소설이 소설의 상품성
을 추구했다는 점을 고려할 때 방각본 업자는 완판 영웅소설에 이러한
지역 독자들의 취향을 어떤 형태로든 반영했을 가능성이 있다. 바로 그
좋은 근거가 완판 영웅소설에 등장하는 판소리의 노래 형식과 유사한
삽입가요의 등장이다.15)

이미 일부 논의가 이루어진 바와 같이16) 완판 영웅소설에는 삽입가

---

15) 완판 영웅소설에 등장하는 삽입가요는 흔히 가사체로 통칭되는 4음보 형식의 율격
을 가진 작품들과 시조 형의 작품들, 자탄가 형의 작품들, 한시 형의 작품들이 있는데,
이들 가운데 한시 형을 제외하고 나머지를 모두 삽입가요에 포함시켜 논의한다. 다만
고소설 가운데는 4음보 형식으로 이루어진 문장들이 흔히 발견되는데, 이 경우에는
그 형식이 4음보 형식을 따르는 경우가 부분적으로 있다고 하더라도 노래 형식은 아
니므로 이 논의에서 제외한다.

16) 김경숙, 「『이대봉전』 일고」, 『열상고전연구』 제8집, 열상고전연구회, 1995, 273~294
면; 박일용, 「『유충열전』의 문체적 특성과 그 소설사적 의미」, 『홍익논총』 25, 홍익대

요가 여러 작품에 등장하고 있다. 이것은 노래 형식의 표현을 통해서 독자들의 관심을 끌고, 그 곡조에 맞는 낭독체 형식을 통해서 판소리의 문체가 갖는 노래적 체험을 경험하도록 유도하기 위한 방법으로 채택되었을 것이다. 곧 판소리에 친숙한 독자들에게 노래와 같은 표현들을 삽입시킴으로써 독자들이 작품에 친숙함을 느끼도록 배려하였을 것으로 보인다. 따라서 여기서는 완판 영웅소설의 여러 작품 가운데 판소리의 성격을 갖는 이런 삽입가요가 어떤 형식으로 어떻게 활용되고 있는지 그 양상을 살펴보려고 한다.

『소대성전』에는 두 곳에 이런 삽입가요가 등장한다. 해당 대목을 인용하여 살펴보기로 한다.

전국적	시졀인가	풍진도	요란ᄒ며
초한적	쳔지런가	살기도	무궁ᄒ다
홍문연	잔치런가	칼츔은	무삼일고
픠퇵의	잠긴 용이	구름을	어더시며
초산의	모진 범이	바람을	일어쏘다
항장의	눌닌 칼이	쓸고지	젼혀업다
즁양의	통소 〃리	월ᄒ의	이려나니
장즁의	잠든 픠왕	혼빅이	놀닉쏘다
음능	묘분 질의	월식이	희미ᄒ니
오강	널운 물의	슈운이	젹막ᄒ다
역발산	기긔셰도	강동을	못가거던
필부	형경이냐	역슈을	건녈소냐
거문고	흔곡죠의	살별이	셧겨시니
가련타	져 장ᄉ야	갈질리	어디미요
멀고먼	황쳔질의	묘심ᄒ야	가것스라
가다가	쯰치거든	현도을	닷거셔라(『전집』1, 579면)

학교, 1993; 임성래, 「완판 영웅소설의 판소리 문체 수용 양상」, 『판소리연구』 제12집, 판소리학회, 2001, 7~30면.

위의 인용문은 자객 조영이 소대성을 죽이려고 서당에 들어왔을 때 소대성이 칠현금을 무릎 위에 올려놓고 연주하면서 조영을 향해 부른 노래이다. 이 노래는 소대성이 자신을 죽이려는 조영의 행동을 희롱하면서 황천길을 조심해서 가고 잘못을 깨우치라는 내용이다. 이 노래 형식은 전형적인 4음보 형식의 가사체를 따르고 있어서 이런 형식의 노래에 익숙했던 당시 독자들에게는 친근감을 주었을 것이다.

소대성은 그동안 머물던 이승상의 집을 떠나면서 벽에 이별시를 붙이고 떠나는데, 그 이별시의 내용을 인용하여 그 특징을 살펴보기로 한다.

> 이별시을 벽샹의 붓치니 ᄒ여씨되
> 쥬인의 은혜 즁ᄒ미여 티산이 가부엽쏘다
> ᄉ롬이 지음을 일의미여 의퇵이 장구치 못ᄒ리로다
> 후손이 불효ᄒ미여 원슈을 미즈쏘다
> 즈긔의 보검이 쵹ᄒ의 빗나미여 잔명을 보젼ᄒ야 쳔리을 향ᄒ는쏘다
> 알음다온 인연이 쁜구름 되여시니
> 아지 못게라 어느 날에 디셩의 그림진나 이 집의 다시 이르리요(『전집』1, 579면)

위에 인용한 이별시는 그 나름대로 운율을 맞추고 있지만 완전한 정형은 아니다. 그러나 그 나름의 율조를 지닌 노래 형식으로 이루어진 것을 확인할 수 있다. 또한 "…… 미여 …… 쏘다"라는 어구의 반복 형식은 리듬감과 함께 시적 운율을 살리고 있다. 특히 3음보와 2음보 대구 형식은 독특한 노래 형식을 보여주고 있다. 따라서 『소대성전』에 삽입된 노래는 4음보 형식의 가사체 형과 3음보와 2음보 대구 형식의 시 형식으로 이루어진 것을 확인할 수 있다.

다음에는 『유충열전』에서 활용되고 있는 삽입가요를 살펴보기로 한다.17) 『유충열전』에는 두 곳에서 뭇 백성들이 노래하는 장면이 등장하

---

17) 『유충열전』에서는 도처에서 4음보 형식으로 이루어진 문장들을 발견할 수 있다. 등

는데, 둘 다 유충열을 송덕하는 내용의 노래이다.

이바 벗님ᄂᆡ야 가ᄉᆡ 가ᄉᆡ 어셔 가ᄉᆡ
만고역적 졍ᄒᆞᆫ담을 우리 원슈 장군임이
사로자바 두 팔 ᄭᅳᆫ고 젼후 죄목 무른 후의
ᄇᆡᆨ셩들 뵈이랴고 장안시의 베인단이
밧비밧비 어셔 가셔 그 놈의 살을 베혀
부모 일은 ᄉᆞ롬은 부모 웬슈 ᄀᆞᆸᄑᆞ주고
자식 일은 ᄉᆞ롬은 자식 웬수 ᄀᆞᆸᄑᆞ주시(『전집』 2, 368면)

이것은 유충열이 정한담을 사로잡아 장안시에서 베기 위해 수레에 싣고 나올 때 장안 성중의 백성들이 서로 구경가자고 권하면서 부른 노래이다. 이 노래는 4음보 형식으로 이루어진 가사체의 노래이다. 또 다른 예를 하나 들어보기로 한다.

천운이 순환ᄒᆞ아 ᄃᆡ명이 발가쓰니
만고의 어진 영웅 뉘집의 낫단 말가
동셩문 다리 안의 유상공의 집이로다
역적이 ᄊᆡ모로고 ᄲᅩᆼ나무 활을 ᄆᆡ니
원슈의 가진 칼이 사ᄒᆡ의 발가ᄯᅩ다
승젼곡 ᄒᆞᆫ 소ᄅᆡ여 합몰도적ᄒᆞ야 천ᄒᆞ가 ᄐᆡ평ᄒᆞ니
호국의 죽은 군친 고ᄒᆡᆼ의 사라오고
여렴의 잇난 처자 부모 ᄒᆞᆷ긔 동낙ᄒᆞ니
우리 인군 덕이 놉파 일통츈광호시졀의 ᄇᆡᆨ화만발 피여쓰니
화젼ᄒᆞ는 ᄇᆡᆨ셩드리 뉘안이 송덕ᄒᆞ리
우리 유원슈 부모 만나 다남다녀 ᄒᆞᄋᆞ소셔(『전집』 2, 373~374면)

장인물들의 말이나 화자의 설명 등에서 그런 예를 찾을 수 있다. 그러나 여기서는 이들이 노래가 아니므로 다루지 않고 노래로 이루어진 두 곳의 작품만 예로 들어 살피기로 한다.

이 장면은 유충열이 모친과 강승상을 구해서 돌아오는 장면에서 영
능에 이르렀을 때 화창한 봄날을 맞이하여 그곳 백성들이 유충열을 송
덕하면서 부른 노래이다. 일부 4음보에서 벗어난 부분도 있으나 전체적
으로 4음보 형식으로 이루어진 노래이다. 그러므로 이 대목도 가사체
형식으로 이루어진 노래라고 할 수 있다. 이렇게 보면『유충열전』에 삽
입된 작품들은 4음보 형식의 가사체 노래임을 확인할 수 있다.

다음에는『조웅전』에서 활용되고 있는 삽입가요를 살펴보기로 한다.
완판 영웅소설 가운데 가장 많은 노래를 삽입하고 있는 작품이『조웅
전』이다. 그만큼『조웅전』에는 삽입가요가 자주 활용되고 있다. 여기서
는 그 가운데 한시형을 제외한 나머지 작품을 중심으로 살펴보기로 한
다.18)

> 국파군망ᄒ니 무부지ᄌ 나시도다
> 문졔가 슈졔되고 티평이 난셰로다
> 쳔지ᄀ 불변ᄒ니 산쳔을 곳칠숀야
> 삼강이 불퇴ᄒ니 오른을 곳힐손야
> 쳥쳔빅일 우쇼소난
> 츙신원루 안이시면 쇼인의 화싀로다
> 슬푸다 챵싱들야 오호의 편쥬타고
> ᄉ희예 노이다가 시졀을 기다려라(『젼집』 1, 106면)

위의 노래는 관동이 부르는 시절노래를 조웅이 큰길에서 들은 내용
이다. 이두병이 황제의 자리를 차지한 것을 풍자한 내용으로 4음보 형
식의 가사체의 노래이다. 조웅이 이두병의 행위를 비난한 글도 역시 4
음보 형식의 가사체로 이루어져 있다.19) 이와 같은 4음보 형식의 가사

---

18)『조웅전』에는 한시 형식의 노래가 여러 수 삽입되어 있다. 조웅이 조웅검을 구하는
장면에 등장한 한시, 조웅이 장소저에게 준 신물에 쓴 한시 등이 있다. 또한 조웅이 이
두병의 처사를 비난한 글도 4음보 형식의 가사체로 되어 있으나 노래가 아니기에 논
의에서 제외한다.

체로 이루어진 작품으로는 조웅이 태자를 구하려고 계량도에 갔을 때 한 미인이 거문고를 타면서 부른 노래를 들 수 있다.

옥도치 금도치 양풍나라 들계 가라
벼히도다 월궁 계슈 벼히도다
무위닌이 계양도라
모시도다 모시도다 올이 황즈 모셔도다
셜이미 흔 가지예 광풍 불이 곳 쩨도다
모와도다 모와도다 슝죠 츙신 모외도다
이연의 셩읍흐고 삼연의 셩되련이
엇지타 결쥬 풍악 다 실허발이도다
비난이다 비난이다 하눌임게
오날밤 오경시을 함지예 머무쇼
뭇노라 야하시요 소슬흔풍 이려나며
열츙신 부어잡고 눈물노 흐직흐니
미구흐니 안이신가
바릭ᄂ니 셩손 미화 모혜의 슴거쥬오(『전집』 3, 129~130면)

　위에 인용한 작품은 태자가 죽을 상황에 놓였을 때 그곳에 있던 매화라는 기생이 부른 노래이다. 거문고 가락에 맞춰 부른 노래이기 때문에 일부 정형에서 흩어진 모습을 보이는 곳도 있지만 전체적으로 4음보 형식의 가사체 노래라고 할 수 있다. 이와 같은 형식의 노래는 조웅이 그곳의 자사와 수령을 모두 처참한 후에 여러 사람들과 즐길 때 태자가 매화에게 태평곡을 부르라고 하자 매화가 부른 태평곡에서도 찾을 수 있다.

---

19) 슝실이 쇠미흐니 간신이 만됴로다 / 만민이 불힝흐야 국상이 나시됴다 / 동궁이 미즁흐니 쇼인의 득셰취라 / 만고 쇼인 이두병은 벼살이 일품이라 / 무슴혈 부죡으로 녁젹이 되단말가 / 천명이 완젼거놀 네 어이 쟝슈흐리 (…하략…) (『전집』 3, 106~107면)

반갑쏘다 반갑쏘다 셜리 츈풍 반갑도다
더듸도다 더듸도다 쳘이마 타온 힝츠 어이 글리 더듸든고
틱고젹 시졀이가 쳥틱을 가리더가
오싴돌 고히 갈라 긔보 젼ᄒ시던가
염졔 셰쇠 올리거던 이졍블힝 ᄒ시던가
상빅쵸 약을 지여 인싱을 구ᄒ던야
(…즁략…)
어와 빅셩들라 츙희로 틱평쥬 비져
여군동취ᄒ여 만셰 동낙 ᄒ올이라
만셰 만셰 만만셰예 공덕을 싸올이라(『젼집』3, 131면)

매우 긴 노래여서 대부분을 생략했지만 전체적으로 4음보 형식의 가사체로 이루어진 작품임을 확인할 수 있다. 다음에는 조웅이 선생을 찾으려고 강선암에 이르렀을 때 채약하던 여동이 부른 노래를 살펴보기로 한다. 이 노래는 조웅에게 학산을 찾아가라고 지시하는 노래인데, 역시 4음보 형식의 가사체로 이루어져 있다.

셕경 좃는 손니 슉긱일시 분명ᄒ다
팔쳔병 어디두고 독힝 쳘니 ᄒ시는가
국은롤 싱각ᄒ고 션싱를 추즈온들 은더 보필ᄒ니
빅운롤 잡아타고 소힝니 양양ᄒ다
암숭의 져 장군은 갈질니 밥분지라
학손의 유ᄉᄒ니 그리로 갈지여다(『젼집』3, 184면)

비교적 짧은 노래지만 역시 4음보 형식의 가사체 노래임을 확인할 수 있다. 이처럼 『조웅전』에는 길이에 상관없이 4음보 형식의 가사체 노래들이 많이 삽입되어 있음을 확인할 수 있다.

『조웅전』에는 그 외에도 수많은 노래가 등장하는데, 그 가운데 대표적인 것이 시조형의 노래들이다. 여기서는 시조 형식의 작품들을 살펴

보기로 한다.

산수 갈련지요 낭난은 제왕쥐라
의의훈 궁궐은 누을 의자호여 뷔여노고
아마도 님자 되고자 호이 천분된가 호노라(『전집』 3, 128~129면)

이것은 번왕이 미색을 보내 조웅을 회유하려는 대목에서 번왕의 궁녀가 부른 노래이다. 4음보로 이루어진 전형적인 평시조 형식의 노래임을 확인할 수 있다. 이런 평시조 형식의 노래는 번왕이 데리고 있는 금년이란 궁녀가 조웅을 위해 거문고 반주로 노래한 것이 있다.

월디 월디 망월디야 일월가치 빗눈 츙을
쳥가 일곡으로 네가 엇지 굽필소야
미지라 송실지보혀여 송실지보혀로다(『전집』 3, 129면)

종장에 반복이 있지만 전체적으로는 4음보 형식의 평시조의 작품이다. 이와 같은 평시조 형식의 노래는 계량도의 태자 곁에 있던 매화라는 기생이 부른 작품에서도 찾을 수 있다.

산즁 직야우의 봄 쇼시 들려본야
오며 안이옴은 셜미 네 알이라
미화야 알연마은 야유 알가 호노라(『전집』 3, 130면)

위의 작품은 평소와 달리 태자의 얼굴이 밝음을 보고 구신하들이 그 연유를 묻자, 태자가 그들에게 조웅이 나라를 회복하기 위해 찾아왔다는 이야기를 매화의 노래로 알려준 것이다. 역시 4음보로 이루어진 평시조 형식의 노래임을 알 수 있다.

그런데 『조웅전』에는 이 시조형의 노래 가운데 가사체와 비슷한 지름시조 형식으로 나아간 작품들도 있다. 그와 같은 작품의 예를 들어 살펴보기로 한다. 다음 작품은 조웅이 장진사의 초당에 머물 때 그 집의 장소저가 노래한 작품이다.

> 초산의 남글 뷔여 긱슬을 지은 쓰즌 인걸을 보려더니 영웅은 간디업고 걸긱만 혼이 온다
> 셕상의 오동 뷔여 금슬 망근 쓰즌 원앙을 보려더니 원앙은 안이오고 오쟉만 지져괸다
> 아희야 존 즈바 슐부어라 만단 슈회을 지허볼ㄱ 흐노라(『전집』 3, 115면)

이 작품의 내용은 주인이 객실을 지은 것은 영웅을 보려는 것이었으나 영웅은 오지 않고 걸객만 온다면서 조웅을 걸객에 비유하여 조롱한 것이다. 이 작품은 종장에서 그 나름대로 시조 형식을 유지하고 있으므로 지름시조 형식이라고 볼 수 있다. 그리고 1장과 2장은 반복적 대조 형식으로 이루어져 있고, 가사체처럼 4음보가 중첩된 변형 시조형의 노래라고 할 수 있다. 이 노래를 들은 조웅도 같은 지름시조 형식의 노래로 화답한다.

> 십년을 공부흐야 천문됴을 비혼 쓰즌 월궁의 소소올나 힝아을 보려더니 세연이 잇도더니 은하의 오작교 업셔 오르기 어렵쏘다
> 소샹의 디을 베혀 통소을 망근 쓰진 옥셥을 보려흐고 월하의 슬피 분들 지음을 뉘 알이요
> 두어라 알이 업스니 원긱의 슈회을 위로홀ㄱ 흐노라(『전집』 3, 115면)

위에 인용한 작품은 조웅의 심회를 표현한 것인데, 오작교가 없어서 오르기 어렵고 통소를 불어도 지음이 없음을 탄식하는 내용이다. 이 작품 역시 장소저의 뜻을 떠보려는 내용이 주를 이룬다. 그리고 이 작품도 4음보 형식의 가사체와 유사한 지름시조 형식을 택했다는 점에서 앞의 작품과 공통점을 보인다.

지금까지 살핀 바와 같이 『조웅전』에 등장하는 노래들은 평시조형과 지름시조형, 가사체 형이 주류를 이루고 있다. 물론 한시형으로 이루어진 경우도 있고, 논의에서 제외했지만 조웅이 이두병의 행적을 비난하면서 붙인 글처럼 4음보 형식으로 이루어진 문장도 많이 발견할 수 있다. 주지하듯이 『조웅전』은 3권으로 이루어진 작품이다. 작품의 분량이 많기 때문에 그만큼 독자들의 흥미를 지속시키는 일이 중요했다고 할 수 있다. 이런 점들이 고려되어서 『조웅전』에는 다양한 형식의 노래들이 삽입되었을 것이다.

다음에는 『이대봉전』의 경우 이러한 삽입가요가 어떻게 활용되고 있는지 살펴보기로 한다. 『이대봉전』에 등장하는 삽입가요는 형식상 노래 형식을 따르고 있지만 노래라기보다는 등장인물의 감정을 그대로 드러내는 탄식조가 주류를 이루고 있다. 그 가운데 하나 예를 들어 살펴보기로 한다.

> 만경창파 깁푼 물 풍낭이 도도ᄒ고
> 으의월식 츄야장으 강심도 젹막한듸
> 심이사장 노던 빅구 동남으로 나러난니
> 고힝소식 뭇고지거 강수는 잔잔ᄒ고
> 월식은 삼경인듸 션즁의 안진 마음
> 고힝싱각 젹상 되야 잠들기리 망련이라
> 쳥쳔의 쓴 기럭기 촉빅셩 아울너셔
> 손으 수심 도와닌니 긱창한등 깁푼 밤의
> 들이난니 져 원셩이 강쳔으 낭자로다(『전집』 2, 382면)

위의 인용문은 이익 부자가 물에 빠지기 직전에 그들의 심회를 대신해서 작중 화자가 노래로 읊은 것이다. 이 작품은 4음보 형식의 가사체로 이루어져 있다. 『이대봉전』에는 이러한 4음보 형식의 가사체 노래가 몇 군데 더 있다. 그 가운데 하나를 들어보기로 한다.

우리 소졔 뉵신으로 와겨신가
영혼이 와겨신가 풍운의 싸여온가
반갑쏘다 반갑쏘다 더듸도다 더듸도다
소졔힝차 더듸도다 어이 그리 더듸던고
(…중략…)
박명한 난향이 만독입 쳥총본를 밧고
옥안 운빈 우리 소졔 여화위남하이시니
쳔고영웅 엄한위풍 겨뉘라셔 아러보리
우리 소졔 젼별 후의 주야 싱각 미졀 되야
여광여취 지니더니 명쳔이 도으시사
존중하신 우리 소졔 오날날노 보겨ㅎ니
반갑기난 예사되고 실푸기 칭양업네(『전집』 2, 388~389면)

위의 작품은 매우 길어서 일부를 생략했다. 그 내용은 장애황이 도망해서 오랫동안 헤어져 있다가 과거에 장원급제하여 다시 집에 돌아오자 몸종으로 있던 난향이 그 기쁨을 노래한 것이다. 이 작품의 형식은 생략한 부분에서 일부 변형이 있기는 하지만 전체적으로 4음보 형식의 가사체를 따르고 있다. 이와 비슷한 형식의 작품으로 군민들이 부른 노래가 있는데, 그 작품을 살펴보기로 한다.

흐르난니 유혈이라
유렬리 셩쳔하니 무릉도원 호유수라
강포한 져 흉적은 강포도 쓸듸업고
빅만디병 무용이라
단초롭다 원수힝장 필마단창 못당하고
포악한 져 도적이 으기량량 강셩터니
명쳔니 도으시사 티명회복 반갑쏘다(『전집』 2, 405면)

이 작품의 내용은 이대봉이 호적을 물리치는 장면을 칭송하여 군민들이 부른 노래이다. 그 형식은 인용문에서 보듯이 부분적으로 2음보도 있으나 전체적으로는 4음보 형식의 가사체로 이루어진 노래이다.

이상에서 살핀 바와 같이 『이대봉전』에 삽입된 노래들은 대부분 4음보 형식의 가사체로 이루어진 것을 확인할 수 있다.

지금까지 살핀 바와 같이 완판 영웅소설에는 다양한 형식의 노래가 삽입되어 있다. 대부분의 작품에 4음보 형식의 가사체의 작품들이 다수 삽입되어 있고, 평시조 형식과 지름시조 형식의 노래들도 삽입되어 있다. 뿐만 아니라 논의에서는 제외하였지만 한시형의 작품들도 삽입되어 있다. 이렇게 보면 완판 영웅소설은 다양한 형식의 삽입가요를 작품 구성의 한 요소로 활용하고 있는 것이라 할 수 있다.

그런데 완판 영웅소설이 상품성을 중시하는 방각본 소설이었다는 점을 고려할 때, 완판 영웅소설들에 이처럼 여러 종류의 노래가 삽입되어 있다는 사실은 판소리라는 노래 형식에 익숙했던 전주 지역 독자들의 취향을 고려하여 소설에 흥미를 갖도록 유도하려는 방각본 업자들의 의도와 밀접한 관련이 있을 것이다. 말하자면 완판 영웅소설에 다양한 형식의 노래를 삽입가요로 활용하여 작품을 구성한 것은 그 지역 독자들의 취향을 상업적으로 활용하여 상품성을 높이려는 방각본 업자들의 의도가 작용하여 나타난 현상으로 설명할 수 있을 것이다.

제 4 장

상품화의 문제

방각본 소설이 대부분 그러하듯이 완판 영웅소설도 그 상품화 과정에서 소설의 문학성보다는 상품성을 중시하였기 때문에 많은 문제를 안고 있다. 그 가운데 대표적인 것이 표현의 유사성과 줄거리의 동일성, 관습적 배경 설정, 전형적 인물의 관습화 등을 꼽을 수 있다. 따라서 이 장에서는 완판 영웅소설이 상품성에 치중한 결과 나타난 문제점을 살펴보기 위하여 위에서 언급한 항목들을 살펴보려고 한다.

1. 표현의 유사성

주지하듯이 방각본 소설은 소설의 상품화 과정에서 등장한 문학 상품이었기 때문에 작품의 문학성이나 예술성보다는 상품성을 중시하는 경향이 있었다. 말하자면 출판업자는 값싼 제작비를 들여 다량의 판매를 통해 이윤을 극대화하기 위한 상품으로 소설을 인식하고 있었을 것이다. 따라서 방각본업자는 방각본 소설을 전문 작가에 맡겨 문학성을 높이기보다는 얼치기 작가에게 맡겨 기계적으로 제작했을 가능성이 크다. 그러한 근거들 가운데 하나로 유사한 장면에서 비슷한 표현들을 적극 활용하고 있는 점을 들 수 있다.

완판 영웅소설의 경우에도 이러한 점은 크게 다르지 않은 것으로 보인다. 여기서 다루고 있는 여섯 작품을 살펴보면 유사한 장면이나 상황에서는 같거나 비슷한 표현을 쓰는 경우를 쉽게 발견할 수 있다. 곧 완판 영웅소설의 표현을 검토해 보면 유사한 장면에서 비슷한 표현을 사용한 경우가 매우 많다. 이것은 완판 영웅소설이 상품성을 중시한 방각본업자들의 의도에 따라 값싸고 빠르게 제작되었을 가능성이 있음을 보여준다. 따라서 그 실상을 파악하기 위해서는 유사한 장면에서 관용적으로 표현된 사례들을 비교하여 검토할 필요가 있다. 그러나 완판 영웅소설에 등장하는 그와 같은 사례들이 너무 많아서 다 다루기에는 무리가 따르므로 여기서는 몇 장면에 한정하여 각 작품에서 그것을 어떻게 표현하고 있는지 비교하여 살펴보기로 한다.

1) 슬픔의 표현

완판 영웅소설에서는 슬픔을 표현한 문장을 도처에서 찾을 수 있다. 작품이나 장면에 따라 작중 화자가 슬픔을 표출하기도 하고, 주인공이나 주인공편의 인물들이 어려움에 처했을 때마다 슬픔을 표현하기도 했다. 그런데 그 슬픔을 표현한 문장이나 형식이 서로 유사한 경우가 많다. 따라서 이런 표현의 유사성을 파악하기 위해서는 그 슬픔의 표현 형식을 몇 가지로 나누어 살펴볼 필요가 있다. 여기서는 먼저 관용적 표현을 앞부분에 붙인 형식의 문장을 예로 들어 살펴보기로 한다.

> 슬푸다 흥진비뤼는 ᄉ롬의 상ᄉ라 상셔 이런 영ᄌ을 두고 엇지 슈복이 장구ᄒ리요 (…중략…) 디셩을 불너 손을 잡고 눈물을 흘여왈 인명이 지쳔ᄒ니 엇지ᄒ랴 (…중략…) 원이 가슴의 미쳐쓰다(『소대성전』, 『전집』 1, 574면)

> 슬푸다 흥진비뤼는 사름의 샹ᄉ라 황졔졸연이 병을 어더 빅약이 무효ᄒ지라 (『장경전』, 『전집』 2, 518면)

> 슬푸다 흥진비뤼난 ᄉ룸의 상ᄉ로다 명년 추구월의 가다리 디국지경의 침노ᄒ미(『장풍운전』, 『전집』 2, 545면)

위의 세 예문은 모두 완판 영웅소설에서 화자가 슬픔을 표현한 대목을 뽑은 것이다. 첫 번째는 『소대성전』의 화자가 소대성의 부친이 어린 자식을 두고 죽는 장면에서 그 상황의 슬픔을 이렇게 표현한 것이다. 두 번째 인용문은 『장경전』에서 황제가 죽는 장면을 화자가 이런 표현으로 슬픔을 표시했다. 세 번째는 장풍운의 이별이 예정된 사건, 곧 가달이 침략하는 상황을 화자가 슬프다고 한 대목이다. 그런데 위의 예문에서 보듯이 화자가 그 슬픔을 표현하는 방식이 모두 같다. 곧 앞부분에서 고딕으로 강조한 문장처럼 "슬푸다 흥진비뤼는 ᄉ룸의 상ᄉ라"라는 관용적 표현 형식을 사용한 다음, 뒷부분에서 그 슬픔의 이유들을 제시하고 있다. 슬픔의 이유가 다른데도 화자는 동일한 표현 형식을 사용하여 슬픈 상황에 대한 독자들의 동정심을 유도하고 있다.

그런가 하면 앞부분에서 슬픈 이유나 장면을 보여주고, 거기에 덧붙여 뒷부분에서 관용적 표현을 사용하여 그 슬픔의 표현을 마무리하는 형식도 있다. 그와 같은 표현 형식의 예를 들어 살펴보기로 한다.

원슈 답왈 두로 빌어먹다가 운쥬셩듕의 드러가 디입방ᄌ 구실ᄒ다가 목스
쇼셩운을 만나 이리 되엿ᄂ이다 ᄒ며 슬피울거놀 보는 사롬이 안이울이 업더
라(『장경전』, 『전집』 2, 512면)

처사을 쳥ᄒ여 셔로 보게 ᄒ니 원슈 디하의 나려 관을 벗고 유셔와 모친 지
환을 드리며 통곡ᄒ니 쳐사 그 유셔을 보고 니 글시요 부인의 지환이 분명ᄒ
거날 셔로 붓들고 통곡ᄒ다가 부자 기졀ᄒ거날 신답은 쳐사을 위로ᄒ고 졔장
은 원슈을 위로ᄒ니 팔십만 디병과 상하 인민이 안이 실허ᄒ리 업더라(『장경전』,
『전집』 2, 513면)

초공이 셕스을 싱각ᄒ니 ᄌ연 비감ᄒ여 눈물이 비오듯 ᄒ난지라 산쇼의 드
러간이 풀이 ᄌ옥ᄒ고 분상이 퇴낙ᄒ여 ᄆ음이 슬픈지라 분묘을 붓들고 디셩
통곡ᄒ니 보는 사롬이 아니 슬허ᄒ리 업더라(『장경전』, 『전집』 2, 517면)

부인(경패)이 ᄒ날을 우러러 크게 ᄒ소리ᄒ고 아희를 안어낫칠 ᄒ티 디이고
자란의 손을 잡고 업더져 기졀ᄒ니 모든 사롬이 보지 못ᄒ여 도라서며 안이울
이 업더라(『장풍운전』, 『전집』 2, 561면)

원슈 드러ᄀ 낭ᄌ을 보미 졍신이 아득ᄒ여 아모 말도 못ᄒ고 셔로 붓들고
통곡ᄒ니 보는 승드리 아니 울이업더라(『장풍운전』, 『전집』 2, 554면)[1]

위의 예문들은 『장경전』과 『장풍운전』에서 뽑은 것이다. 작품에 상관
없이 슬픔을 표현하는 형식이, 앞부분에서 그 슬픈 까닭을 설명하거나
슬픈 장면을 보여주고 뒷부분에서 고딕으로 강조한 "보는 사롬이 안이
울 이 업더라"는 관용적 표현으로 문장을 마무리하고 있다. 곧 어떤 작
품에서 어떤 종류의 슬픔이었든지 상관없이 보는 사람들이 모두 슬퍼했
으니, 독자들도 그 슬픔에 동참하기를 권하는 형식으로 이루어져 있다.
이와 같은 형식을 활용한 표현법 가운데는 다음과 같은 것들도 있다.

---

1) 장풍운이 이경패를 만나는 장면이다.

승상(장경)을 붓들고 통곡왈 승상이 죽어 호이 화계신잇가 이 산즁을 엇지
차자오신잇가 ᄒ며 슬허ᄒ니 (…즁략…) 못니 슬허ᄒ니 산쳔초목이 다 슬허ᄒ
는 듯ᄒ더라(『장경젼』, 『젼집』 2, 524면)

원슈 바다보고 디셩통곡왈 (…즁략…) 슬푸다 ᄒ며 눈물이 비오듯ᄒ니 (…즁
략…) 부인이 쟝도와 죽졀을 보시고 나다라 풍운을 붓들고 통곡ᄒ니 산쳔초목
이 다 스러ᄒ는 듯ᄒ더라(『장풍운젼』, 『젼집』 2, 554면)

졔물을 ᄀ초와 졔문지여 졔ᄒ고 슬피통곡ᄒ니 초목금슈 다 스러ᄒ더라(『장
풍운젼』, 『젼집』 2, 555면)

위의 인용문은 『장경젼』과 『장풍운젼』에서 뽑은 것이다. 역시 앞부분
에시 슬픔의 원인을 실명하거나 슬픈 상년을 보여수고, 뒷부분에서 고
딕으로 강조한 "산쳔초목이 다 슬허ᄒ는 듯ᄒ더라"는 관용적 표현 형식
으로 문장을 마무리하고 있다. 앞에서 살핀 예문처럼 여러 종류의 슬픔
을 표현한 다음 뒷부분에서 "보는 사롬이 안이울이 업더라"는 관용적
표현 형식 대신에 "산쳔초목이 다 슬허ᄒ는 듯ᄒ더라"를 사용했다. 그
러므로 위의 예문들은 관용적 표현의 내용은 서로 차이를 보이지만 그
형식은 동일하다.
　이상에서 살핀 바와 같이 완판 영웅소설에서는 슬픔의 표현 방법이
정형화되어 있음을 확인할 수 있다. 곧 대부분의 작품에서 화자가 개별
화된 인물의 슬픔을 표현하는 것이 아니라 관념화되었거나 정형화된
인물의 슬픔을 표현하는 형식, 곧 당시 관용적으로 슬픔을 표현하던 형
식을 그대로 사용하고 있다.

2) 장면 전환의 표지

고소설에서는 일반적으로 장면을 전환할 때 그 전환을 이끄는 말이
등장한다. 이러한 방식은 완판 영웅소설에서도 등장한다. 완판 영웅소
설에서 쓰이는 장면 전환의 표지어는 대체로 "이적의"와 "잇쩌", "각셜
이라"와 "각셜 잇쩌는" 정도가 있고, 그 외의 단어도 일부 사용된다. 따
라서 여기서는 완판 영웅소설에서 장면을 전환할 때 표지어로 쓰이고
있는 단어들을 각 작품에서 찾아보기로 한다.

『소대성전』: 이적의(574, 579, 586, 587, 588, 589, 591), 각셜이라(581), 각셜
잇쩌는(582, 593), 각셜이라 잇쩌는(585), 잇쩌예(587, 590), 잇쩌(590, 592), 화셜
(593)[2]

『장경전』: 각셜이라(499, 500, 501, 502, 505, 508, 510, 511, 512, 514, 517,
518, 523, 526, 527, 528), 이적의(503, 529), 추시예(2-503), 각셜 잇쩌예(515),
잇쩌에(523, 530)[3]

『장풍운전』: 이적의(545, 547, 548, 549), 각셜(545, 546, 549, 550), 잇쩌(546,
549, 550, 552, 559), 잇쩌예(558)[4]

『유충열전』: 잇쩌(335, 339, 344, 345, 347, 348, 361,), 각셜 이쩌(337, 344,
348, 354, 358, 363, 372, 374), 각셜(339, 352)[5]

『조웅전』: 이적의((104, 105, 107, 116, 118, 126, 127, 128, 129, 131, 135), 이
쩌난(105), 잇쩌(예)(105, 113, 114, 115, 121, 123, 128, 130, 131), 각셜(119), 화셜
(124), 각셜이라(126)[6]

---

2) 괄호 안의 숫자는 『전집』1의 해당 면수를 가리킨다.
3) 괄호 안의 숫자는 『전집』2의 면수를 가리킨다.
4) 괄호 안의 숫자는 『전집』2의 면수를 가리킨다.
5) 괄호 안의 숫자는 『전집』2의 면수를 가리킨다.

『이대봉전』: 각셜 잇쩌(379, 381, 383, 384, 386, 388, 390, 396, 397, 399, 401, 412, 417, 418), 잇쩌(380, 381, 383, 384, 385, 386, 387, 388, 389, 390, 392, 393, 394, 395, 396, 397, 398, 400, 401, 403, 405, 406, 407, 409, 410, 412, 413, 414, 415, 416, 417, 418, 419), 차시(396), 각셜(396)[7]

위의 인용문에서 보듯이 『소대성전』에서는 "이젹의"가 가장 많이 쓰이고, 그 외에 "각셜 잇쩌는"과 "잇쩌"·"화셜"과 같은 단어들도 쓰이고 있다. 이에 비해 『장경전』에서는 "각셜이라"가 대부분을 차지하고 있으며, 그 외의 것들로는 "이젹의"·"츳시예"·"잇쩌에" 등이 일부 쓰이고 있다. 『장풍운전』에서는 "이젹의"와 "각셜"·"잇쩌" 등이 골고루 쓰이고 다른 것들은 별로 등장하지 않는다. 『유충열전』에서는 "잇쩌"와 "각셜 이쩌"가 대부분인데, 둘은 비슷하게 쓰이고 있으니, 그 외에 "각셜"이란 단어도 쓰이고 있다. 『조웅전』에서는 "이젹의"와 "잇쩌"가 가장 많이 쓰이고 "각셜"과 "화셜" 등도 등장하고 있다. 『이대봉전』에서는 "잇쩌"가 가장 많이 쓰이고, "각셜 잇쩌"가 그 다음으로 많이 쓰이며, "차시"와 "각셜"이 쓰이기도 한다.

이상에서 살펴본 바와 같이 완판 영웅소설에서는 장면 전환을 할 때 관용적 표지어를 사용하고 있다. 그 관용적 표지어는 주로 "잇쩌"와 "이젹의", "각셜 잇쩌" 등과 같은 단어들로 정형화되어 있다. 이것은 완판 영웅소설에서 장면을 전환하는 방법이 이런 형식으로 정형화되어 있음을 보여준다.

---

6) 괄호 안의 숫자는 『전집』 3의 면수를 가리킨다. 여기서는 2권까지만 표시하였다.
7) 괄호 안의 숫자는 『전집』 2의 면수를 가리킨다.

3) 대적 장면

여기서는 주인공과 대적자가 대결하는 과정에 등장하는 표현의 유사성을 살피기 위하여 각 작품에 등장하는 비슷한 표현을 인용하여 살펴보기로 한다.

경틱 크게 워여왈 네 엇더훈 도적이관디 감이 질을 막눈야 북흉노 디왈 나눈 (…중략…) 명을 ㅎ눌계 바다 디병을 거나려 명나라을 멸ㅎ고 쳔ㅎ강산을 건져니려ㅎ거눌 (…중략…) 경틱 디로ㅎ야 크게 ꀭ지져왈 무지훈 오랑키야 입을 열어 무슴 말ㅎ눈다 ㅎ눌이 두렵도 안이ㅎ냐 (…중략…) 네 만일 쳔의을 순종ㅎ면 죄을 용ꀭㅎ련이와 그러치 안이ㅎ면 셔북 오랑키을 다 합몰ㅎ고 네 머리을 벼혀 쳔ꀭ쪄 밧치리라(『소대성전』, 『전집』 1, 582면)

선봉장 호엽이 진젼의 나셔며 번충회아ㅎ여 크계 워여왈 반젹 호왕은 드르라 네 훈갓 강포만 밋고 쳔의을 모로고 외람훈 의ꀭ을 두엇시민 지금 쳔ꀭ 친졍ㅎꀭ 너을 ꀭ바 죄을 뭇고져 ㅎ신이 ꀭㄹ니 나와 항복ㅎ라(『소대성전』, 『전집』 1, 585면)

원슈 크게 워여왈 남이젹은 드르라 너의 등이 훈갓 강포만 밋고 감히 대국을 침범ㅎ니 수히 나와 목을 느르여 내 칼을 바드라 훈디(『장경전』, 『전집』 2, 510면)

빅이 번창츌마ㅎ야 진젼의 나셔며 디질 왈 반젹 두병의 장쫄은 들으라 네 쳔시롤 몰오고 감니 울이와 디젹ㅎ니 우션 너를 버혀 분ㅎ물 시쳔이라 ㅎ고 호통 일셩의 말롤 치쳐 달려들어 흡젼흘ꀭ(『조웅전』, 『전집』 3, 190면)

원수(이대봉) 응셩 출마하야 진젼의 나셔며 고셩 디질 왈 긔 갓탄 오랑키야 네 쳔위을 범하야 시졀을 요란케 하니 죄사무셕이요 황졔을 진욕하고 자칭 쳔자라 하니 일쳔지하의 어디 쳔자 두리 잇쓰리요 닉 하날계 명을 바다 네 갓탄 반젹을 쇠멸할 거시연날 네 만일 두렵거던 ꀭ이 나와 항복하고 그러치 안

이하거던 쌜이 나와 디젹하라(『이대봉전』, 『전집』 2, 403면)

  원수 격셔을 보고 좌익장 한능을 불너 위여 왈 반젹은 드르라. 네 쳔위을
거사려 가미 황지을 항거코자ᄒ니 죄사무셕이라 금일은 일모셔산ᄒ여쓰니 명
일노 너히를 파ᄒ리라 ᄒ고(『이대봉전』, 『전집』 2, 392면)

  고셩 디호 왈 반젹 오량키야 젼시을 거사려 시졀를 요란케 ᄒ니 황졔 디로
ᄒ사 날노 하여금 반젹을 쇠멸ᄒ고 사히을 평졍ᄒ라 ᄒ사기로 니 황명을 바
다 왓거니와 니 칼리 젼장의 쳐음리라. 네 머리를 벼여 네의 피로 니 칼을 시
치리라 ᄒ고 호통을 쳔동가치 지르니 강산이 문어지난 듯 쳔지의 진동하거늘
(『이대봉전』, 『전집』 2, 393면)

  위의 일곱 예문은 주인공이나 그의 수히의 장군들이 반역을 일으킨
적장과 대적하기에 앞서 서로 자신들의 출전의 정당성을 주장하여 기
선을 잡으려는 의도에서 소리치는 표현들이다. 첫 번째 인용문에서 보
듯이 적장은 하늘의 명을 받아 명나라를 쳐서 천하를 건지려고 대병을
일으켰다고 주장한다. 이에 대하여 명나라 장수인 경태는 적장에게 '무
지한 오랑캐'라 일컫고, 하늘이 두렵지 않느냐면서 하늘의 뜻을 순종하
면 죄를 용서하고, 그렇지 않으면 머리를 베어 천자에게 바친다고 한다.
이들은 서로 자신들이 하늘의 뜻을 받았다고 주장한다. 이러한 이야기
의 진행 방식은 두 번째 인용문인 『소대성전』뿐만 아니라 다른 작품에
서 인용한 대목에서도 유사하게 전개된다. 말하자면 대적자는 반역을
일으킨 까닭을 황제의 무도함에서 찾고, 주인공은 반역의 부당성을 지
적하면서 황제의 명으로 그를 처벌하러 왔음을 밝힌다. 또한 그 과정에
서 서로 항복하여 목숨을 보존하라고 큰 소리를 치는 것이 공통적이다.
그리고 그 형식도 앞부분에서 "크게 위여 왈……"로 시작하여 중간에
서 '하늘의 뜻을 거스렸으니 죽어야 마땅하다'고 하면서 끝부분에서
'항복하라'는 형식으로 진행된다. 이런 점을 고려할 때 위에 소개한 인

용문들의 표현은 매우 유사한 형식으로 전개되고 있다고 볼 수 있다.

　이와 같은 유사한 형식의 표현들은 장수들의 대적 장면에도 등장한다. 몇 군데를 인용하여 이를 살펴보기로 한다.

　　원슈 크게 워여왈 남이젹은 드르라 너의등이 혼갓 강포만 밋고 감히 대국을 침범ㅎ니 수히 나와 목을 느르여 내 칼을 바드라 혼디(『장경젼』, 『젼집』 2, 510면)

　　각셜 죠웅니 지젼의 나와 횡힝ㅎ며 디호 왈 무지혼 반젹은 쌜니 나와 황복ㅎ아 ㅎ며 지죠를 비양ㅎ리 황진 장쥴니 황겁ㅎ야 아무리 홀 쥬랄 몰로더라(『조웅젼』, 『젼집』 3, 191면)

　　총독장 셜인니 웅셩 츌마ㅎ야 디호 왈 반젹 죠웅아 쌜니 나와 목을 늘리여 니 충를 바들라 ㅎ며 진젼 횡힝ㅎ거를 원슈 디 왈 너는 우지 못ㅎ는 달긔요 짓지 못ㅎ는 기라 ㅎ고 언파의 창를 들고 말게 올나 진젼 니달라 반젹 필부는 잔명을 지촉말고 말계 널여 황복ㅎ라 ㅎ며 접젼혼니 슈십려 홉이 못ㅎ야 원슈 충니 번듯ㅎ며 닌티 말를 마치니 닌티 놀너여 말멀리를 둘로여 달라가거눌(『조웅젼』, 『젼집』 3, 193면)

　　원수 오난 살을 쳘퇴로 막으면셔 봉으 눈을 부름듯고 쑤지져 왈 기 갓튼 젹장놈은 쌜이 나와 항복하라. 네 만일 더릴진디 사졍 업난 니의 칼리 네 목의 빗나리라(『이대봉젼』, 『젼집』 2, 394면)

　　쌍봉투고의 녹운갑을 입고 좌수의 방뫼을 들고 우수의 장창을 들고 니다라 디질 왈 무지한 도젹은 어디로 가려 한다 목숨을 익기거던 말게 니려 항복하라(『이대봉젼』, 『젼집』 2, 394면)

　위의 다섯 인용문에서 보듯이 서로 ‘적장은 빨라 항복하라’고 주장하는 대목이다. 『장경젼』이나 『조웅젼』·『이대봉젼』에서 양편이 대적할 때 동일한 표현을 사용하고 있다는 것은 당시 완판 영웅소설이 그만큼

기계적으로 제작되었을 가능성을 보여준다. 이러한 증거를 좀 더 확실
히 보여주는 대목이 상대를 평가하는 대목이다.

우지 못ᄒᄂ 둙기요 짓지 못ᄒᄂ 기라 ᄒ고(『소대성전』, 『전집』 1, 587면)

원슈 디 왈 너ᄂ 우지 못ᄒᄂ 달긔요 짓지 못ᄒᄂ 기라 ᄒ고(『조웅전』, 『전
집』 3, 193면)

우지 못ᄒ난 달기요 짓지 못하난 오랑키야 쌜이 나와 항복하란 호통지셩은
(『이대봉전』, 『전집』 2, 393~394면)

위의 첫 번째 인용문은 소대성이 호왕을 평가하는 말이다. 두 번째
인용문은 조웅이 적의 총독장 설인에게 하는 말이다. 세 번째 인용문은
장애황이 적장에게 하는 말이다. 그런데 위의 세 인용문 내용이 거의
같다. 곧 상대방을 '울지 못하는 닭이요 짖지 못하는 개'로 비유하고 있
다. 이처럼 완판 영웅소설에서는 유사한 상황에서는 거의 비슷한 표현
방식을 활용하고 있는 것을 확인할 수 있다.

4) 황제 항복 위기의 장면

완판 영웅소설 가운데 『소대성전』과 『유충열전』에는 황제가 오랑캐
의 침략을 당해 항복의 위기에 빠졌을 때 주인공이 등장하여 황제를 구
하는 장면이 등장한다. 그런데 그 장면이 서로 비슷하게 진행되고 내용
도 거의 같다. 『소대성전』과 『유충열전』의 해당 장면을 예로 들어 살펴
보기로 한다.

호왕이 창으로 샹의 가슴을 견우며 ᄶᆞ지져왈 죽기을 셜워ᄒ거던 항셔을 써

올이라 샹이 총망중의 디답ᄒ시되 지필이 업시니 무엇스로 항셔을 씨리요 호
왕이 크계 소리ᄒ여왈 목슘을 앗길진디 용포을 쎄고 손가락을 씨물나ᄒ니 차
마 압파 못ᄒ네라 소리나는줄 모로고 통곡ᄒ신니 용의우름소리 구쳔의 스못
ᄎ넌지라 ᄒ늘이 엇지 무심ᄒ리요(『소대셩젼』, 『젼집』 1, 590면)

옥시를 드리고 항셔를 써셔 올이면 죽이지 안이ᄒ련이와 그럿치 안이ᄒ면
네놈의 노모 쳐자를 한칼의 죽이리라 쳔자 ᄒ릴업셔 ᄒ난 말리 항셔를 씨자
ᄒ들 지필이 업다 ᄒ시니 ᄒ담이 분노ᄒ야 창검을 번덕이며 왈 용포를 쎄고
손짜락을 씨여 항셔를 쎠지 못ᄒᆯ가 쳔자 용포를 쎄고 손가락을 씨물여ᄒ니
참마 못ᄒᆯ 지음의(『유충열젼』, 『젼집』 2, 361~362면)

위에 인용한 『소대셩젼』에서는 호왕이 창으로 천자의 가슴을 겨누면
서 항서를 써 올리라고 한다. 천자가 지필이 없다고 하자 호왕이 용포
를 떼어 손가락을 깨물어 혈서로 항서를 쓰라고 재촉한다. 천자가 아파
서 차마 못하고 통곡한다. 『유충열젼』에서도 정한담이 옥새와 항서를
올리라고 한다. 천자가 항서를 쓰려고 해도 지필이 없다고 하자 정한담
이 손가락을 깨물어 혈서로 용포를 떼어 쓰라고 재촉한다. 천자가 손가
락을 깨물려 하나 차마 못하고 있다.

두 작품의 내용이나 표현이 거의 비슷하고 진행 순서도 정형화되어
있다. 곧 '적장의 항복 요구', '황제가 지필이 없다 함', '용포를 떼어 혈
서로 쓰라 함', '차마 못함'의 순서와 내용으로 그 상황을 동일하게 설
명하고 있다. 작품이 서로 다름에도 불구하고 비슷한 상황에서는 그 내
용과 표현 형식이 동일하게 고정되어 있음을 확인할 수 있다. 이런 점
을 고려할 때 완판 영웅소설은 작품의 종류에 상관없이 상황이 같으면
같은 표현을 활용하여 작품을 기계적으로 제작하고 있는 것으로 볼 수
있다.

5) 혼인 장면

완판 영웅소설에서는 등장인물들이 혼인하는 모습을 거의 같은 표현
방식을 활용하여 묘사하고 있다. 그 실상을 파악하기 위하여 여기서는
해당 대목을 몇 작품에서 찾아 관용적으로 이루어지고 있는 그 표현들
을 살펴보기로 한다.

> 침실의 나아가니 원앙이 녹수의 놀고 비취 여리지의 깃드림 갓더라(『소대성
> 전』, 『전집』 1, 593면)

> 부부 동거ᄒ니 원낭이 녹슈을 맛남갓고 비취 녀리지에 길드림 갓더라(『장경
> 전』, 『전집』 2, 499면)

> 퇵일 셩녜ᄒ니 원앙이 녹수 만남 ᄀᆞᆺ더라(『장풍운전』, 『전집』, 547면)

> 직시 퇵일ᄒ여 할님을 마질시 위의거동이 비홀디 업더라 두 스롬의 평싱소
> 원이라 원양이 녹수의 놀고 비취 열리지의 깃드림 ᄀᆞᆺ더라(『장풍운전』, 『전집』
> 2, 551면)

> 실낭신부 치연할시 황금현을 드러 상음하니 비취 공작이 열리지의 질듸인
> 듯ᄒ고 원앙이 녹수을 맛난 형상이로다(『이대봉전』, 『전집』 2, 414면)

첫 번째 인용문은 『소대성전』에서 뽑은 것으로, 노왕이 된 소대성이
이채봉과 혼인한 후 첫날밤의 장면에서 '원앙이 녹수에 놀고 비취가 연
리지에 깃들임 같다'고 표현했다. 두 번째 인용문은 『장경전』에서 뽑은
것으로, 장취 부부가 혼인하고 동거하는 장면을 역시 '원앙이 녹수를
만남 같고 비취가 연리지에 깃들임 같다'고 표현했다. 세 번째와 네 번
째 인용문은 『장풍운전』에서 뽑은 것이다. 세 번째는 장풍운이 이경패
와 혼인한 장면으로, '원앙이 녹수를 만남 같다'고 했고, 네 번째는 장풍

운과 왕부용이 혼인한 장면인데, 역시 '원앙이 녹수에 놀고 비취가 연리지에 깃들임 같다'고 했다. 다섯 번째 인용문은 『이대봉전』에서 뽑은 것으로, 이대봉과 장애황의 첫날밤의 모습을 '비취 공작이 연리지에 깃들임 같고 원앙이 녹수를 만난 형상'이라고 했다. 그 순서가 다른 작품과 바뀐 것 외에 내용은 같다.

이처럼 완판 영웅소설에서는 등장인물의 신혼 밤의 모습을 '원앙이 녹수를 만남 같고 비취가 연리지에 깃듦 같다'는 문구로 동일하게 표현하고 있다. 따라서 완판 영웅소설에서는 혼인 첫날밤의 모습의 경우에도 작품의 종류나 혼인하는 인물에 관계없이 이와 같은 정형화된 표현으로 동일하게 표현하였다. 이것은 완판 영웅소설의 작자가 그만큼 작품의 개별성보다는 상황의 동일성을 중시하였음을 보여준다.

지금까지 살핀 바와 같이 완판 영웅소설은 작품의 종류에 상관없이 비슷한 상황이면 그 표현 형식이나 내용이 거의 같은 문장으로 이루어졌음을 확인할 수 있다. 이는 완판 방각본 업자가 작품의 표현 방법을 규격화하여 그 상황에 맞는 관용적 표현 형식을 작품의 종류에 상관없이 적극적으로 활용했음을 보여준다. 이런 점에서 볼 때 완판 영웅소설은 한 작품이 가지고 있는 독자적 문학성이나 개성보다는 상품성을 중시한 방각본 업자에 의해 기계적으로 제작된 작품, 곧 개별성보다는 전형성을 중시하는 작품이었을 가능성이 크다. 이런 점들 때문에 완판 영웅소설은 기계적으로 빠르게 제작되는 방식에 익숙했던 얼치기 작가들에 의해 제작되었고, 그 때문에 표현 방법도 다양성을 추구하기보다는 도식화로 나아갈 수밖에 없었을 것이다.

2. 줄거리의 동일성

영웅소설은 대체로 일대기 구조를 택하고 있다. 이것은 모든 작품이 거의 동일한 구성 방식으로 이야기가 진행됨을 뜻한다. 완판 영웅소설의 경우에도 그 줄거리의 진행 방식과 순서가 각 작품에 따라 별로 다르지 않다. 앞에서 살펴보았듯이 대부분의 작품은 주인공의 탄생에서 부귀영화를 누리는 과정까지 기계적으로 진행된다.

1장의 단락 비교표에서 살펴보았듯이 완판 영웅소설은 『장경전』을 제외한 다섯 작품의 줄거리가 모두 9개의 공통 단락으로 이루어져 있고, 줄거리의 진행 순서도 동일하다. 『장경전』의 경우도 단락 ③ 결연과 ④ 배우자와의 이산이 생략된 것 외에 나머지 단락은 공통적으로 들어 있고, 진행 순서도 거의 같다. 말자하면 완판 영웅소설은 전형적인 일대기 구조라는 공통의 틀로 이루어진 작품이라고 할 수 있다. 그러므로 여기서 해당 단락의 유무와 진행 순서를 비교하여 완판 영웅소설의 도식성을 논의하는 것은 별 의미가 없다. 따라서 여기서는 일대기 구조가 갖는 작품의 구조적 도식성보다는 주인공의 이름만 바뀌었을 뿐 줄거리가 거의 동일하게 진행되는 『장경전』과 『장풍운전』의 동일성에 초점을 맞추어서 논의를 전개하려고 한다. 이를 통해 완판 영웅소설에서 이루어지고 있는 일대기 구조가 갖는 구조적 도식성뿐만 아니라 내용의 도식성까지도 확인할 수 있을 것이다.

완판 영웅소설의 기계적 제작의 근거를 보여주는 것 가운데 하나가 줄거리의 동일성이다. 그와 같은 줄거리의 동일성을 보여주는 대표적인 사례가 『장경전』과 『장풍운전』이다. 『장경전』과 『장풍운전』의 단락 내용을 비교해 보면 두 작품이 상당한 수준에서 영향관계가 있었음을 확인할 수 있다. 심하게 말하면 주인공의 이름만 차이가 있을 뿐 전체 줄거리와 표현 방식까지도 비슷한 경우가 많아서 두 작품은 쌍생아처럼 보인다. 따라서 여기서는 두 작품의 내용 가운데 동일함을 보여주는 몇 개의 사례를 검토하여 완판 영웅소설의 기계적 제작이 갖는 문제점을 지적하려고 한다.

두 작품을 표면적으로만 살펴보면 앞의 단락 비교표에서 보듯이 『장 경전』에는 결연과 배우자와의 이별 단락이 있으나 『장풍운전』에는 그 단락들이 없어서 서로 차이가 있는 것처럼 보인다. 그러나 그 점을 제외한 나머지 부분에서 두 작품은 비슷한 수준을 넘어서 거의 똑같아 보이는 점들이 여럿 있다. 따라서 여기서는 두 작품의 동일성에 초점을 맞추어 몇 가지 사건을 중심으로 그 내용을 비교하여 검토하기로 한다.

1) 운명의 예시

장경과 장풍운은 어린 시절에 그들의 운명이 도사에 의해 예시되는 점이 동일하다. 『장경전』에서는 도사가 지나가다가 장경의 상을 보고 그의 운명을 예언한다.[8] 이에 비해 장풍운은 그의 부친 장취가 늦게 얻은 자식이라 혹시 단수할까 염려하여 절강부의 장진인을 찾아가서 그에게 아들의 관상을 보이고 그의 운명에 관한 예언을 듣는다.

이 아희 초분이 불길ᄒ여 십셰의 부모를 니별ᄒ고 일신이 표박ᄒ다가 길시를 맛ᄂ 명만ᄉ희ᄒ여 부귀영홰 세샹의 읏듬이 되리라 ᄒ거눌(『장경전』, 『전집』 2, 491면)

일홈이 ᄉ희에 진동ᄒ야 만종녹을 누를 거시로디 다만 십셰젼의 부모을 일코 추풍낙엽갓치 졍쳐업시 단이다ᄀ 이십의 용문의 올나 영화부귀 일국의 읏듬되여 삼쳐일쳡의 뉵ᄌ오녀을 두어 가장 길ᄒ도소이다(『장풍운전』, 『전집』 2, 454면)

---

8) 완판본에는 이 장면이 생략되어 있어서 이곳은 경판본을 이용하여 논의한다.

위의 인용문에서 보듯이 두 작품 모두 주인공이 십 세 전에 부모를 이별하고 떠돌이 생활을 하다가 부귀영화가 세상에 으뜸이 되리라고 하였다. 다만 『장풍운전』에는 좀 더 구체적으로, 장풍운이 이십에 용문에 오르고 3처 1첩에 6자 5녀를 둔다는 내용이 들어 있다. 그러므로 두 작품에서 주인공들의 운명이 예시된 것이나 그 내용이 같음을 확인할 수 있다.

그런데 완판 영웅소설의 줄거리 전개의 관습성을 보여주는 대목이 바로 이곳이다. 완판 『장경전』의 경우 이 대목이 작품에 등장하지 않는다. 그런데 뒷부분에 가면 다음의 인용문에도 나오듯이 '하루는 부모가 도사의 말을 생각하여' 장경의 신상을 쓴 것을 옷깃 속에 넣는 장면이 등장한다.9) 도사가 작품에 등장한 일이 없으므로, "ᄒ로ᄂ 도ᄉ의 말을 싱각ᄒ고"란 표현을 쓸 수 없다. 그런데 이런 표현이 등장한다는 것은 방각본 업자가 급히 작품을 제작하다가 실수로 그 대목을 누락했으나 다음 대목은 누락하지 않았기 때문에 일어난 현상으로 볼 수 있다. 이런 점은 완판 영웅소설이 기계적으로 제작되었음을 보여주는 좋은 증거가 된다.

2) 헤어질 것에 대비한 부모의 행동

주인공의 부모들은 그 자식들의 운명이 이미 도사에 의해 예시되었기 때문에 자식과 헤어질 경우를 대비해야 했다. 그래서 그들은 자식이 자신의 신상을 잊지 않도록 하기 위하여 신상명세를 기록한 글을 자식의 옷깃에 넣어둔다.

부모 이즁ᄒ여 ᄒ더니 ᄒ로ᄂ 도ᄉ의 말을 싱각ᄒ고 혹 이별이 〃 실ᄌᄒ야

---

9) 『전집』 2, 500면.

제 일홈과 싱월싱시을 져거 옷깃 소긔 너겻덧라(『장경전』, 『전집』 2, 500면)

　시랑이 도스의 말을 젼흔디 부인이 즉시 시월일시을 적어 금낭의 너허 옷긋 속의 너헛더라(『장풍운전』, 『전집』 2, 545면)

위의 인용문에서 보듯이 『장경전』에서는 이름과 생월생시를 적어 옷 깃 속에 넣었고, 『장풍운전』에서는 생월일시를 적어 금낭에 넣은 후에 그것을 옷깃에 넣었다. 장경은 이름까지 적어 넣었고, 장풍운은 금낭에 넣은 다음 옷깃에 넣었다는 정도의 차이는 있다. 그러나 그들의 신상에 관련된 사항을 글로 적어 옷깃에 넣은 점은 동일하다. 그러므로 두 작 품에서 부모들이 한 행동은 동일한 것이라고 할 수 있다.

3) 부모와 헤어지는 원인

장경과 장풍운은 모두 전란으로 인해 부모와 헤어진다. 장경은 여주 자사 유간의 반란으로 인해 부모와 헤어진다. 장경의 부친은 유간의 군 대에 끌려가고, 모친은 장경이 깊이 잠든 것을 보고 그를 집에 홀로 놔 두고 잠시 피란한다. 그 사이에 잠이 깬 장경은 모친을 찾으려고 길에 나갔다가 모친과 헤어지고, 결국 출전했던 부친과도 헤어진다.

장풍운도 비슷한 상황으로 부모와 헤어진다. 가달이 중원을 침략하 자 황제가 부친을 명초한다. 부친은 모친에게 장풍운을 부탁하고 황성 으로 떠난다. 모친은 장풍운을 데리고 백성을 따라 금계산으로 피란한 다. 그런데 가달이 금계산에 와서 양식을 노략하다가 장풍운을 보고, 이 아이가 타일 귀하게 될 것이라고 하면서 빼앗아간다. 그 후 도적이 쫓 기자 그를 길에 버리고 감으로써 그는 모친과 헤어진다. 그 전란 때문 에 결국 장풍운도 부모와 헤어진다.

물론 두 작품에서 주인공이 부모와 헤어지는 내용은 세부적인 면에서 약간 차이가 있다. 그러나 전반적으로는 전란이 일어나서 부친이 부재할 때 모친이 피란 과정에서 아들과 헤어짐으로써 결국 온 가족이 헤어진다는 점에서 공통점을 보인다. 따라서 주인공이 부모와 헤어지는 원인은 두 작품이 동일하다고 할 수 있다.

4) 출신의 방법

장경이나 장풍운 모두 과거에 장원으로 급제하여 출신한다. 좀 더 구체적으로 두 작품의 과거를 보는 장면을 비교하여 살펴보기로 한다.

각셜이라 잇쩌에 쳔하 티평ᄒᆞᆷ미 황졔젼ᄌᆞ하셔 인지을 어드랴 ᄒᆞ시고 과거을 뵈일시 (…중략…) 과거나리 당ᄒᆞᆷ미 소목사 삼자와 장슈지 함긔 장즁의 드러가니 쳔자 만조빅관을 거나리고 황각젼의 좌긔ᄒᆞ시고 글졔을 니여 거러거날 장경이 일필휘지ᄒᆞ여 션장을 거러 올인딘 쳔자 친이 보시고 크계 칭찬왈 이 글을 보니 귀〃마닥 쥬옥이요 획마닥 용사비등ᄒᆞ니 이사람의 소견은 가히 지락을 겸젼ᄒᆞ여시니 ᄯᅩ한 종사의 큰 복이로다 ᄒᆞ시고 급피 봉ᄂᆡ을 기ᄐᆡᆨᄒᆞ라 ᄒᆞ신니 여남면의 부난 취라 ᄒᆞ엿거날(『장경전』, 『전집』 2, 505면)

각셜 츠시 쳔ᄌᆞ 가달난의 안자업스믈 한ᄒᆞᆫ스 쳔하의 힝관ᄒᆞ야 안지을 취홀시 풍운이 과거 소식을 듯고 디히ᄒᆞ야 (…중략…) 과일이 당ᄒᆞᆷ미 억만장안의 쳔하션비 모와ᄂᆞᆫ지라 쳔ᄌᆞ 황극젼의 젼좌ᄒᆞ시고 만조빅관이 ᄎᆞ려로 모셔ᄂᆞᆫ디 글졔을 니여 황경문의 걸거날 풍운이 본직 평싱짓던빈라 크게 짓거일각의 글을 지어 션장ᄒᆞ엿더니 황졔 풍운의 글을 보시고 디찬왈 이 글을 보니 이 스롬의 직질은 고금의 업다 ᄒᆞ시고 만여장 글을 보되 이 우는 업스니 이는 쳔하인지로다 (…중략…) 상이 보시고 디희층찬왈 하날리 이 스롬을 니여 짐을 주시도다 ᄒᆞ시고(『장풍운전』, 『전집』 2, 550~551면)

위의 인용문에서 보듯이 두 사람이 모두 과거를 보아서 장원급제한
다. 장경은 소성운의 집에 있다가 과거 소식을 듣고 소성운의 아들 삼
형제와 함께 과거를 보아서 장원급제한다. 이에 비해 장풍운은 왕공열
의 심부름으로 황성에 갔다가 원철의 집에 머물 때 과거 소식을 듣고
과거에 응시하여 장원급제한다. 두 사람이 과거에 장원으로 급제한다는
점에서 공통점을 보인다.

그러나 두 사람이 실질적으로 공을 세우는 것은 외적의 침략을 물리
치는 것이었다. 장경은 남이왕과 남만왕이 말갈 흉육과 동모하여 침략
하자 출전하여 이들을 항복받고 돌아온다. 장풍운은 서번과 서달 등 서
천 36도 군장들이 반하여 대국을 침략하자 출전하여 이들을 항복받고
돌아온다. 그 과정에서 여러 신하들이 주인공들을 반군과 대적할 인물
로 추천하는 것도 같고 황제가 그들을 불러서 출전을 부탁할 때 하는
말도 거의 비슷하다. 먼저 여러 신하들이 주인공들을 반적과 대적할 인
물로 추천하는 장면을 살펴보기로 한다.

> 모다 엿즈오되 니부시랑 쟝경은 문무겸젼ᄒ옵고 쏘흔 지략이 과인ᄒ오니
> 복원 황샹은 급피 명쵸ᄒ옵셔 방젹을 ᄒ옵쇼셔 흔디 (…중략…) 쇼신이 남방
> 쳔신으로 황샹의 망극흔 은덕을 입ᄉ와 벼술이 한0옥당의 거ᄒ오니 쳔은이
> 망극흔지라 잇쩌을 당ᄒ와 국은덕을 만분지일이나 갑ᄉ올가 브라오니 신이
> 비록 지죄 업ᄉ오나 양도을 구완ᄒ옵고 반젹등을 사로잡아(『장경전』, 『전집』
> 2, 508면)

> 졔신이 쥬왈 할님학ᄉ 댱풍운 지략을 겸ᄒ야 죡키 당ᄒ올거시니 명쵸ᄒ옵
> 소셔 (…중략…) 풍운이 복지쥬왈 소신이 하방쳔인으로 벼사리 옥당의 잇ᄉ오
> 니 국은망극ᄒ온지라 비록 지됴업ᄉ오나 흔번 북쳐 파ᄒ옵고 도라와 셩은을
> 만분지일이나 갑ᄉ올이다(『장풍운전』, 『전집』 2, 552면)

위의 인용문에서 보듯이 여러 신하들이 장경이나 장풍운이 지략을

갖추었다고 하면서 반적과 대적할 인물로 황제에게 추천하는 내용이
같다. 또한 장경과 장풍운이 자신들을 하방 천인으로 벼슬이 옥당에 있
으니 국은이 망극하여 이번에 출전하는 것으로 그 은덕을 만분지일이
라도 갚겠다고 하는 내용도 동일하다. 이런 점을 고려할 때 두 작품에
서 주인공이 과거를 통해 출신한다는 공통점 외에도 공을 세우기 위해
출전하는 과정과 자신을 하방 천인으로 비유한 것, 이번에 출전하여 반
적을 물리침으로써 황제의 은덕을 만분지일이라도 갚겠다고 한 내용도
동일함을 확인할 수 있다.

5) 결연

두 작품에서 장경과 장풍운이 모두 3처 1첩을 둔다는 점에서 공통된
다. 장경은 고생하던 시절에 만난 초운을 첩으로 맞이한다. 그리고 왕패
의 딸 월영과 소성운의 딸 난영, 모친이 신세를 졌던 진어사의 딸 진소
저를 아내로 맞이한다. 그 결과 장경은 3처 1첩을 얻는다. 장풍운은 자
신의 구원자였던 이승상의 딸 경패와 왕승상의 딸 부용, 연왕의 딸 유
경화를 아내로 맞이하고, 원철의 딸 황화를 첩으로 얻는다. 그 결과 장
풍운은 3처 1첩을 둔다. 이처럼 두 작품의 주인공들이 모두 3처 1첩을
둔다는 점에서 공통점을 보인다.

6) 재회

『장경전』에서 가족간의 재회는 장경이 출전한 후 귀로에 올랐을 때
이루어진다. 장경은 출전하여 남만을 항복받은 후 귀로에서 절도사 신
답의 소개로 그곳에서 관노로 있던 부친을 만나고, 그 후 회군하던 길

에 여자의 울음소리를 듣고 진어사 집을 찾아가서 그곳에 있던 모친을 만난다. 장풍운도 서번 등을 항복받은 후 귀로에 올랐다가 꿈에 노승의 지시로 단원사를 찾아가서 모친과 아내 이경패를 만나고, 다시 회군 길에 부남태수로 있던 부친을 만난다. 재회의 순서에 약간 차이가 있으나 두 작품 모두 주인공들이 남만이나 서번의 반역을 물리치기 위해 출전했다가 승전하고, 귀로에서 그동안 헤어져 있던 가족들을 차례로 만나는 점이 동일하다. 차이점이라면『장풍운전』에서는 장풍운이 부모뿐만 아니라 아내 이경패를 만나는 내용이 추가되어 있는 정도이다. 이렇게 볼 때 두 작품의 재회는 동일한 내용으로 이루어진 것으로 볼 수 있다.

7) 쟁총

완판 영웅소설 가운데 주인공의 아내들 사이에, 또는 아내와 첩 사이에 일어나는 쟁총 갈등 사건이 설정되어 있는 작품은『장경전』과『장풍운전』뿐이다.『장경전』과『장풍운전』에는 주인공이 모두 3처 1첩을 두었는데, 주인공이 출전한 사이에 처와 처, 또는 처와 첩 사이의 쟁총 때문에 갈등이 발생한다는 공통점이 있다.

『장경전』에서는 소부인, 곧 소성운의 딸 난영이 초운을 모함하는 내용이 등장하고,『장풍운전』에서는 유부인, 곧 연왕의 딸 경화가 이경패를 모함하는 내용이 등장한다. 그런데 두 작품에서 모함을 당하는 두 사람은 모두 주인공이 초년에 고생할 때 사랑을 나눈 사람들이라는 점에서 공통점을 보이고, 이들을 모해한 인물들이 모두 그것을 못마땅하게 생각하고 투기한 인물,『장경전』에서는 소부인이,『장풍운전』에서는 유경화가 모함자로 나선다는 점에서 공통된다.

『장경전』에서 초운이 소부인에게 모함을 당한 까닭은 장경이 초운을 더 사랑하였기 때문이다. 황제가 죽고 태자가 즉위하자 황제의 아우 건성은 반역하기 위해 장경을 모함하여 황토섬에 정배시킨다. 장경은 임신중인 초운을 세 부인들에게 부탁하고 적소로 떠난다. 그런데 소난영이 그 틈을 타서 초운의 글씨를 모방하여 초운이 정사운을 사모하는 것처럼 꾸민 내용의 편지를 써서 정사운에게 보내고, 정사운이 그녀에게 보낸 답장을 초운의 방에 몰래 숨겨두었다가 그것을 발견한 척하면서 모함한다.[10] 결국 초운은 누명을 쓰고 옥에 갇혔다가 진부인의 도움을 받아 청운산 승당으로 도망하여, 그곳에 머물면서 아들을 낳는다. 그 후 장경이 공을 세우고 돌아와서 그 모함의 진실을 규명한다. 초왕이 된 장경은 초운을 왕비에 봉하고, 그 모함을 꾸민 소씨는 초국에 데리고 가지 않고 집에 남아서 가족을 돌보게 하는 것으로 벌을 내린다.

『장풍운전』에서 이경패가 모함을 당하는 이유는 장풍운이 이경패를 더 사랑하였기 때문이다. 장풍운은 자신의 구원자의 딸이자 단원사에서 모친을 모신 공을 생각하여 이경패에게 10일, 나머지 아내와 첩에게 5일씩 머물기로 한다. 연왕의 딸 유경화는 이를 투기하여 이경패를 해치려는 마음을 가진다.[11] 그러나 장풍운과 시모가 이경패를 극진히 사랑하므로 감히 해치지 못한다. 마침 진번이 반하여 북방을 침략하자 장풍운이 출전한다. 그 틈을 타서 유경화는 흉계를 꾸며 이경패를 음란한 여자라는 누명을 씌워 모함한다. 이경패는 임신중이었는데, 옥에 갇혀 죽을 위기에 빠진다. 이경패는 옥중에서 아들을 낳은 후에 연평삼로에 사형당하러 갔다가 급히 달려온 장풍운에게 구함을 받는다. 장풍운은 흉계의 진실을 밝히고 유경화를 처참한다.

이상에서 살핀 바와 같이 두 작품의 내용은 거의 동일한 내용으로 이루어져 있다. 『장경전』에서는 장경이 초운을 더 사랑하였기 때문에 소난영이 초운을 모함했고, 『장풍운전』에서는 장풍운이 이경패를 더 사랑

---

10) 정사운이 등장하는데, 그는 초운이 기생으로 있을 때 그녀와 연분을 맺으려 했으나 실패한 인물이다. 그런데 여기서는 다시 소부인의 열사촌으로 등장한다.

11) 『전집』 2, 557면.

했기 때문에 유경화가 그녀를 모함했다. 두 작품 모두 모함을 당한 여성들이 임신중이었다는 점과 아들을 낳았다는 점도 동일하다. 다만『장경전』에서는 장경이 정배를 간 사이에 소난영이 흉계를 꾸미고,『장풍운전』에서는 장풍운이 출전한 사이에 유경화가 흉계를 꾸민다는 점, 초운은 옥에 갇혔다가 청운산 승당으로 도망하여 화를 피하는 데 비해 이경패는 임신으로 처벌이 지연되었다가 출산 후 죽을 위기에 처했다는 점, 흉계를 꾸민 소난영은 죽음을 당하지 않으나 유경화는 죽음을 당한다는 점 등 세부적인 내용은 차이를 보인다. 그러나 남편이 집을 비운 사이에 투기를 한 부인이 흉계를 꾸민다는 점, 그 흉계가 여성의 정숙함을 모함한 것이라는 점, 흉계를 꾸민 자가 처벌을 받는다는 점에서 동일한 것으로 볼 수 있다.

지금까지 살핀 바와 같이『장경전』과『장풍운전』은 전반적인 면에서 동일한 내용으로 이루어진 작품이라고 할 수 있다. 이것은 완판 영웅소설이 그만큼 기계적이고 도식적으로 제작되었음을 보여준다. 이러한 맥락에서 볼 때 방각본 업자는 완판 영웅소설의 제작 과정에서 작품성보다는 도식성에 치중하여 작품을 관습적으로 제작하였다고 볼 수 있다.

3. 배경 설정의 관습화

완판 영웅소설에서는 작품의 배경을 사실성보다는 관습적으로 설정하는 것이 일반화 되어 있다. 완판 영웅소설에는 구체적으로 설정된 시간적 배경이 존재하는데, 그 시간적 배경을 면밀히 검토해 보면, 작품에 등장하는 시간은 역사적으로 실재하였던 시간이나 현실적 시간이 아니라 관습적으로 표현된 경우가 흔하다. 이러한 상황은 공간 배경의 경우

에도 크게 다르지 않다. 작품에 묘사되어 있는 공간은 매우 관념화되고
관습적 표현으로 이루어진 공간인 경우가 흔하다. 이런 점에서 완판 영
웅소설의 배경 설정 방식은 고소설이 통상적으로 활용하고 있는 관습
적 배경의 설정 방식을 그대로 계승한 것으로 볼 수 있다.

1) 시간적 배경 설정

완판 영웅소설은 방각본 업자에 의해서 기계적으로 제작되었을 가능
성이 크다. 그러한 증거는 여러 가지 점으로 확인 가능한데, 그 가운데
하나가 바로 시간적 배경의 설정 과정에 등장하는 관습적 시간의[12) 설
정 방식을 들 수 있다. 곧 완판 영웅소설이 작기는 작품의 배경을 설정
할 때 구체적이고 사실적인 시간을 그 배경으로 설정하기보다는 관습
적인 방식으로 시간을 설정하고 있다. 이제 각 작품에 설정된 시간을
중심으로 그것이 정확하게 사용되지 않고 관습적으로 사용된 사례들을
살펴보기로 한다.

먼저 『소대성전』을 살펴보기로 한다. 『소대성전』의 작품 초두에서 소
대성의 부친 소양을 소개할 때의 시간적 배경은 대명 성화연간이었
다.[13) 따라서 이 작품은 명나라를 배경으로 한 작품이고, 시간적 배경은
성화연간이다. 그리고 이후에 북흉노와 서융이 함께 모반하여 쳐들어왔
을 때를 작품에서는 "성화 십삼 연 춘삼월이라 국운이 불힝ᄒᆞ야 북흉노
셔융으로 더부려 모반동심ᄒᆞ야 중국을 범코져ᄒᆞ야"라고[14) 하였다. 그

---

12) 여기서 사용할 시간적 배경이란 용어는 완판 영웅소설에 등장하는 왕조의 연호와
간지로 표현된 햇수 등과 같은 것, 곧 시간적 배경으로 볼 수 있는 것들을 의미한다.
그리고 관습적 시간이란 말은 구체적인 현실의 시간이 아니라 고소설의 작자가 관습
적으로 사용하여, 그 시간 자체가 실제 역사적 사실에 부합하기보다는 화자의 관념에
만 존재하는 시간을 의미한다.
13) 딕명 셩화연간의 소쥬짜의(『전집』 1, 573면)

리고 소대성이 출전할 때는 "잇떤난 성화십삼년 팔월리라"라고[15] 하였
다. 이렇게 보면 소대성이 태어날 때부터 그가 출전할 때까지의 시간적
배경은 명나라 성화연간이었음을 확인할 수 있다.

그러면 이것이 사실과 부합하는지 살펴보기로 한다. 소대성은 십 세
에 시서백가어를 무불통지했다.[16] 그리고 부모가 죽자 삼년상을 치르고
집을 떠난다.[17] 그 후에 이승상의 집에 머물다가 그곳을 떠나 영보산 청
용사에 간다. 그곳에서 도사가 15년 전에 부친을 만난 이야기를 하고 있
어서,[18] 그가 청용사에 갔을 때는 14세쯤 되었을 것이다. 그는 그곳에
서 오륙년을 공부한다. 북흉노가 모반할 때를 작품에서는 성화 13년 춘
삼월이라고 했다.[19] 그리고 소대성이 출전할 때를 성화 13년 8월이라고
했다.[20] 이것은 작품에서 설정하고 있는 시간적 배경과 현실적으로 맞
지 않는다. 작품이 시작되었을 때가 성화연간이었으므로, 그때를 성화
원년이라고 하더라도 소대성이 청용사를 찾아갔을 때는 성화 15년이어
야 하고, 소대성이 그곳에서 5년을 지냈을 때 북흉노가 모반했다고 하더
라도 그 때는 성화 20년이어야 한다. 그러므로 현실적으로 소대성이 북
흉노의 모반을 막으려고 성화 13년에 출전할 수는 없다. 이처럼『소대성
전』에 설정된 시간적 배경은 작품에서 언급하고 있는 시간과 일치하지
않는다. 이것은 방각본 업자가 당시 방각본 소설에서 통용되던 시간적
배경을 관습적으로 차용하였기 때문에 일어난 오류로 보인다. 이러한
오류는 소대성이 부친의 죽음 후에 집을 떠나 유리걸식하다가 청주 이
승상을 만나서 자신의 신분을 밝히는 장면에도 등장한다. 소대성은 이

---

14)『전집』1, 582면.
15) 위의 책, 583면.
16) 위의 책, 573~574면.
17) 위의 책, 574면.
18) 위의 책, 581면.
19) 위의 책, 582면.
20) 위의 책, 583면.

승상에게 자신의 부친을 소개할 때 전 조정 병부상서 소양이라고 하였다.[21] 실제로 명나라 헌종황제의 연호인 성화(成化) 이전에는 대종황제이므로, 왕조가 바뀌지 않았을 뿐만 아니라 작품에서도 왕조가 바뀌는 내용이 나오지 않는다. 그럼에도 불구하고 작품에서는 사실과 달리 조정이 바뀐 것처럼 설명하는 오류를 범하고 있다. 『소대성전』에 등장하는 이러한 시간적 배경 설정의 오류는 작품의 시간적 배경을 사실과 연결지어 설정하기보다는 방각본 소설에 설정되어 있는 시간적 배경을 관습적으로 이용하여 그렇게 설정하였기 때문에 일어났을 것이다.

그렇다면 『장경전』의 경우는 어떠한가? 『장경전』은 진나라를 배경으로[22] 하고 있으나 구체적으로 어느 시기인지 그 시간적 배경을 작품에서는 밝히지 않았다. 장경은 기사년에 태어난 인물이다.[23] 그리고 남이왕 등이 반역하자 그들을 물리치기 위하여 그가 대장군이 되었을 때는 무자년이었다.[24] 그렇다면 조웅은 21세의 나이에 대장군이 되었다는 뜻이다. 그가 과거에 급제한 것이 20세이므로, 이듬해에 전란이 일어나서 대장군이 되었다고 보아야 한다. 그런데 장경이 차영을 만났을 때 13세였고, 그곳에서 7년을 지낸 것으로 작품에서는 설명하고 있다. 그 후에 그는 소성운을 따라 황성에 올라가서 지냈고, 그동안에 문명을 날려서 여러 사람들과 사귀었다. 이어서 과거에 급제하였으므로 장경이 소성운을 따라와서 황성에서 지낸 기간이 있어야 한다. 그런데 작품에서는 그 기간에 대해서는 아무런 설명이 없다. 곧 그 기간은 사라진 셈이다. 이런 점도 역시 방각본 업자가 시간 배경 설정을 관습적으로 했기 때문에 일어난 문제로 보인다.

『유충열전』의 경우 작품에 설정된 시간적 배경은 이보다 더욱 심각

---

21) 소즈은 과연 젼묘졍 병부상셔 소양의 아들이요 소현셩의 현손이옵더이(『전집』 1, 575면)
22) 경판본은 송나라를 배경으로 했다.
23) 기스년 십이월 이십육일 희시싱이라(『전집』 2, 502면)
24) 무자 동시월 이십구일이라(『전집』 2, 508면)

한 문제를 안고 있다. 작품이 시작된 서두에서는 명나라 영종 황제 즉위 초라고 했다.25) 그러므로 유충렬이 태어났을 때는 영종황제의 즉위 초였을 것이다. 유충렬은 칠 세에 집을 떠나서 떠돌아다니다가 십사 세에 강희주를 만난다.26) 그가 십오 세에 이르렀을 때 강희주가 상소했다가 유배를 당하자 다시 그 집을 떠나 서해 광덕산 백용사에서 가서 수학한다. 그런데 작품에서는 전란이 일어났을 때를 영종황제 즉위 삼 년이라고27) 했다. 유충렬이 태어났을 때가 영종황제 즉위 초라면 그가 백용사에서 수학할 때는 최소한 영종황제 즉위 15년은 되었을 것이다. 그런데 전란이 일어났을 때를 영종황제 즉위 3년이라고 했으니 실상과 전혀 맞지 않는다. 더 이상한 것은 유충렬이 출전할 때를 설명한 부분이다. 유충렬은 백용사에 있다가 출전하는데, 작품에서는 그 때를 부흥 13년이라고 했다.28) 만일 정한담이 즉위하여 연호를 부흥이라고 했다면 그가 황제를 내쫓고 그 자리에 오른 것은 남흉노와 선우 북적이 쳐들어 왔을 때였다. 곧 작품에서 표현한 대로는 영종황제 즉위 3년일 때였으니 부흥 원년일 수는 있어도 부흥 13년일 수는 없다. 그 다음에 유충렬이 모친을 위해 제를 지낼 때 읽은 축문에는 갑자기 연호가 부경 17년 갑자라고29) 되어 있다. 황제가 바뀐 것도 아닌데, 이처럼 연호가 두 번이나 바뀌고 있다. 이런 점들을 고려할 때『유충렬전』에서 화자가 시간적 배경을 설정하여, 그것을 이야기하는 것은 관습적 표현일 뿐이지 구체적이고 사실적인 시간을 고려해서 연대를 이야기한 것은 아니다.

　　이러한 상황은『이대봉전』의 경우에도 별로 다르지 않다.『이대봉전』의 시작은 대명 성화연간의 효종 황제 즉위 3년이었다.30) 그리고 장애

---

25) 되명국 영종황졔 직위초의 황실리 미약ᄒ고(『전집』 2, 335면)
26) 『전집』 2, 345~347면.
27) 이씨는 영종황제 직위 삼년 춘정월이라(『전집』 2, 349면)
28) 잇씨는 부흥 십삼년 추 칠월 망간이라(『전집』 2, 352면)
29) 유세차 부경 십칠년 곱자 이월 곱인삭 이십팔일 신사의(『전집』 2, 371면)
30) 대명 성화연간의 효종황제 직위 3년이라 잇씨 기주짜 모란동의(『전집』 2, 379면)

황이 과거를 볼 때는 성화 19년이었다.31) 다음으로 남선우가 반역하여
중원을 침략할 때는 성화 22년이었다.32) 이때 장애황이 남선우를 치려
출전하였고, 그 사이에 북흉노가 침략하였는데, 그때를 작품에서는 기
축년 시월 망간이라고 했다.33) 그리고 장애황이 출전하여 시부와 이대
봉을 위해 제를 지낼 때는 기축 삼월이라고 했다.34) 그리고 이대봉과
장애황이 혼인한 이후에 다시 남선우가 기병하였을 때는 성화 임진 춘
정월이었다.35) 이것을 정리해 보면 이대봉과 장애황은 성화 3년에 태어
난다. 그리고 장애황은 성화 19년에 과거를 보고 성화 22년에 남선우를
치려고 출전한다. 그 사이에 북흉노가 침략하는데, 그해가 기축년이었
으므로 성화 22년은 기축년이 된다. 그리고 이대봉과 장애황이 혼인한
이후 남선우가 임진년에 기병한다. 만일 성화 22년이 기축년이라면 남
선우가 기병한 임진년은 성화 25년이어야 한다. 그리고 성화 19년은 병
술년, 성화 3년은 경오년이어야 한다. 그런데 실제로는 성화 3년은 정해
년이고, 19년은 계묘년이며, 22년은 병오년이다. 성화는 23년까지 있지
만 만일 25년까지 있다고 하더라도 그 해는 기유년이어야 한다. 어찌
보면 『이대봉전』은 해당 연호와 간지를 정확하게 쓴 것처럼 보이지만
실제와는 많은 차이를 보인다. 이것은 『이대봉전』의 작자가 그만큼 연
호와 간지의 상관관계를 고려하지 않고 관습적으로 시간 배경을 설정
하였기 때문에 일어난 오류로 보인다.

　그 외에도 완판 영웅소설에서 시간적 배경을 성화 연간으로 하고 있
는 작품 가운데 『유충열전』과 『이대봉전』의 경우, 성화 연간에 등장하
는 황제의 묘호도 사실과 다르게 쓰고 있다. 실제로 성화(成化)를 연호로
한 명나라의 황제는 헌종(憲宗)이다. 그런데 앞에서 살핀 바와 같이 『유

---

31) 잇디는 셩화 십구년 졍희 춘삼월 십오일리라(『전집』 2, 338면)
32) 잇써난 셩화 이십이년 시월 십구일이라(『전집』 2, 390면)
33) 잇써는 긔축 시월 망간이라(『전집』 2, 396면)
34) 유세차 기축 삼월 무진삭 십오일(『전집』 2, 408면)
35) 잇써는 티명 셩화 임진 춘졍월 망이라(『전집』 2, 416면)

충열전』은 영종황제로, 『이대봉전』은 효종황제로 칭하고 있다. 만일 『유충열전』에서 설정한 대로 영종황제 시절이었다면 그 연호는 정통(正統)이나 천순(天順)이 되어야 하고, 『이대봉전』에서 설정한 대로 효종황제 시절이었다면 그 연호는 홍치(洪治)가 되어야 한다. 이처럼 완판 영웅소설에 설정된 시간적 배경은 사실과 다르게 설정되어 있는 경우가 많다. 이것은 완판 영웅소설의 작자가 관습적으로 시간적 배경을 설정하였기 때문에 일어난 오류로 보인다.

이상에서 살핀 바와 같이 완판 영웅소설에서는 시간적 배경 설정이 실제의 시간으로 설정되어 있지 않다. 방각본 업자는 작품의 사실감을 높여 사건이 현실에서 이루어지는 것과 같은 분위기를 조성하기 위한 의도에서 시간적 배경을 설정하고 있다. 그렇지만 여기에 설정된 시간은 실제의 시간이 아니라 방각본 업자의 관념에 존재하는 시간이 관습적으로 사용되었을 뿐이다. 이것은 방각본 업자가 시간적 배경 설정에서도 그만큼 기계적으로 대응했음을 보여준다.

2) 공간적 배경 설정

완판 영웅소설에 설정된 공간적 배경은 넓게는 중국 전역이고, 좁게는 몇 곳의 절이나 암자 등이다. 그런데 넓은 공간은 명나라 시절의 중국이 대부분을 차지하고 있으나 진나라와 송나라를 배경으로 한 작품도 있어서 각 작품에 등장하는 공간 문제를 검토하기 위해서는 작품에서 설정한 시대적 배경을 중심으로 그 강역의 지명 등을 따져야 하기 때문에 그에 대한 정확한 이해가 없이는 현실적으로 불가능한 작업일 수밖에 없다. 따라서 이 글에서는 범위를 좁혀서 작품에 관념적으로 묘사된 공간에 한정하여 관념성과 관습적 표현의 문제를 논의하기로 한다.

대부분의 작품에서 등장인물이 접하는 공간은 비현실적 세계이거나 관념적 세계인 경우가 흔하다. 예를 들어 『소대성전』에서 소대성이 청용사를 찾아가면서, 그리고 출전하기에 앞서 만난 공간에 대한 묘사가 그 좋은 예이다.

> 큰 뫼 잇시되 놉기 만장이뇨 길이 궁진ᄒᆞ지라 셕경으로 빅여보의 일으니 흔봉이 슈려ᄒᆞ고 빗ᄂᆞᆫ화쵸의 난봉공작이 셧드려노니 셰상의 보ᄂᆞᆫ비 처음이라 (…중략…) 운무 ᄌᆞ옥흔 가온디 칭암졀벽은 병풍 두른듯ᄒᆞ고 폭포은 창쳔의 걸여씨니 일은바 별건곤이라(『소대성전』, 『전집』 1, 581면)

> 쳥산이 수명ᄒᆞ고 충송녹죽은 옥계를 둘너난디 비취공작이 왕ᄂᆡᄒᆞ이 니른바 별건곤일네라 싱이 졈〃 드러가니 층암졀벽상의 갈건야복흔 노인이 쳥여장을 집고 빅학노난양을 보고 셧거날 싱이 나어가 (…중략…) 좌우을 살펴보니 삼간초옥이 구름속의 걸여난디 층〃화계예 빅화만발ᄒᆞ고 난봉공삭이며 비취ᄒᆡᆼ부 곳속의 넘노난이 별유천지비인간이라(『소대성전』, 『전집』 1, 584~585면)

위의 인용문에서 보듯이 별건곤으로 묘사된 세계, 신선이 사는 백화만발하고 난봉 공작이 노는 세계가 바로 『소대성전』에 설정된 공간이다. 이러한 공간은 현실에 존재하는 것이 아니라 조선 시대 사람들의 이상향이었던 공간이자 그들의 관념에 존재한 공간이었다. 그런 점에서 『소대성전』에서 설정한 공간은 관념적이고 관습적인 공간이라고 할 수 있다.

이러한 공간은 『유충열전』에도 동일한 모습으로 설정되어 있다. 강희주의 집을 떠난 유충열이 서해 광덕산 백용사를 찾아가는 과정에서 만난 공간이 바로 그와 같은 관념적 공간의 좋은 예이다.

> 흔 고디 다〃르니 압피 큰산이 잇스되 천봉만흑이 층천흔 중의 오식구름이 구리봉의 쩌잇고 각식화초 만발흔지라 장차 신령흔 산이라 ᄒᆞ고 차자 드러가니 경기 절승ᄒᆞ고 풍경이 쇄락ᄒᆞ다 산힝육칠이의 들이난이 물소리 잔〃ᄒᆞ고 보이난이 청산만 울〃흔디 청임을 더우잡고 석양의 온나가니 수양천만스는

춘풍을 못이기여 동구의 흔늘거려 늘여지며 녹죽창송은 우거진 가지의 빅조
츈졍 닷토왓다가 층〃흔 화게상의난 잉무 공작 넘노난듸 창천의 걸인 폭포
층암절벽 치난소릭 흔산슈 쇠북소릭 긱션의 일으난 듯 반공의 소슨 암셕 청
송속의 잇난거동 산수긔름 팔간병풍 둘너난 듯 산즁의 잇난 경긔 엇지 다 긔
록흐리 춘풍이 언듯흐며 경쇠소릭 들이거들 차점차점 드러가니 오싴구름속의
단청흐고 휘황흔 고루거각이 질비흐야 일주문을 바라보니 황금디자로(『유충
열젼』, 『전집』 2, 349면)

위의 인용문에서 보듯이 『유충열전』에서도 천봉만확에 각색 화초가
만발한 곳이고, 앵무 공작이 노는 곳으로 백용사 앞의 공간을 설정하고
있다. 게다가 시절은 봄이어서 수양버들은 봄바람에 하늘거리고 수많은
새들이 춘정을 다투는 공간, 이와 같은 공간은 현실의 공간일 수 없다.
그런 점에서 『유충열전』에 설정된 이 공간도 당시인들의 관념에 존재
했던 이상적 공간으로 볼 수 있다.

이러한 공간적 배경 설정은 『조웅전』에도 등장한다. 조웅이 철관도사
에게 수학하려고 관산을 찾아갔을 때의 장면을 묘사한 대목에서 그러
한 예를 찾아보기로 한다.

여러 날만의 관순을 츠즈 드러ㄱ니 산셰 긔이흐고 경긔 졀승흔지라 만쟝졀
벽ㄷ의 긔벽흐여 쳔지을 녀려 잇고 슈ㄹ 모옥의 셩문을 열엇거날 공슈흐고
날오여 드러ㄱ니 지당의 년화난 만발흐고 층계에 국화로 두럿더라 외당 젹요
흐고 슈긔 동즈 안져 바돌을 희롱흐거날(『전집』 3, 113면)

위의 인용문에서 보듯이 만장절벽 사이에 천지가 열려 있었고, 수간
모옥이 있으며, 연못에는 연꽃이 만발하고 층계에는 국화가 핀 선계, 그
곳이 선계임을 보여주는 풍경으로 동자가 바둑을 두고 있는 풍경까지
덧붙어 있다. 『조웅전』에 설정되어 있는 이와 같은 공간적 배경은 신선
이 사는 세계, 곧 별천지의 공간이라고 할 수 있다. 이러한 공간에 대한

설명은 장소저가 강선암을 찾아가는 장면에서도 유사하게 등장하는데,[36] 이곳에 설정된 공간적 배경도 당시 독자들이 이상적으로 생각했던 신선세계의 모습으로 형상화되어 있다.

이러한 점은 『이대봉전』에도 비슷한 모습을 보인다. 이대봉이 금화산 백운암을 찾아갔을 때와 장애황이 여남의 한 곳에 이르러 본 풍경을 설명한 대목에서 그 점을 확인할 수 있다.

> 금화산을 차져가니 빅운은 담〃 명산이요 물은 잔〃 별건곤의 나무〃〃 피난 꼬슨 가지가지 춘경이라. 쳉계난 동구에 흘너 극낙세계 되야 잇고 칭암절벽은 반공의 소사난듸 청학 빅학은 쌍〃이 왕니ᄒ고 유의한 두견셩은 이니 수심 자어닌다. 산수도 조컨이와 부모를 싱각ᄒ니 조흔 풍경 회포 되야 눈물을 금치 못할네라. 구름를 짜라 한 고슬 다〃르니 포연한 션경이라. 은〃한 경쇠 소리 풍편의 들이거늘 완〃이 드러가니 황홀한 단청화각이 구름 소게 뵈니〃거날 삼문의 당도ᄒ니 황금디자로 두려시 써쓰되 금화산 빅운암이라 ᄒ여거늘(『전집』 2, 385면)

> 한 고듸 다다르니 산쳔이 수례ᄒ고 만장 절벽은 반공의 소사 잇고 산영이 엄숙한듸 수목이 울밀ᄒ고 빅화 만발한 중의 졈졈 드러가니 경기 졀승ᄒ고 물식도 유감ᄒ다. 꼿가지의 안진 시는 춘광을 자랑ᄒ고 황봉 빅졉 왕나부난 향기 찻난 거동이요 비취공작은 쌍거쌍니 나러들고 수양 쳔만 사는 어구의 느러지고 금의공자 환우셩은 녹임 속으 쳬량ᄒ고 간수는 잔잔ᄒ야 탄금셩을 도와닌다(『전집』 2, 387면)

위의 첫 번째 인용문은 이대봉이 금화산 백운암을 찾아갈 때의 장면을 그린 장면이고, 두 번째 인용문은 장애황이 여남의 어느 곳에 이르렀을 때의 장면을 묘사한 장면이다. 첫 번째 인용문에서 보듯이 그 경

---

36) 강선암을 츠즈가이 청산 긔암은 졉졉이 둘너 잇고 간슈는 잔잔ᄒ야 골골의 흘너난이 진지 졀승 강산이요 각별ᄒ 쳔지라 문득 셕경 쇼리 들이거늘 졀인 쥴 알고 반겨 셕문의 다다르이 법당은 규연ᄒ고 좌우의 익낭을 웅장이 지여 단청이 황홀ᄒ지라(『전집』 3, 124면)

치를 별건곤과 선경으로 표현하고 있다. 또한 두 번째 인용문도 표현의 차이가 있지만 역시 비취 공작이 노니는 선경으로 묘사되어 있다. 이런 점들을 고려할 때 『이대봉전』에 설정되어 있는 공간적 배경은 이 세상과는 다른 별세계, 신선이 사는 선경으로 묘사되고 있다.

이상에서 살핀 바와 같이 완판 영웅소설에 설정된 공간적 배경은 대부분 이 세상과는 다른 별건곤의 세계, 또는 당시 사람들에게 이상향으로 인식되던 신선세계로 설정되어 있다. 뿐만 아니라 위의 예문에서 본 바와 같이 대부분의 공간적 배경이 유사함을 확인할 수 있다. 곧 작품의 종류에 관계없이 대부분의 작품에 설정된 공간은 만장 절벽 사이에 마련된 세계, 그곳에는 온갖 화초가 피어 있고, 난봉 공작이 노닐며, 수간 모옥이나 절이 있는 그런 공간이었다. 이처럼 작품에 관계없이 주인공이 찾아간 공간이 모두 이 세상과는 격리된 관념적 공간이었다는 점에서 완판 영웅소설의 공간 배경 설정 방식은 당시 고소설이 취했던 관념적이고 관습적인 배경 설정 방식을 그대로 따른 것으로 볼 수 있다.

4. 전형적 인물의 관습화

고소설의 등장인물이 평면적 인물이고 전형적 인물임은 이미 여러 학자들이 지적한 바 있다. 이러한 사실은 완판 영웅소설에 등장하는 인물들도 예외가 아니다. 특히 완판 영웅소설은 작품의 내용에 상관없이 대부분의 주인공들이 한 인물을 보는 것처럼 정형화되어 있는 경우가 많다.

그렇다면 무엇 때문에 고소설에서는 이런 전형적 인물, 곧 정형화된 인물들이 등장하는 것일까? 물론 그 요인은 여러 가지가 있을 수 있다.

그런데 필자는 그 여러 요인들 가운데 하나로 방각본 업자의 기계적이고 관습적인 작품의 제작 태도를 꼽으려고 한다. 곧 방각본 업자가 작품의 종류에 상관없이 서로 비슷한 인물을 관습적으로 계속 등장시키고 있기 때문에 그런 현상이 나타났다고 본다. 따라서 여기서는 완판 영웅소설이 가지고 있는 인물의 전형성 문제를 주인공의 탄생 장면과 어린 시절 그의 능력을 평가하는 대목의 관습적 표현을 중심으로 간략히 살펴보려고 한다.

완판 영웅소설 주인공들의 전형성은 그들의 전생 신분부터 시작된다. 그들의 전생 신분은 천상적 존재로 설정되어 있는 것이 공통적이다. 이제 주인공이 탄생하는 장면을 예로 들어 살펴보기로 하되 각 작품의 주인공이 탄생하는 장면을 비교하여, 주인공의 탄생 단락이 가지고 있는 공통점을 중심으로 논의를 진행하려고 한다. 여기서 비교의 대상으로 삼은 작품은 주인공의 탄생 장면이 없는 『조웅전』을 제외한 『소대성전』과 『장경전』·『장풍운전』·『유충열전』·『이대봉전』이다.

> 수일후의 부인니 흔 꿈을 어든니 쳔지 아득ᄒ며 벽역이 진동흔 즁의 쳥용니 구름을 허치고 드려와 부인을 향ᄒ야 기운을 토ᄒ이 그 기운이 변ᄒ야 동ᄌ 되여 부인졋터 안지며왈 쇼ᄌ은 동ᄒ용ᄌ옵더이 닌간의 비 그릇쥰다 ᄒ시고 샹계님이 인간의 닉치미 갈바을 모로옵더이 영보산 쳥용수 부쳬님이 지시ᄒ시미 왓사오이 부인은 여엿비 여기옵쇼셔 부인이 놀너 씨다르니 남가일몽이라(『소대성전』, 『전집』 1, 573면)

> 과연 그달붓텀 틱긔잇셔 십삭이 되미 ᄒ로난 집안의 오운이 진동ᄒ며 향너 나거눌 부인이 혼미즁의 남ᄌ를 탄싱ᄒ야거눌(『장경전』, 『전집』 2, 500면)

> 일일은 부인 양씨 호련 곤ᄒ여 조의더니 하날노셔 흔 션관이 구름을 타고 나려와 부인게 스로디 나도 쳔상 영주산 츠지 션관으로 상계게 득죄ᄒ와 진토의 닉치시미 댱문의 연분이 잇긔로 부인게 의탁ᄒ오니 어엿비 네긔소셔 ᄒ

고 문득 간디업거날 놀니 끼다르니 남가일몽이라 (…중략…) 과연 그달붓텀 틱긔잇셔 십식이 당흐미 양씨 긔운이 불평흐여 침셕의 흔근흐더니 뇌셩벽녁이 쳔지진동흐며 젼의 뵈던 션관이 부인 침소로 드러와 늡거날 부인이 놀니 소리을 크게 지르며 아히을 탄싱흐미(『장풍운젼』, 『젼집』 2, 545면)

일일은 흔 꿈을 어드니 쳔상으로셔 오운이 영농흐고 일원션관이 쳥용을 타고 너려와 말흐되 나는 쳥용을 차지흔 션관이더니 익셩이 무도흔 고로 상졔 의계 알외되 익셩을 치죄흐야 다른 방으로 귀양을 보니써니 익셩이 글노 흠심흐야 빅옥누 잔치시의 익셩과 디젼흔 후로 상졔젼의 득죄흐야 인간의 너치시미 갈 바를 모로더니 남악산 신령이 부인딕으로 지시흐시기로 왓사오니 부인은 이휼흐옵쇼셔 (…중략…) 부인 품의 달여들거늘 놀니 끼다르니 일장춘몽 황홀흐다 (…중략…) 과연 그달부텀 틱기가 잇셔 십식이 치인 후의 옥동자를 탄싱홀계 방안의 힝취 잇고 문밧긔 셔기가 빗질너 싱광은 만지흐고 셔치는 충쳔흔 즁의(『유충열젼』, 『젼집』 2, 336면)

쳔힝으로 자식을 졈지할가 바리더니 과연 그달부틈 틱기 잇셔 십삭를 당흐미 일일은 몸이 곤흐야 침셕의 조우더니 비몽간의 쳔상으로셔 봉황한쌍이 너려오더니 봉은 부인품으로 나러들고 황은 장미동 장할임집으로 가거늘 끼다르니 집안의 향취와 오운이 영농흐더니 혼미중의 탄싱흐니 활달한 긔남자라(『이대봉젼』, 『젼집』 2, 379면)

위의 인용문에서 보듯이 『소대셩젼』에서는 동해 용자의 태몽을 꾼후에 소대셩을 낳고, 『장풍운젼』에서는 션관의 태몽을 꾼 후에 장풍운을 낳는다. 『장경젼』에서는 태몽이 등장하지 않으나 장경이 태어날 때오운이 진동하고 향내가 나는 일이 일어난다. 『유충열젼』에서는 『장풍운젼』처럼 션관의 꿈을 꾸는데, 자신이 익성과 대젼한 죄로 적강하여 갈 바를 모를 때 남악산 신령의 지시로 왔다는 내용을 이야기한다. 『이대봉젼』에서는 이대봉이 태어날 때 봉황 한 쌍이 내려오더니 봉은 부인의 품으로, 황은 장한림의 집으로 가는 꿈을 꾼다는 점에서 다른 작품과 차이를 보인다. 이들의 전생 신분을 간단히 정리하면 소대성은 동해 용자였고, 장풍운은 영주산 선관이었으며, 유충열은 자미원 대장성으로 표상된 선관이었고, 이대봉은 봉의 화신이었으며, 장애황은 황의 화신이었다. 이처럼 『장경전』을 제외한[37] 네 작품의 주인공들이 탄생할 때 태몽이 있었고, 그 태몽을 통해서 그들이 전생에서 모두 비범한 천상적 존재였음을 보여준다는 점에서 공통된다.

선관이나 용자, 봉황 같은 천상적 존재가 득죄하여 죄값을 치르기 위해 지상에 하강하여 주인공으로 태어나는 이야기를 적강화소라고 하는데, 이는 고소설에 보편적으로 등장하는 이야기이다. 그런데 위에서 살핀 작품들의 주인공들이, 탄생 장면에서 확인하였듯이, 대부분 천상적 존재로 설정되어 있다는 점에서, 그리고 그 사실을 태몽에서 확인할 수 있다는 점에서 이 장면은 고소설의 문학석 관습을 그대로 수용한 것으로 볼 수 있다. 이는 방각본 업자가 주인공의 탄생 단락의 내용을 도식적으로 제작한 것으로 볼 수 있다. 이런 점을 고려할 때 완판 영웅소설의 주인공들이 작품에 관계없이 전형적 인물로 형상화되어 있는 것은 방각본 업자들의 관습적 인물 설정 방식과 밀접한 관련이 있을 것이다.

대부분의 영웅소설의 주인공들은 공통적으로 어린 시절에 비범성을 보여준다. 완판 영웅소설의 경우에도 이러한 문학적 관습을 따르고 있어서 대부분의 주인공들이 어린 시절에 비범성을 보이고 있다. 이제 그들이 어떤 비범성을 보이는지 살펴보기로 한다.

먼저 『소대성전』의 소대성과 이채봉을 살펴보기로 한다.

> 십삭이 차민 옥동즈을 나흐이 얼골니 장디ㅎ고 쇼리 웅장ㅎ여 스룸을 놀니이 (…중략…) 십셰예 밋치민 이두의 문필을 겸ㅎ야 시셔빅가을 무불통지ㅎ니 상셔 그 너머 조달ㅎ물 질거안이ㅎ더라(『소대성전』, 『전집』 1, 573~574면)

---

37) 『장경전』에서는 장경의 전생 신분에 대한 언급이 없다. 그러나 장경이 태어날 때 집 안에 오운이 진동하고 향내가 났다고 하여 그의 비범성을 암시적으로 보여주고 있다.

필여의 명은 치봉이라 그 모친 왕씨 몽중의 흔 선여 오운을 타고 눌여 옥병의 향슈을 지울여 아기을 싯기며왈 이 아기은 동정용여로셔 연분이 동희용즈의 미즈더이 그 용즈 상계계 득죄흐고 인간의 날어와쌉기로 인연이 금셰예 잇고즈 흐야 부인계 왓사오이 귀히 길너 쳔졍을 어기지 말으소셔 (…중략…) 십삼셰의 당흐이 옥안운빈이며 여공지졀이 쳔흐의 쌍이 업더라(『소대셩젼』, 『전집』 1, 574면)

위의 첫 번째 인용문은 소대성의 어린 시절을, 두 번째 인용문은 이채봉의 어린 시절을 묘사한 대목이다. 소대성은 태어날 때 얼굴이 장대하고 소리가 웅장해서 사람을 놀라게 했다. 그는 십 세에 이르자 이백과 두보의 문필을 겸한 데다가 시서백가를 무불통지했다. 그의 짝인 채봉도 전생신분이 동정용녀였고, 십삼 세에 이르자 옥안운빈이며 여공재질이 천하에 짝이 없었다.

이러한 점은 『장경전』의 주인공도 비슷했다. 장경은 기골이 준수하고 인사는 사람이 능히 당하지 못할 바였다.[38] 그의 짝인 우승상 왕패의 딸 월영도 여공재질과 인물이 준수했다고 했으며,[39] 기생이었던 초운도 정정온순함과 옥안운빈이 모든 사람을 놀라게 하여 칭찬하지 않는 사람이 없었다고 했다.[40]

이러한 점은 장풍운의 경우도 비슷하다.

아히 상을 보니 진짓 쳔하영쥰이라 (…중략…) 뉴셰예 이르미 얼골리 관옥 갓고 힝동거지 장즈의 자니미 부모 스랑흐미 비홀디업더라 팔셰의 이르미 시셔을 통흐며 궁마지지을 일삼으니 사량이 그 웅장흐믈 쎠려 금흔디 풍운이 엿즈오더 글을 흐오면 국가을 도와 평안흔시졀의 빅셩을 다사리옵고 활과 칼

---

38) 긔골이 쥰슈흘쑨아인여 인스아는 사롬이라도 능히 당치 못흘비라(『장경젼』, 『전집』 2, 500면)

39) 늦게야 흔 쫄을 두어시되 녀공지질과 인물이 쥰슈흐미(『장경젼』, 『전집』 2, 504면)

40) 졍졍온슈홈과 옥안운빈이 좌듕을 놀니는지라 반광계인이 칭찬안이리 업더라(『장경젼』, 『전집』 2, 517면)

은 난셰을 당ᄒ와 젹국을 쇠멸ᄒ고 졔졔안민ᄒ면 상장지지가 되오니 엇지 온 갓 글만 일솜무릿가 (…중략…) 글을 권ᄒ니 본디 영민ᄒ여 시셔빅가어을 무 블통지ᄒ미 더옥 ᄉ량ᄒ미 긔출갓치 ᄒ되(『전집』2, 545~547면)

장풍운은 천하영준의 상이었다. 육 세에 이르자 얼굴이 관옥 같고 행동거지가 어른을 능가하고, 팔 세에는 시서를 통하며 궁마지재를 익힐 정도였다. 또한 후일 그가 소성운의 도움으로 글을 배울 때도 그의 영민함을 드러내서 시서백가어를 무불통지했다. 그의 짝이 되는 황화도 용모기질이 쌍이 없었다고 했다.[41]

이러한 사정은 유충열이나 이대봉·장애황의 경우도 예외가 아니다. 먼저 『유충열전』을 살펴보기로 한다.

아기를 살펴보니 웅장ᄒ고 기이ᄒ다 쳔졍이 광활ᄒ고 지각이 방원ᄒ야 초상갓튼 두 눈셥은 강산 졍기 씌엿고 명월갓탄 압가심은 쳔지조화 품어스며 단산의 봉의 눈은 두 귀 밋슬 도라보고 칠셩의 사인 종학 용준용안 번듯하다 (…중략…) 주홍으로 삭여스되 디명국디사마디원수라 은은이 박켜스니 (…중략…) 칠셰의 당ᄒ미 골격은 쳥수ᄒ고 총명은 발쳬ᄒ야 필법은 왕히지요 문장은 이틱빅이며 문예장약은 손오의게 지너더라 쳔문지리는 흉중의 갈마두고 국가흥망은 장중의 미여스니 말달이기와 용검지술은 쳔신도 당치 못할네라(『유충열전』,『전집』2, 336~337면)

소씨 녀아를 나을 젹의 일원 션녀 오운을 타고 나려와 소씨를 디ᄒ여왈 소녀는 옥황 션녀옵더니 연분이 자미원 디장셩과 ᄒᆞᆫ 가지로 잇다가 소녀를 강문의 보니미 왓스오니 부인은 이휼ᄒ옵소셔 ᄒ거늘 부인이 혼미중의 녀ᄋᆞ를 탄싱ᄒ니 용모 비범ᄒ고 거동이 단졍ᄒ야 시셔음율을 무불통지ᄒ니 녀즁군자요 총명지혜 무쌍무쌍이라(『유충열전』,『전집』2, 346면)

---

41) 용모긔졀이 쌍이 업스미 공후거족이 지취을 쳥ᄒ되 듯지 아니ᄒ더라(『장풍운전』,『전집』2, 550면)

위의 첫 번째 인용문에서 보듯이 유충열이 태어났을 때의 모습에 이미 대원수의 모습을 보였고, 칠 세에 이르렀을 때 왕희지의 필법과 이태백의 문장, 손오보다 뛰어난 병법을 익힌 것으로 묘사하고 있다. 게다가 말 달리기와 검술은 천신도 당하지 못할 정도였다. 그의 짝인 강소저도 두 번째 인용문에서 보듯이 전생신분이 옥황의 선녀였고, 용모가 비범하고 거동이 단정하며 시서음률을 무불통지하니 여중군자요 총명과 지혜가 짝이 없었다. 이런 점에서 보면『유충열전』의 주인공들도 모두 비범한 인물들임을 확인할 수 있다.

이러한 점은『이대봉전』에서도 유사하게 나타난다.

　　딕봉으 나이 십삼셰예 이르미 기고리 장딕ᄒ고 늠늠한 풍치와 활달한 거동이 차시의 뭇쌍이요 영풍호걸은 진셰간기남자라 시셔빅가어를 무불통지ᄒ여 육도삼약과 소노으병셔를 잠심ᄒ니 총명지혜 관중아기으계 지닌난지라(『이대봉전』,『전집』2, 380면)

　　소졔으 연광이 이팔리라 옥안운빈과 셜부화용이 금셰의 쌍이 업난지라 비록 여ᄌ로되 면목이 웅장ᄒ야 단산의 봉으 눈은 두 귀미셜 도라보고 쳥수한 골격이며 셩음이 웅장ᄒ되 산호처를 드러 옥반을 찌치난듯ᄒ고 지혜활달ᄒ미 소졔으 쌍이 업난지라 총명ᄒ ᄋ그 자식를 뉘가 안이 층송ᄒ리 이러무로 일홈이 일국의 진동ᄒ리로다(『이대봉전』,『전집』2, 383~384면)

위의 인용문에서 보듯이 이대봉은 십삼 세에 기골이 장대하고 늠름한 풍채와 활달한 거동, 영웅의 풍모를 갖추었고, 시서백가어를 무불통지할 뿐만 아니라 육도삼략과 손오병서를 익히니 총명지혜가 관중 악의보다 뛰어났다. 이대봉은 13세의 어린 나이에 이미 비범한 인물로 성장했다. 그의 짝인 장애황도 그에 걸맞은 인물이었다. 두 번째 인용문에서 보듯이 16세에 뛰어난 미모를 갖추었을 뿐만 아니라 활달한 지혜와 총명을 겸하였기에 이름이 일국에 진동하기에 이른다.

지금까지 살핀 바와 같이 완판영웅소설의 남녀 주인공들은 모두 비범한 능력을 갖추고 있었다. 남주인공의 경우 어린 시절에 시서백가어를 무불통지하고 무예에 능했다는 표현이, 그리고 여주인공은 용모가 준수했다는 내용이 모든 작품에 공통적으로 등장한다. 세부적인 면에서는 차이를 보이고 있으나 남주인공이 문장과 무예를 겸전하였음을 강조하고, 여주인공은 그의 짝이 되기에 부족함이 없도록 아름다운 용모와 재질이 세상에 짝이 없을 정도로 훌륭하다는 것을 강조하고 있다는 점에서 공통점을 보인다. 그런 점에서 이들은 서로의 배우자로서 부족함이 없는 이상적 인물형이었다.

이상에서 살핀 점들을 고려할 때 완판 영웅소설의 주인공들은 영웅소설에서 보여주는 비범한 주인공의 문학적 관습을 그대로 계승한 것으로 볼 수 있다. 이것은 완판 영웅소설의 긱자가 작품에 작중 인물의 개인적 편차를 고려하지 않고 기계적이고 관습적인 방식으로 인물을 설정하였음을 뜻한다. 이런 점 때문에 완판 영웅소설의 주인공들은 인물의 전형성에서 벗어나지 못하였을 것이고, 결국 영웅소설 주인공의 전형적 인물의 공고화를 가속시키는 역할을 하였을 것이다.

제5장 성과와 한계

완판 영웅소설이 이룬 성과와 한계는 사실 소설의 상품화의 측면에서 검토할 필요가 있다. 곧 방각본 소설이 가진 소설의 상품화 과정에서 일어난 모든 현상들이 실제로는 완판 영웅소설의 성과이자 동시에 한계일 수 있다. 따라서 완판 영웅소설의 상품화 과정에서 나타난 문제점들을 어떻게 평가할 것인가의 문제는 매우 복잡할 수밖에 없다. 여기서는 그 가운데 몇 가지 사항을 검토함으로써 그 성과와 한계를 살펴보려고 한다.[1]

완판 영웅소설이 거둔 성과 가운데 첫 번째는 서두의 변화를 꼽을 수 있다. 앞에서 다루지 않았지만 완판 영웅소설은 일부 작품에서 서두의 변화를 시도하였다. 앞에서 논의한 여섯 작품 가운데 세 작품은 고소설의 서두 방식을 관습적으로 채용했지만 다른 세 작품은 그 나름대로 변

---

1) 이 장은 임성래, 앞의 책, 189~193면을 활용하여 작성하였다.

화를 시도하였다는 점에서 주목할 만하다. 여섯 작품의 서두를 다 인용하는 것은 번거롭기 때문에 고소설의 관습적 서두 방식을 그대로 채택한 작품 하나와 변화를 시도한 세 작품의 서두를 인용하여 비교하기로 한다.

> 디명 셩화연간의 쇼쥬짜의 흔 명현이 잇시되 셩은 쇼뇨 명은 양이뇨 즈는 경이니 옛눌 쇼현셩의 현손이라 셰디로 강노와 공주작녹이 쩌나지 안이ᄒᆞ더니 쇼양의 미쳐 볘술이 병부상셔로 일홈이 죠졍의 진동ᄒᆞ더라 셰상변화을 혐의ᄒᆞ야 볘술을 버리고 고향의 도라와 농부어옹을 겸ᄒᆞ야 셰월을 보닉니 인간 즈미 극진ᄒᆞ믹 볘술이 도로여 막연ᄒᆞ고(『소대셩젼』, 『젼집』 1, 573면)

> 각셜이라 녜 진시졀의 녀남짜의셔 사는쟝취란 션빅이시되 공열후 쟝진의 후에라 쳥염ᄒᆞ기로 셰간이 가난ᄒᆞ야 나히 만토돌 취쳐을 못ᄒᆞ야던이(『쟝경젼』, 『젼집』 2, 499면)

> 각셜이라 디명국 영종황졔 직위초의 황실리 미약ᄒᆞ고 법영이 불힝흔 중의 남만 북젹과 셔역이 강셩ᄒᆞ야 모역할 쯧슬 두믹 이런고로 쳔자 남경의 잇슬 쯧이 업셔 다른 디로 도읍을 옴기고져 ᄒᆞ시더니(『유충열젼』, 『젼집』 2, 335면)

> 송문졔 즉위 이십삼년이라 이쩌 시졀이 틱평ᄒᆞ야 스방의 일이 업고 빅셩이 평안ᄒᆞ야 격양을 일숨더니 월명년 추구월 병인일의 문졔 츙녈묘의 거동ᄒᆞ실 시 원릭 츙녈묘난 만고츙신 좌승상 됴졍인의 묘라(『조웅젼』, 『젼집』 3, 103면)

위에 인용한 네 개의 인용문 가운데 첫 번째는 전형적 고소설의 서두 방식을 보여주는 『소대셩젼』이다. 두 번째는 『쟝경젼』으로, "각셜이라"는 문장으로 시작하여 앞부분은 고소설의 전형적 형식을 보여주지만 뒷부분에서는 장취란 인물이 가난 때문에 아내를 얻지 못하는 이야기를 통해서 기존의 서두 방식을 벗어나고 있다. 세 번째 인용문은 『유충열젼』으로, 역시 "각셜이라"는 문장으로 시작하고 있으나 당시 국가가 직면한 시대 상황을 보여줌으로써 기존 고소설의 서두 방식을 벗어났을 뿐만 아니라 독자들의 호기심을 자극할 만한 시대 상황을 제시했다는 점에서 획기적인 서두의 변화라고 할 수 있다. 네 번째는 『조웅전』으로, 서두에서 바로 당시의 시대 배경을 설명한 다음 문제가 충열묘에 거동한 이야기를 전개함으로써 고소설의 전통적 서두 방식을 완전히 벗어나고 있다.

주지하듯이 고소설의 서두 방식은 첫 번째 인용문에서 볼 수 있듯이 대체로 '화설 대명 ○○연간에 00땅에 일위 명환이 있으니 성은 ○요 명은 ○○라'는 형식을 취하고 있다. 완판 영웅소설에서도 『소대성전』과 『장풍운전』・『이대봉전』이 이런 서두 형식을 따르고 있다. 그런데 위의 인용문에서 보듯이 『장경전』과 『유충열전』・『조웅전』에서는 고소설의 관습적 서두 형시을 벗어난 변형된 서두 형식을 취하고 있다는 점에서 흥미를 끈다. 『장경전』과 『유충열전』은 모두 '각설이라'로 시작하고 있지만 『장경전』은 장취가 가난해서 혼인을 하지 못하는 상황을 이야기하고 있고, 『유충열전』은 황실이 미약하고 남만 북적 서역이 강성하여 모역할 뜻을 두고 있는 작품의 시대 상황을 배경으로 설명하고 있다. 『조웅전』은 태평한 가운데 황제가 조정인의 묘인 충열묘에 거동한 사건의 내용을 소개하는 것으로 서두로 삼고 있다. 따라서 이 세 작품이 기존의 고소설이 관습적 서두 형식을 지양하고 새로운 방식의 표현으로 서두를 시작하고 있다는 점에서 중요한 성과를 거둔 것으로 평가할 수 있다.[2]

두 번째는 고소설의 상품화 시대를 열었다는 점을 그 성과로 꼽을 수 있다. 15세기에 시작된 고소설은 17세기까지 주로 양반층을 중심으로 향유되고, 유통되었다. 따라서 고소설의 창작과 향유가 소수의 인물들에게 독점되어 있었다. 그런데 방각본 소설이 등장하면서 고소설을 구

---

2) 완판 영웅소설의 서두 변화가 신소설의 서두 변화에 어떤 영향을 끼쳤는지는 앞으로의 연구 과제이다.

입할 수 있는 경제력을 갖춘 사람들은 누구나 그것을 향유할 수 있었다. 이것은 소비자를 주체로 하는 문학의 탄생을 의미한다. 이것이 중요한 까닭은 독자의 취향을 반영할 뿐만 아니라 독자를 고소설의 주인공으로 삼는 문학의 등장을 가능하게 했다는 점 때문이다. 완판 영웅소설 가운데 『이대봉전』은 여성 독자를 의식한 작품으로 보이는데, 장애황의 영웅적 활약은 당시 독자들 가운데 사대부가 여성의 주인공화와 무관하지 않을 것이다.

세 번째는 고소설 구성법의 발전을 촉진시키는 성과를 거둔 점을 꼽을 수 있다. 완판 영웅소설이 당대 독자의 취향을 반영하는 흥미 위주의 소설을 지향하는 과정에서 방각본 업자는 고소설의 소비자인 독자의 흥미를 유지시키기 위한 요소와 기법을 작품 구성에 적극 활용함으로써 소설 구성의 발전을 촉진시켰다. 앞에서 살핀 바와 같이 전기수가 소박한 수준에서 활용했을 요전법(邀錢法)과 같은 중단기법이나 장면 전환의 기법을 적극 활용하고 발전시킴으로써 고소설의 구성법을 그 나름대로 발전시켰다. 이런 기법들은 그 전까지 고소설에서는 크게 활용되지 않았던 기법들이었다. 이 가운데 중단기법은 뒷날 새롭게 등장한 신문에 연재된 신소설과 잡지의 연재소설에서 '다음호에 계속'과 같은 기법으로 발전했다는 점에서 그 의미를 부여할 수 있다.

네 번째로는 결연의 파격성을 통해 연애의 가능성을 열었다는 점을 꼽을 수 있다. 이런 시각은 물론 많은 논란을 불러일으킬 수 있다. 그러나 연애가 개인의 발견에서 시작된다는 점을 고려할 때, 완판 영웅소설에서 보여주는 결연의 파격성은 개인의 발견을 통해 고소설의 개별성, 나아가 인물 개성화의 단초가 될 수 있다는 점에서 중요한 의미를 지닌다.

그럼에도 불구하고 완판 영웅소설은 기존의 문학적 관습을 답습함으로서 몇 가지 한계를 드러내고 있다. 특히 완판 영웅소설은 상품화 과정에서 각 작품이 가진 개별성이나 문학성보다는 상품성을 우선하는 방각본 업자의 태도에서 비롯된 여러 문제점들을 안고 있다. 그 가운데 가장 문제가 되는 것은 완판 영웅소설이 대부분 지나치게 도식적 틀에 갇혀 있다는 점과 지나치게 권선징악의 결말 구조에 집착하고 있다는 점이다. 따라서 여기서는 이 두 문제와 관련된 것을 간략히 논의하기로 한다.

먼저 완판 영웅소설의 도식화의 문제를 살펴보기로 한다. 이미 앞에서 살핀 바와 같이 완판 영웅소설은 줄거리의 전개 구조가 도식성을 벗어나지 못하고 있다. 흔히 영웅의 일생의 구조라 부르는 틀을 따라가면서 작품이 진행되고 있어서 그 구조가 도식성을 벗어나지 못하고 있다. 그리고 표현법에서도 비슷한 상황에서는 유사한 표현을 그대로 사용함으로써 작품의 독자성이나 개별성을 상실하고 있다. 또한 줄거리 전개에서도 관용적으로 줄거리를 전개하여 내용의 동일성을 벗어나지 못하고 있다. 이러한 경향은 배경 설정에서도 동일하게 나타난다. 관습적 시간의 사용과 관념적 공간의 설정은 완판 영웅소설의 현실감을 떨어뜨리는 요인으로 작용한다. 뿐만 아니라 전형적 인물의 설정을 관습화함으로써 개성적 인물의 출현을 막고 있는 문제를 안고 있다. 물론 완판 영웅소설이 가지고 있는 이러한 문제는 관습을 중시하던 문학적 전통과 관련된 것이기는 하지만 문학이 독자성과 개성을 중시하는 예술이라는 점을 고려할 때, 완판 영웅소설은 도식성으로 인해 문학성을 상실했다는 비판을 면치 못하고 있는 것이 사실이다.

다음으로 완판 영웅소설의 주제는 권선징악에 토대한 지배 이데올로기의 수호에 치중되어서 유교 윤리의 사상적 제약성을 벗어나지 못했다는 문제점을 안고 있다. 조선 후기 사회는 경제적 변화에 따라 중인층이 대두되고 일부 양반층의 몰락이 일어나면서 사회적으로 신분제도의 변화가 나타나고 있었다. 그럼에도 불구하고 완판 영웅소설은 이런 사회의 변화를 충분히 작품화하지 못하고 기득권층의 권리 옹호, 곧 유교 이데올로기의 수호라는 논리에 영합해 버렸다. 이러한 현상은 완판 영웅소설의 독자층이 주로 경제적으로 여유가 있었던 기득권층이었으므로, 방각본 업자가 상품성을 높이기 위하여 소비자인 이들에게 영합하려는 의도를 드러냈기 때문인 것으로 보인다.

맺는말

　방각본 소설 가운데 완판 영웅소설은 비교적 장편으로 이루어진 작품들이다. 완판 영웅소설 일곱 작품 가운데, 『조웅전』은 3권으로 이루어졌고, 『유충열전』과 『이대봉전』·『장경전』은 2권으로 이루어졌으며, 『소대성전』과 『장풍운전』·『용문전』은 1권으로 이루어졌다. 이 글에서 다룬 6편의 작품 가운데 1권으로 간행된 『소대성전』과 『장풍운전』을 제외한 네 작품이 두 권 이상으로 이루어졌다는 사실은 그만큼 완판 영웅소설이 인기가 있는 소설이었음을 반증하고 있다.

　오늘날처럼 독자들이 많지 않았던 조선 후기에 고가의 제작비가 들어감에도 불구하고 완판 영웅소설이 3권이나 2권으로 간행되었다는 사실은 그 작품 안에 독자의 흥미를 끌 만한 요소가 없이는 불가능한 일이었다. 당시의 독자가 고가의 비용을 지불하고 2권이나 3권으로 이루어진 완판 영웅소설을 구입했다는 사실은 완판 영웅소설이 상당한 수준의 상품성이 있었다는 것을 의미한다. 그렇다면 완판 영웅소설이 가진 그 상품성의 정체는 무엇인가? 이 글은 바로 이 같은 궁금증을 찾아보기 위하여 시작되었다.

이 책에서 논의한 여섯 편의 완판 영웅소설에서 가장 큰 틀은 이산과 재회의 이야기였다. 이것은 조선 중기에 우리 민족이 겪었던 가장 고통스런 전란의 체험, 곧 임진왜란과 병자호란과 관련된 화소였다. 두 전란으로 인해 우리 민족은 이민족에게 포로나 볼모로 잡혀 먼 이국땅으로 끌려가야만 했다. 그들 가운데 일부는 뒷날 고향으로 돌아오는 경우도 있었지만 불구의 객이 된 경우도 많았다. 홍도 이야기나 최척의 이야기는 바로 가족과의 가슴 아픈 이산의 고통과 재회의 기쁨을 그린 이야기의 대표가 된다. 이런 맥락에서 볼 때 완판 영웅소설에서 다루고 있는 이산과 재회의 이야기는 당시 사람들에게 공감을 얻을 만한 소재였을 것이다.

완판 영웅소설은 이 가족의 이산과 재회의 이야기를 독자들이 흥미를 갖도록 하기 위하여 작품 안에 몇 가지 요소와 기법을 마련하였다. 주인공과 대적자의 선악의 대결 구도는 북벌론의 대두로 청나라에 적개심을 가졌던 당시 독자들에게 환영받을 만한 방법이었다. 이것은 숭명배청 의식을 가졌던 당시 독자들에게 주인공이 명나라 재건을 위해 자신을 대신해 싸우고 있다는 인식을 심어줄 수도 있었다. 게다가 선인인 주인공이 대적자인 원수에게 복수하는 장면에서는 청에 대한 복수를 생각하면서 통쾌감을 맛보았을 수 있다. 그리고 주인공이 어려웠던 시절에 자신을 돌보아준 인물들에게 보은할 때 주인공 편에 섰던 독자들은 자신들의 후원이 헛되지 않았음에 안도하였을 것이다. 또한 억압받던 여성들은 자신의 의사에 따라 배우자를 선택하는 주인공들의 결연 방식을 좋아했을 것이다.

완판 영웅소설에는 독자들의 흥미를 유지시키고, 독자들이 작품에 몰입되도록 하기 위하여 중단기법과 장면 전환의 기법을 활용하였다. 또한 완판 영웅소설의 화자는 주인공편의 인물들이 고통을 당할 때 동정적 표현을 활용하여 독자들의 감정에 호소하였다. 방각본 업자들은 판소리를 좋아하던 그 지역의 독자들을 의식하여 판소리와 비슷한 노래들, 곧 삽입가요를 적절한 지점에 삽입하여 독자들의 흥미를 유지하려고 하였다.

그렇지만 방각본 업자들은 빠른 시간 안에 독자들의 입맛에 맞는 작품을 제공해야 했다. 그 과정에서 몇 가지 문제가 발생했다. 급하게 작품을 만들어야 했기 때문에 유사한 장면에서는 비슷한 표현을 활용하여 작품을 제작했다. 심한 경우에는 주인공의 이름만 바꾸고 비슷한 줄거리로 작품을 만들기도 했다. 그런 점 때문에 작품이 다름에도 불구하고 등장인물의 성격이 비슷하게 설정된 경우가 많았다. 뿐만 아니라 작품의 배경도 현실과는 다른 관념적인 신선세계를 그린 경우도 많았고, 시간 배경도 관념화되거나 역사적 사실과 어긋나는 경우가 많았다. 이런 문제점들은 완판 영웅소설이 당시의 고소설의 문학적 관습에 따라 기계적으로 제작되었기 때문에 발생하였다.